U0468204

国家文化公园
建设研究（2022年度）

主　编　周庆富

执行主编　任　慧

文化艺术出版社
Culture and Art Publishing House

图书在版编目（CIP）数据

国家文化公园建设研究.2022年度 / 周庆富主编
. — 北京：文化艺术出版社，2024.1
ISBN 978-7-5039-7580-6

Ⅰ.①国… Ⅱ.①周… Ⅲ.①文化—国家公园—建设—研究—中国 Ⅳ.①G122

中国国家版本馆CIP数据核字（2024）第023782号

国家文化公园建设研究（2022年度）

主　　编	周庆富
执行主编	任　慧
责任编辑	刘锐桢
责任校对	董　斌
书籍设计	马夕雯
出版发行	文化藝術出版社
地　　址	北京市东城区东四八条52号（100700）
网　　址	www.caaph.com
电子邮箱	s@caaph.com
电　　话	（010）84057666（总编室）　84057667（办公室） 　　　　　84057696—84057699（发行部）
传　　真	（010）84057660（总编室）　84057670（办公室） 　　　　　84057690（发行部）
经　　销	新华书店
印　　刷	国英印务有限公司
版　　次	2024年4月第1版
印　　次	2024年4月第1次印刷
开　　本	710毫米×1000毫米　1/16
印　　张	19.5
字　　数	250千字
书　　号	ISBN 978-7-5039-7580-6
定　　价	88.00元

版权所有，侵权必究。如有印装错误，随时调换。

目　录

001　国家文化公园建设研究报告（2022年度）　　任　慧

027　建好用好国家文化公园要在守正创新上下功夫　　宁志中

031　国家文化公园：效果如何符合初衷　　祁述裕

038　从北京3部长城专项规划看大型文化遗产专项规划的重要作用
　　　汤羽扬　刘昭祎　蔡　超

057　讲好长征故事　传承长征精神
　　　——长征国家文化公园建设保护体系的构建
　　　杜凡丁　杨　戈　刘占清

092　可持续发展视野下的国家文化公园主体功能区研究
　　　——以大运河为例　　李　雪　赵　云

107　文化记忆与乡村振兴：长征国家文化公园的社区参与
　　　——基于贵州省清镇市观游村索桥红军渡的个案研究
　　　李　渌　徐珊珊　何景明

138　大运河国家文化公园旅游开发和文化传承研究
　　　吴殿廷　刘　锋　卢　亚　刘宏红　王　欣

157 国家文化公园管理体制机制建设成效分析
　　　吴丽云　邹统钎　王　欣　阎芷歆　李　颖　李　艳

177 国家文化公园的"国家性"建构研究　　冷志明

194 国家文化公园建设应处理好五对关系　　周庆富

202 文化数字化战略背景下国家文化公园的发展向度和建设思考　　范　周

218 文化共同体、文化认同与国家文化公园建设　　钟　晟

234 大运河国家文化公园系统性建设的五个维度　　秦宗财

252 铸牢中华民族共同体意识视域下的黄河国家文化公园建设　　鄂崇荣

265 国家文化公园步道建设的意义、原则与策略
　　　——以长城国家文化公园为例　　韩子勇　任　慧

284 "文化长江"超级IP的文化旅游建构逻辑
　　　——基于长江国家文化公园的视角　　傅才武　程玉梅

307 编后记

国家文化公园建设研究报告（2022年度）

任　慧

党的二十大报告将国家文化公园（National Culture Park）作为繁荣发展文化事业和文化产业的重要文化工程，并且提出"建好""用好"的新要求，体现了党和国家对发展社会主义先进文化、弘扬革命文化、传承中华优秀传统文化的高度重视，满涨着高度的文化自信，以及建设中国式现代化文化强国的美好构想。

国家文化公园是我国首创和独创的文化理念，也是举全国之力建设的文化工程。随着十八大以来党和国家对文化事业的愈加重视，从中共中央办公厅和国务院办公厅在2019年12月5日印发《长城、大运河、长征国家文化公园建设方案》到中国共产党十九届五中全会在2020年10月29日通过的《中共中央关于制定国民经济和社会发展第十四个五年规划和二〇三五年远景目标的建议》中提出"建设长城、大运河、长征、黄河等国家文化公园"，再至原国家文化公园建设工作领导小组于2021年年底印发通知部署启动长江国家文化公园建设，连续三年的时间里，国家文化公园数量从3个增至5个，覆盖全国除海南省和港澳台之外的30个省（自治区、直辖市），形成"两河三长"的壮观局面。

学界对于国家文化公园这一新工程和新理念的研究，整体上只有5年左右的时间。但近两年以来，呈现出研究成果大幅增加、关注度明显提升、研究视角和深度不断拓展的积极态势。

首先，研究成果不断涌现，论文数量大幅增加。以中国知网为主，截至2022年年底，主题为"国家文化公园"的研究类文章有301篇，发表时间如图1所示。

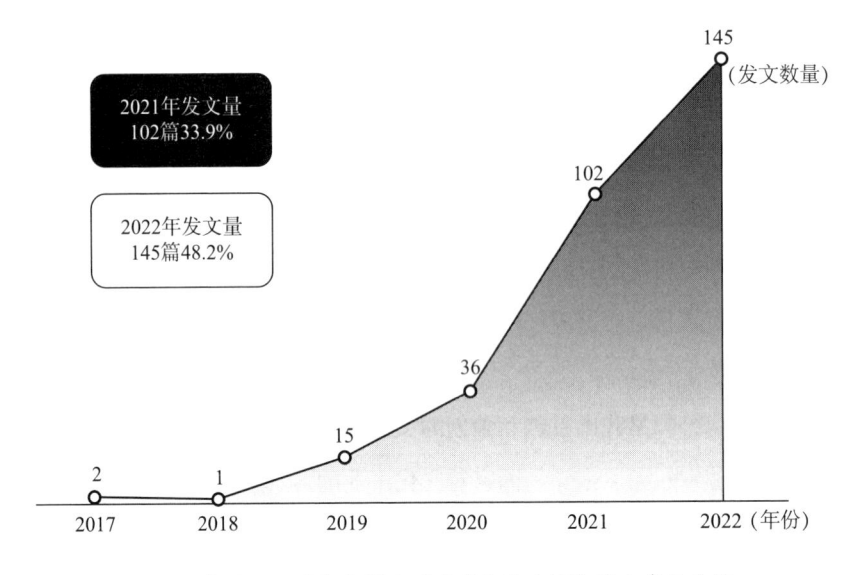

图1　中国知网近年主题为"国家文化公园"的文章发文量

根据统计数据可以发现，在《中共中央关于制定国民经济和社会发展第十四个五年规划和二〇三五年远景目标的建议》公布之后，也就是从明确"建设长城、大运河、长征、黄河等国家文化公园"开始，相关部委积极组织建设保护规划的研讨和起草工作，同时随着沿线建设省份的确定，各地扎根地方实际，筹备分省规划，从中央到地方的学术界，对国家文化公园的关注程度迅速增加，2021年和2022年的发表文章数量都超过百篇，远高于2019年和2020年的篇数。

从总体关注国家文化公园这一重大文化工程的主题释义、体制机制，到具体关注长城、大运河、长征、黄河和长江五个国家文化公园的文化内涵和各级规划与特色建设，学界对于最早公布的长城、大运河、长征国家文化公园的关注度基本持平，黄河和长江国家文化公园公布时间相对较晚，成果预计在未来一两年会逐渐增多。（图2）

排名	主题	数量	占比
1	国家文化公园	74	24.58%
2	大运河国家文化公园	69	22.93%
3	长城国家文化公园	60	19.93%
4	长征国家文化公园	54	17.94%
5	黄河国家文化公园	31	10.30%
6	长江国家文化公园	13	4.32%

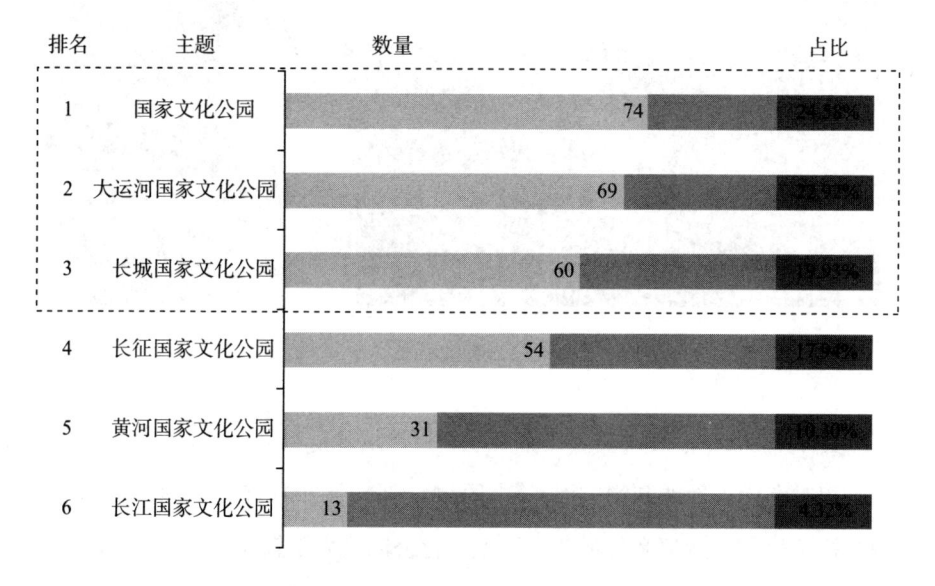

图2 各个主题发文数量及占比

其次，各大报刊对于国家文化公园主题的关注度明显提升。截至2022年年底，共有195家报刊刊发过相关论文。其中多家学术刊物和报纸纷纷开辟专栏，发表过2篇及以上论文的报刊近50家，主要包括《中国旅游报》《探索与争鸣》《旅游纵览》《中外文化交流》《河北地质大学学报》《群众》

《中国文化遗产》《中国社会科学报》《中国非物质文化遗产》等。整体而言，各类核心刊物都关注国家文化公园主题，从中文核心到 CSSCI 及扩展版和 AMI 各个系列，以及 CSSCD、WJCI、EI 等，整体明显侧重于人文社科领域，极少数属于国内外科学技术类刊物。（图3）

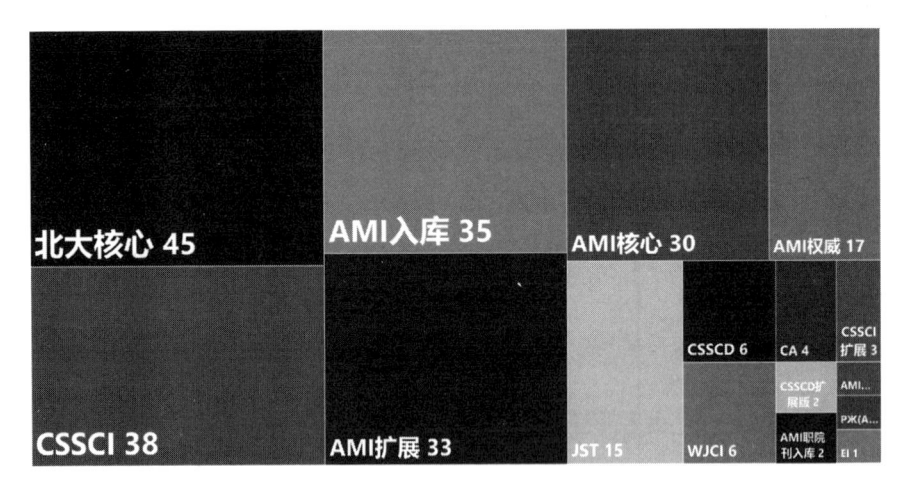

图 3　不同核心期刊种类的发文量

具体从 2021 年 10 月至 2022 年年底，可以从刊物和报纸两个媒介来分析。

相对有代表性的刊物方面，《中国软科学》在 2021 年第 12 期，从文旅融合视角聚焦大运河和长征两个国家文化公园刊发 2 篇文章，探讨国家文化公园建设和文化传承、国家认同之间的关联。《中国文化遗产》在 2021 年第 5 期，以"国家文化公园：中华文化重要标识的建构与传承"为专题，集中刊发 6 篇学术文章，组织 20 余位学者就国家文化公园的概念、类型、特征、价值、功能路径等问题，以及长城、大运河、长征和黄河国家文化公园建设的不同视角开展对话和深入研究。《南京社会科学》在 2022 年第 3 期，聚焦大运河和黄河两个国家文化公园刊发 2 篇文章，探讨国家文化公园的内涵价值和建设原则及维度。《开发研究》在 2022 年第 1 期刊发 3 篇文章，对国家文化公园的管理及保护机制进行探讨。《中国非物质文化遗产》特别开辟专栏，在 2022 年第 1 期和第 4 期共刊发 5 篇文章，从非遗等视角对国家文化公园建设模式进行探讨，也从铸牢中华民族共同体意识等视域对黄河国家文化公园建设展开研究。《河南大学学报》在 2022 年第 6 期 "国家文化公园" 专题研究刊发 3 篇文章，分别聚焦黄河、长城、长征三个国家文化公园，通过空间模型分析、定性研究以及统计学等研究方法，为国家文化公园的高水平建设和高质量发展提供有益的理论指导和现实借鉴。《北京建筑大学学报》在 2022 年第 5 期主要关注了长城国家文化公园北京段的规划设计情况。

特别需要提到的是，《探索与争鸣》编辑部联合北京观恒文化发展研究院于 2022 年 2 月 20 日举办 "国家文化公园建设热中的冷思考：现状、问题及对策" 圆桌论坛，邀请环境地理、文博文旅、公共管理、文化研究、产业经济等领域的 8 位学者，对国家文化公园建设热中的诸多问题，包括乡村振兴、整体性保护、区域发展、地方机制等方面分析现状、提出对策，相关学术成果刊发于《探索与争鸣》2022 年第 6 期，在聚焦国家文化公园建设的学术论坛中成果显著。《面向高质量发展的空间治理——2021 中国城市规划年会论文集》中也收录了 6 篇与国家文化公园建设研究相关的学术论文，涉及长城、大运河、长征等三个国家文化公园。

报纸方面，《人民日报》（人民网）作为（党报）官方平台，及时发布国家文化公园相关政策、方案和规划、答记者问，并同《光明日报》（光明网）一样，刊发部分学者文章。《中国社会科学报》作为展现当代中国哲学社会科学前沿、趋势和最新成就的学术窗口，也有多篇研究成果刊发。

《中国文化报》和《中国旅游报》作为文化和旅游部主管的两家主要媒

体，持续高密度关注国家文化公园建设工作，报道地方建设动态，刊发研究文章。特别需要指出的是，2022年11月，国家文化公园专家咨询委员会秘书处组织委员召开学习党的二十大报告研讨会，30余位委员结合各自工作，撰写"建好用好国家文化公园"相关工作的心得体会。《中国旅游报》开辟专栏择优刊发，自当年12月至次年2月，累计发表来自全国人大教科文卫委员会、中国艺术研究院、中国文化遗产研究院、中国科学院地理科学与资源研究所、国防大学和黄河水利科学研究院等单位的委员文章共6篇，并全部获得学习强国平台的转载。作为国家文化公园专家咨询委员会各组委员的集中发声，引发广泛关注。

最后，研究视角和深度均有深入拓展。基于国家文化公园建设这一新时代重大文化工程，继续深挖五个代表性文化标识的文化内涵和时代价值，探索国家文化公园理念的核心逻辑和建设理路。在初期研究的基础上，注重包括数字化、资本、金融、立法、生态、乡村振兴、文旅融合、博物馆、非遗、艺术等在内的新视角，并广泛运用文化空间、文化认同、扎根、系统、圈层结构、场景、耦合等新的理论和方法，探求阐释国家文化公园建设管理的体制机制，并且结合更多的地方建设实际，多维度呈现地方建设进展，讨论有效的建设方法和路径。

主要观点包括："数字化成为高质量建设国家文化公园的关键一环，是全景呈现国家文化公园文化资源信息、推动各类资源安全创新转化的必要手段""构建国家文化公园数字化水平评价指标体系，提升国家文化公园数字化水平""推动国家文化公园文化资源向文化资本的转化""建立完善的融投资机制""国家文化公园从国家层面的立法，有利于将其从侧重遗产保护提升为全局全区域的综合保护，为整体建设提供法律保障""利用省市立法权为国家文化公园全国统一立法探路""乡村文化是国家文化公园建设的文

化底色，乡村是培育共同体意识和国家文化认同的重要叙事空间"。从作者单位性质来看，主要集中于高校和科研机构。（图4）

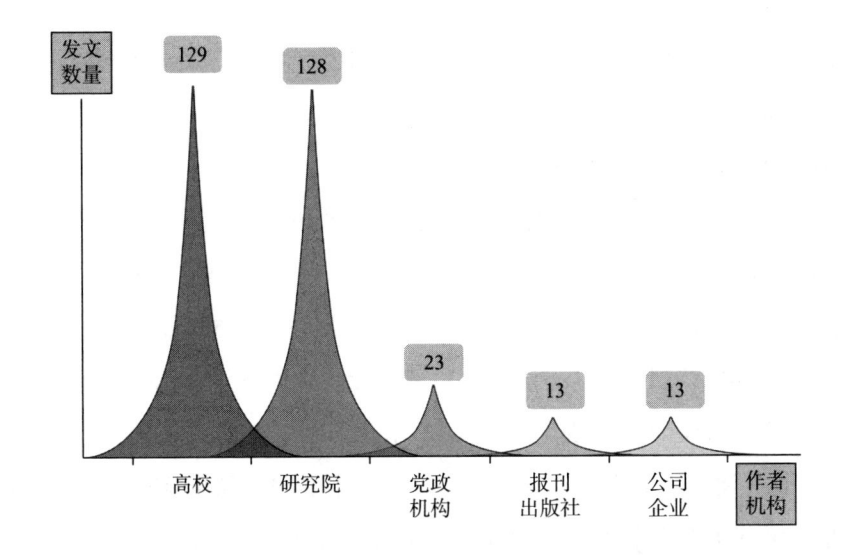

图4　不同单位作者的发文量（含联合署名单位）

《国家文化公园建设研究（2022年度）》基本覆盖2021年9月至2022年年底的研究成果，主要来源是中国知网、光明网（《光明日报》）、人民网（《人民日报》），以及《中国社会科学报》《中国文化报》和《中国旅游报》等主要报纸。通过对百余篇学术文章认真研读和比较性研究，按照主题阐释研究、体制机制研究和五大国家文化公园的具体研究三个方面进行回顾与反思。

一、主题阐释研究

作为新时代我国首创的打造中华文化重要标志的重大文化工程，国家文化公园确实是一个新鲜事物，在建设过程中探索、在研究中推动、摸着石头过河会是常态。因此，对于国家文化公园这一主题的阐释工作，依然是学界关注的焦点，并且认识也在不断深化中。

冷志明认为"国家性"是国家文化公园建设的基石，国家文化公园的建设过程本质上是国家文化标识建构与文化空间生产的过程，"国家性"在其整体定位、建构意义与实现路径三个方面贯彻始终。具体而言，在建设目标上凸显"国家认同"和"文化自信"，建设标准上彰显"国家品质"和"国家形象"，运营管理上体现"国家意志"和"国家在场"。关于国家文化公园"国家性"建构的路径，作者从内容体系、工作机制、品质标准、条件保障和品牌形象五个方面进行了规划建议。钟晟也强调国家文化公园建设的"国家性"，并从文化认同和文化共同体视角着眼，认为国家文化公园兼具国家性、文化性、公共性三重特性，是新时代彰显中华民族文化共同体认同的国家文化空间体系，也是一次重要的体现中国道路话语体系的文化治理模式创新。国家文化公园建设的最终价值就体现在培育中华民族文化共同体认同。程遂营、张野认为国家文化公园要走高质量发展之路，首先要明确"国家"和"人民"两个维度：国家的维度包括国家发展理念、国家战略定位、国家文化形象和国家治理水平；人民的维度包括以人民为中心和以群众生活为重点。另外，国家文化公园的空间与内容是切中其高质量发展的两个肯綮。

范周认为国家文化公园的属性蕴含文旅融合特质，文化首位性是国家文化公园区别于国家公园和各级遗产保护空间的最主要表征。基于文化旅游是实现国家文化公园建设目标的重要抓手，提出在国家文化公园建设中包括国家形象塑造与区域文化特质展示、"国家在场"主体性与多功能区叠加的发展实际、社会共享的公益性与地方文旅经济效益、文旅项目推进的动态性与评价反馈的滞后性等四个方面问题都需要调适。

作为创新文化工程，祁述裕提出国家文化公园建设突破了国外文化遗产和文化景观类国家公园的做法，在思路上突破了行政区划和部门的窠臼，具有很大的创新意义。但具体建设中也面临多重不确定性，因此建议做好边界和技术规范、文物和文化资金来源以及管理机制"三个统筹"。苗长虹等学者都探讨了国家文化公园与国家公园的不同，也认为应该对"具有突出意义、重要影响、重大主题"的文物和文化资源统一标准，从而实现文物和文化资源分段（区）、分级、分类评价，围绕核心资源划定四个主题功能区，并进而统一不同省区规范范围划分的标准差异。

韩子勇结合中国式现代化的五个中国特色，指出中国式现代化与国家文化公园建设息息相关，无论从人口规模巨大的现代化、物质和精神文明的协调、共同富裕的本质要求，还是从人与自然和谐共生、和平发展道路来看，都与国家文化公园的尺度、地理空间、所养育的亿万万人民群众、所面临的不平衡不充分的矛盾以及人民追求美好生活的期待相契合。认真学习贯彻党的二十大精神，认清中国式现代化的基本特征，以此为指引建好用好国家文化公园，必将引领描绘美好画卷。

二、体制机制研究

国家文化公园建设采取"中央统筹、省负总责、分级管理、分段负责"的建设原则，国家层面已经完成基本布局，面对地方政府及相应机构，如何构建系统性、整体性和时代性思维，进一步明确权责利关系，齐心协力推动建设工作，是亟须解决的重要问题。

周庆富认为，国家文化公园建设要立足系统性、整体性、时代性，在此基础上正确处理好"点和线""古和今""形和魂""人和物""静和动"五对重要关系。第一，处理好"点"和"线"的关系。国家文化公园的关注点应由点到线，以线串点，还要看到纵横交叉的线所形成的内涵更丰富的点。第二，处理好"古"和"今"的关系，不能"为古而古"、简单仿古，更不能人为"造古"；也要注意"今"的内容，关注翻天覆地的变化、可歌可泣的故事以及伟大精神。第三，处理好"形"和"魂"的关系。要关注核心精神与文化底蕴的凝练，要通过文化和旅游的真正融合，避免有"形"无"魂"，"形"大"魂"散，无"形"造"魂"。第四，处理好"人"和"物"的关系。要做到"见人见物见生活"，要实现可移动的文物、不可移动的文物、非物质文化遗产以及文化遗产的守护者、传承者、相关者的个体生命与当下生活等相关要素有机共存与共生。第五，处理好"静"和"动"的关系，既让文化资源"动起来"，让文物说话，又让非物质文化遗传、口头文献遗产等"静下来"，相对固化传承。

吴承忠从推动协同和协调建设规划视角出发，为了解决国家文化公园初期建设面临的区域发展不平衡问题，基于文旅资源禀赋和经济发展禀赋两个维度划分四个不同的象限区域进行研究，提出据此确定不同发展定位和差异化发展路径。柏贵喜从系统论的视域出发，认为国家文化公园的结构属性是带状文化遗产，其建设要强调耦合性整体，建立完善共生、反馈、协同和共享四大机制。

资金方面，多位学者建议从中央、地方、社会资本等方面推动国家文化公园建设。傅才武认为，中央与地方科学合理的激励机制，"是推动国家文化公园有效运行并维持利益相关方平衡的框架性力量","也将成为实现央地有效分工与协同的重要纽带和国家文化公园内生发展的最大推动力",因此他建议在"财政税收激励、文旅市场化激励与道德荣誉激励"三个方面共同发力。祁述裕建议统筹资金来源,在初期建设中由中央政府提供专项资金支持,其后考虑设立政府投资基金,以确保可持续发展,同时鼓励地方政府设立产业发展基金,发行地方债券。周泓洋认为国家文化公园建设应以完善的投融资机制为保障,进行总体框架设计,制定投融资策略,创新投融资机制。刘敏建议推广江苏经验,在中央层面探索设立国家文化公园建设保护基金,同时加强资金来源管理,鼓励和引导社会资本通过兴办实体、资助项目、提供服务、捐赠物资等方式参与国家文化公园建设保护。张祎娜提出要推动文化资源向文化资本的转化,将文化价值和社会价值、经济价值结合。

范周基于文化数字化战略背景,提出数字化成为高质量建设国家文化公园的关键一环,是全景呈现国家文化公园文化资源信息、推动各类资源安全创新转化的必要手段,因此迫切需要做好顶层设计,从重塑思维、创新机制和业态以及加强数字化传播等方面着力,进而指导沿线省份探索并丰富数字化创新实践。张义认为应该开发一个科学合理的数字化水平评价指标体系,不仅可用于单个文化公园数字化水平的测评,也可为国家文化公园整体的数字化建设指引方向和路径。张玉坤、李哲、李严等人具体分享了数字化方式对长城整体性保护和可持续发展的经验成就。

习近平总书记在文化传承发展座谈会上的重要讲话中强调:"坚持守正创新……以守正创新的正气和锐气,赓续历史文脉、谱写当代华章。"宁志中认为建好用好国家文化公园,必须坚持守正创新。其中,守正是根本,要始终坚守中华文化立场,要广泛践行社会主义核心价值观,要深入贯彻以人民为中心的发展思想;创新是手段,国家文化公园是全球首创的伟大实践，建好用好国家文化公园必须发扬"伟大实践、伟大创造"精神，以习近平新时代中国特色社会主义思想为指导，创新建设保护理念与模式、体制与机制、形式与语言，不断探索和完善文化保护，传承弘扬中国方案和中国经验。程遂营等也认为守正与创新是把握国家文化公园高质量发展的两个基点。

为贯彻落实党的二十大报告提出的"建好用好国家文化公园"要求，赵云立足国家层面的顶层设计和机制引导，对国家文化公园规划、设计、实施与运营四个过程进行总结分析，并提出完善国家文化公园体系的建议。一是确立国家文化公园保护传承利用协调机制，为重大任务、重大工程、重大措施的组织实施提供保障。二是完善法律法规体系，由国家层面推动制定出台国家文化公园条例，设立国家文化公园建设保护工作综合考核评价制度，加强跟踪监测和阶段性评估。三是探索创新发挥中国制度特色和优势的文化遗产地治理模式。四是制定国家文化公园名录策略，建立警示和退出机制，实施预备名录项目动态管理。五是深化国家文化公园价值研究，通过国家文化公园塑造中国文化的整体形象，构建中华文明标识体系，建立有中国特色的国家文化公园话语体系。

朱兵也认为应该大力推进法律制度建设。黄河保护法、长江保护法都是很好的国家层面上的法律，但它们是以自然生态保护为主旨的法律，建议可参照自然生态保护立法来制定国家文化公园的专门法律。国务院曾出台长城保护条例，江苏省人大出台了关于促进大运河文化带建设的决定，贵州省人大出台了长征国家文化公园地方条例，这些立法显然是不够的。在条件成熟时，可以研究制定国家文化公园法。吴丽云、刘敏等通过梳理江苏、浙江、山西、河北、广东、贵州等地制定地方性法规和修订已有法律法规的经验，也建议出台国家文化公园法和各个国家文化公园的管理条例，形成国家文公园建设、保护、利用的系统性法律保障体系。此外，二位学者也都提出在国家文化公园管理体制机制建设过程中，应完善管理机构设置，构建统一管理机制，特别是设立国家文化公园的联席会议机制，并充分利用专家咨询委员会和科研院所的智库力量。

三、具体研究

（一）长城国家文化公园

各地学者依托当地长城资源，贯通国家文化公园视域，对北京、河北、山西、内蒙古、吉林、山东、甘肃、宁夏等地的长城遗产，开展基础考古发掘和史料论证工作，探讨文化内涵、时代价值，探讨长城国家文化公园建设与乡村振兴战略和文旅融合发展的关系，探讨遗产展示体系、标识展示规划等保护利用策略。

韩子勇、任慧基于长城文化遗产保护与利用的法规条例和现状、问题，以及长城国家文化公园建设规划意见，提出在修建复合廊道体系的总体思路下，优先进行长城国家文化公园步道系统建设，打造连接人民与文物和文化遗产本体的通道，在自然质朴的美学原则下，做到最小干预，因地制宜，先易后难，让游客"走近"长城，增强实地感知和历史体味，探索新时代长城文物和文化资源保护传承利用新路，推进长城国家文化公园建设。并希望以此为基础，探索其他国家文化公园步道建设，推动国家文化公园建设成果真正为人民所感、所享。董耀会则从人员职业化、步道自然化、服务标准化、组织社群化、产品品牌化和内容差异化六个方面的具体措施出发，提出建设长城国家文化步道。

汤羽扬以《北京市长城保护规划》《北京市长城文化带保护发展规划

（2018年—2035年）》《长城国家文化公园（北京段）建设保护规划》3部专项规划编制为例，提出大型文化遗产专项规划对于落实国家重大文化战略和地区发展目标的重要意义，以及完善大型文化遗产专项规划体系的必要性，期望通过持续创新大型文化遗产专项规划理念与方法，提高规范性，发挥历史文化资源禀赋，突出文化遗产、普遍价值在特定区域的影响力和凝聚力，探索一条符合中国国情的大型文化遗产保护利用之路。王铭、赵振烨基于"十三五"时期北京长城文化带建设在各方面都取得的突破性进展，提出应该从长城文化遗产保护、首都文化塑造以及乡镇现代化建设间的协调关系入手，进一步推动京津冀多维联动发展。

李哲认为水作为地理线索与地形标志，以及生产生活、戍边防卫必需品，影响了长城的位置、走向、形态，塑造了覆盖我国北方广大地区的层级化空间防御网络并影响城乡格局至今；水也是研究和保护大运河、黄河甚至长征等线性遗产不可忽视的内在要素。通过以明代九边中的宣府镇、蓟州镇两防区为代表性区段解构长城的"水培体系"，揭示水与长城的紧密关联，并利用水系—长城的耦合空间网络，保护散落各地的遗产点，发掘隐含的遗产价值及其背后的民族智慧，再现已逝的历史场景，整合周边自然资源及现有零散旅游景区，有助于建构完整的长城国家文化公园以及国家文化公园治理体系。

天津大学张玉坤教授团队承担多项国家和部委课题，主要关注明代长城，先后发表《明长城内外三关军事聚落整体布局与联防机制》《明长城居庸关防区军事聚落与驻军聚集特征》《明长城居庸关防区军事聚落空间布局研究》《明长城沿线马市空间研究》等成果，特别提出国际社会对长城的认识多来自UNESCO网站，然而其对长城的介绍仅限于一般概括性描述和八达岭、山海关、居庸关3个关城，远不足以从整体上了解明长城复杂的防御体系，更不要说作为世界文化遗产的长城整体了。而事实上，长城因体量巨大、遗存不完整，确实面临保护展示的难题。因此他们提出，数字化是长城整体性保护和可持续发展的有效途径。通过持续20年信息采集与基础研究，他们已搭建明长城防御体系空间数据库、明长城墙体连续图像与三维数据库，合作搭建"云游长城"平台和"长城文化资源库"，编制中国长城博物馆展陈大纲，实施明长城体系、建筑、戍守等可视化展示，助力明长城整体性数字再现。

邹统钎以社会表征理论为依据，以打造中华文化重要标志为目标，以长城国家文化公园为对象，构建国家文化公园精神价值社会表征的锚定具化机制。作者梳理长城精神价值的传统表述，采用扎根理论分析方法，以国家重点新闻网站和公众社交网络平台数据为样本，将长城国家文化公园的精神价值锚定为以民族认同为核心的民族精神和以开放包容为核心的时代精神。提出了社会表征具化的"3R"模式——保护修复、情景再现、融合利用，并针对长城精神价值提出了具体的具化策略，旨在为我国国家文化公园精神价值的社会表征提供理论指导与方法借鉴。

（二）大运河国家文化公园

大运河国家文化公园沿线8个省市，大多位于东部沿海地区，经济水平相对发达，同时大运河成功列入世界文化遗产已近十年，前期基础非常扎实，整体建设思路和规划水平具有一定优势，建设经验相对丰富。学界的研究视角多样，关注问题相对前沿，文化空间理论、圈层理论等也大量应用到大运河国家文化公园建设的研究中。

李雪、赵云聚焦国家文化公园主体功能区，以大运河国家文化公园为例，提出在地域功能的基础上开展"地方功能"研究，在遗产尺度上承接国土空间主体功能区划，将文化遗产纳入可持续发展的重要资本构成，对于进一步开拓符合我国国情的文化遗产保护传承之路、寻求可持续发展的中国路径具有启示意义。

秦宗财基于文化空间理论探讨国家文化公园系统性建设问题，提出文化空间的核心结构由资源载体、意义表达、产业活力、文化传播、制度规范"五维系统"构成，因此大运河国家文化公园系统性建设的重点包括生态优先的人文生态系统、文化引领的文化意义系统、产业支撑的文旅产业系统、社会共享的文化传播系统、制度保障的制度规范系统五大方面。

王秀伟、白栎影提出大运河国家文化公园的建设过程本质上是大运河相关文化记忆重构与文化空间生产的过程，二者的多维度交互，最终形成推动大运河国家文化公园建设的内生动力。依托文化表征性空间进行集体记忆建构，建设记忆之场，推进空间生产实践，推动大运河文化记忆升华为国家记忆，通过"热"回忆实践促成空间表征传达，构成了大运河国家文化公园建设的逻辑遵循，并据此提出通过文化记忆融合提升空间生产包容性、引导记忆主体参与建设保障空间生产民主化、依托文化记忆实践以创新空间生产情境等大运河国家文化公园的建设路径。

许立勇、周从从基于文化圈层理论，将大运河国家文化公园治理分为内圈层、中圈层和外圈层三个层次：内圈层即大运河国家文化公园建设治理的核心区，运河文化资源丰富，文化底蕴深厚；中圈层为核心区与外围地区的衔接区或者缓冲区，运河文化资源较丰富，文化底蕴较深厚；外圈层是大运河国家文化公园建设治理的最外层空间，运河文化资源匮乏，运河文化底蕴不深厚，更容易受现代文化与外来文化影响，并据此提出相应的治理建议。

文旅融合视角下，吴殿廷等人从旅游开发和文化传承的角度提出大运河国家文化公园建设的指导思想、原则、目标和任务，从实操角度提出保护世界遗产、传承运河文化、共同打造世界级旅游品牌等主要任务和策略，并且具体思考了大运河国家文化公园建设的行动计划，希望把大运河国家文化公园建设成世界著名旅游目的地和国家文化公园建设的标杆。戴斌提出按照大运河国家文化公园建设要求，要以河为线，以城为珠，线串珠，珠带面，具体到沿线省份，除了政府的规划和专家的视角之外，还要引入游客的视角和思维，要满足人们对于文化休闲和旅游消费的新需求。邹统钎等借助地格理论，对大运河国家文化公园旅游品牌基因进行系统探索，结果表明"运河水系""生活象征""古城古镇""好古敏求""以义取利"是大运河的品牌基因。由此建议大运河国家文化公园未来建设中，要注重塑造运河文化空间载体，培育运河文化产品，打造运河文化"共融"与"共荣"服务，进而为大运河国家文化公园的品牌建设和跨区域合作提供参考。

田林认为非物质文化遗产与国家文化公园有机结合，应该注重提炼非物质文化遗产的文化内涵，并探索非遗要素植入国家文化公园建设的模式。大运河沿线非物质文化遗产类型可分为强联系、弱联系和无联系三种类型，应按照本体安全性、价值主导性、文化相关性和文化耦合性四个植入原则，从文化遗产与景观空间关系的视角划分大运河非遗的类别与层级，进而根据展陈演艺法、研学传习法、生产传承法、节庆创意法、虚拟仿真法等非遗要素植入方法，以及现有空间利用法、非遗空间营造法、环境景观协调法等植入空间营造方法，在大运河国家文化公园建设中采取不同的植入模式与策略。并以此为基础，进一步总结我国非遗要素植入的一般性规律和策略，健全非遗传承体系，增强非遗传承活力，为大运河国家文化公园建设提供理论支持。向云驹同样基于非遗视角，聚焦探讨大运河国家文化公园的非物质文化遗产，而非大运河流域的非物质文化遗产。他提出大运河国家文化公园的建设，对于践行罗哲文先生提出的物质文化遗产、非物质文化遗产、自然景观遗产"三位一体"的大运河遗产保护思路提供了可能，并为大运河非物质文化遗产建立清晰的辨识标准和保护机制奠定了坚实的基础。针对目前用一般性非物质文化遗产代替"大运河非物质文化遗产"的问题，应当确立"标志性""代表性""区域性"三个辨识原则，从而建立大运河国家文化公园非物质文化遗产的认定标准和界定层级，使之具有可辨识度。

部分学者从建筑景观、艺术形态探索大运河国家文化公园建设中的具体问题。郑晶基于扬州中国大运河博物馆作为国家文化公园建设中第一家正式开馆运营的专题性、标志性博物馆，以文物和文化资源为基础，加大文化创意和展览策划力度，全流域、全时段、全方位展现中国大运河全线的历史文化遗产，呈现运河两岸的美好生活以及全球运河城市的交流互鉴，扎实落实了《大运河国家文化公园建设保护规划》中关于文化和旅游高度融合的要求，获得参观者的普遍好评，给同类型的博物馆提供了有效的经验借鉴。田林认真分析了大运河国家文化公园景观现状，梳理大运河国家文化公园景观的内涵、功能与类型特征，提出了保护第一、适当干预和公益性原则，以及萃取、植入、优化和融合四种景观营造方法，进而探究了大运河国家文化公园滨水景观的营造策略。

多位学者结合所处北京、河北、天津、江苏、山东、河南等省市，以及郑州、苏州、扬州、枣庄、聊城等城市的地域优势和特色，探讨各地建设资源优势、规划设计、探索路径和分享成果。特别值得注意的是京津冀区域，首先陈喜波、王亚男、郗志群针对北京大运河国家文化公园生态建设现状和存在问题进行分析，提出北京大运河国家文化公园生态建设应基于生态和文化多样性以及和谐共生的原则，并提出构建系统的生态本底廊道、打造主体性生态景观品牌、构建生态景观链、利用生态科学技术手段以及"生态+"策略等具体的生态建设路径。覃锦旋、王忠君根据大运河城镇历史岸段的资源与社会环境特征，提出了基于生态—社会构建二维大运河游憩机会谱的方法，较好地划分了大运河城市历史文化岸段的文旅融合发展潜力区域，引入场景理论，提出了适应游憩机会类型的场景表达方式。以大运河北京玉河段为实证对象进行实践验证，为大运河国家文化公园城市历史文化岸段的遗产资源活化利用提供了新的参考模式。刘晓峰、孙静借助系统协同理论建构分析战略对接的框架，从系统协同、要素协同和环境协同三个层面探讨大运河国家文化公园和京津冀协同两大系统间建立协同关系的可能性。他们还基于江苏作为大运河国家文化公园唯一重点建设区已在四个方面发挥的示范引领作用，从组建实体管理机构、明确多元主体关系和完善管理运行体制三个方面探索构建大运河国家文化公园省域管理体制。

（三）长征国家文化公园

长征国家文化公园以中国工农红军一方面军（中央红军）长征线路为主，兼顾红二、四方面军和红二十五军长征线路，建设范围包括红军长征途经的15个省（自治区、直辖市），沿线留存了数量庞大、类型丰富的长征文物和文化资源，是5个国家文化公园中最具红色基因、红色文化的区域，如何更好发掘、保护和利用红色文物和文化资源，如何推动红色旅游都是学者们关注的重点。

杜凡丁、杨戈等通过回顾长征文物的保护历程，结合长征国家文化公园建设目标，指出其核心在于弘扬长征精神、传承红色基因、树立中华文明重要标识。针对长征相关资源小而散、产权复杂、展示同质化、传播缺乏吸引力、沿线发展基础薄弱等问题，描绘了长征国家文化公园的打开方式，包括借鉴文化线路理念建立系统性的保护体系，以长征故事为核心构建整体展示格局，通过贯通的长征历史步道提供沉浸式体验，利用创新科技手段开启新时代传播推广等措施，或可为深入开展长征国家文化公园建设保护工作提供解决思路和工作方法。两位作者所在单位清华同衡规划设计研究院近些年投入长征总规和分省规的工作，另有《高质量发展背景下的长征国家文化公园建设保护策略探讨》《长征文化线路展示阐释策略初探》等多篇探讨文章。

宁志中也认为长征国家文化公园建设具有复杂性和艰巨性，因此应该处理好"三个统一"关系：一是建设过程中的原真性与时代性相统一，二是管理过程中的整体性与多样性相统一，三是营运过程中的规范性与特色性相统一。在此基础上，强化超长区域协同治理模式、文化生态系统发展能力和具有地方特色的营运管理机制的创新，更好推动长征国家文化公园建设工作。

李渌、徐珊珊等结合乡村振兴战略，指出长征国家文化公园是乡村振兴与国家文化公园两大国家战略体系之下的一个地域性实践，是探索红色文化保护传承新路径的物理和精神空间的叠合体。这一场域中留存的红色记忆、乡土记忆是集体身份认同的源头，也是推动长征国家文化公园构建记忆之场的内生动力。因此，文章以文化记忆为切入口，以贵州省清镇市长征国家文化公园观游索桥红军渡建设项目为案例地，采用扎根理论，构建记忆视角下社区参与长征国家文化公园建设的逻辑路径。作者认为乡村居民是地方性知识及记忆的主体，其自身所拥有的文化记忆，经由社会纽带的作用，催生和塑造个体对集体身份的认同，这种认同感将推动社区居民对长征国家文化公园建设的内生性参与，实现乡村内生性发展和持续振兴。

王庆生、明蕊聚焦国家认同展开研究，在探讨长征国家文化公园建设和红色旅游开发的内在关系后，运用 SOR 理论对长征国家文化公园游客的国家认同进行实证分析。通过研究发现红色旅游对游客国家认同的产生有深远的影响。旅游体验正向影响旅游情感，旅游情感通过对文化依恋和功能依恋的影响，以"旅游体验—旅游情感—文化认同"的路径，增进游客对国家的认同。因此作者认为在长征国家文化公园开展红色旅游，是游客产生国家认同的最佳方式。王兆峰运用平均最近邻指数、核密度分析法，探讨长征国家文化公园沿线红色旅游经典景区空间分布格局及供给水平，分析影响红色旅游经典景区高质量发展的因素。

王明选择遵义这一长征重要节点区域，指出该地古色历史文化、绿色生态文化、红色特色文化等资源禀赋基础极为厚重浓郁，可以创新"古色+绿色+红色"的"三色"融合实践，通过规划联动协调、资源协作共享丰富体验业态、数字智能发展、产业品牌集聚等途径，构建长征主题文化公园圈带链，从文化存在到文化符号的认知与呈现，从文化资源到文化资本的转化与创新，从文化价值到文化效益的迭代与升华，高度契合长征国家文化公园"区域资源整合、遗产有效保护、品牌价值实现"的发展目标。

还有多位学者立足于长征沿线地区，包括西南地区民族区域，四川、广西、湖南、贵州、云南等地，通过红色文化的活化利用、文旅空间的重构、沉浸式体验文物和文化资源、数字化建设等问题，探讨如何推进长征国家文化公园建设。

（四）黄河国家文化公园

黄河国家文化公园建设工作于2020年下半年陆续启动，其建设范围非常清晰，就是沿黄的九省区，因此从黄河流域高质量发展到黄河文化保护传承弘扬规划，黄河流域近几年一直稳固地受到学界的关注，黄河文化内涵价值、黄河水文水利、高质量发展路径、遗产规划等视角的探讨，都在助力黄河国家文化公园建设。

鄂崇荣立足铸牢中华民族共同体意识视域，审视黄河国家文化公园建设，提出黄河国家文化公园是承载各民族共同历史记忆的文化空间，是各民族交往、交流、交融的重要空间，是聚合铸牢中华民族共同体意识文化动力的载体，是推动各民族共同富裕的重要平台。在推动黄河国家文化公园建设中，需牢固树立休戚与共、荣辱与共、生死与共、命运与共的中华民族共同体理念，在相关工作中赋予铸牢中华民族共同体意识的意义。具体工作方法上，应进一步加强系统性思维，在增进一体性和包容多样性等方面找到平衡点，研究厘清地域文化在黄河文明中的重要地位，深度融入国家重大战略，不断提高黄河文化遗产保护水平，构筑中华民族共有精神家园。谢遵党通过勾画黄河河道变迁的历史脉络，梳理黄河文化的发展历程，提出建设黄河国家文化公园的路径，即围绕黄河文化特质，选好黄河国家文化公园主题；着眼黄河的历史文化流域，规划黄河国家文化公园的总体布局；系统开展保护、传承、弘扬，促进文旅融合发展。

任慧认为如何界定、纳入、展示以及与民共享黄河国家文化公园的文物和文化资源，是黄河国家文化公园建设必须首要解决的基础问题。应在黄河国家文化公园视野下再审视能够纳入这一体系的重要文化资源，尽早梳理核查，明确定性定位，为黄河国家文化公园建设聚焦核心，并以黄河国家文化公园建设促进黄河文化的保护传承弘扬。张祝平指出，建设黄河国家公园应遵循以下基本原则：协同推进与鼓励先行先试相结合；公益效应与产业效益相结合；保护传统与合理开发相结合；政府主导与市场参与相结合。

陈波、庞亚婷认为国家文化公园是我国原生性的新型公共文化空间概念。黄河国家文化公园承载国家记忆，汇聚多元文化符号，在承续国家文脉、坚定文化自信、形塑文化认同等方面意义重大。作者对现有文献对国家公园和国家文化公园的概念与内涵进行了梳理，提出了空间生产理论、场景理论及场景表达，以黄河国家文化公园为研究对象，基于空间生产理论构建具有黄河特色的场景分析维度及文化舒适度体系，通过德尔菲法打分赋值，得到黄河国家文化公园内各地市场景得分矩阵，据此探索黄河国家文化公园场景模式特征及各场景一级维度内的条件组态，从理论工具和研究方法上为黄河国家文化公园建设提供优化思路。

张野、李紫薇、程遂营对黄河国家文化公园做了五个方面的定位：黄河文化保护、传承、弘扬的核心区，黄河流域高质量发展的承载区，国家文化形象展示的样板区，国民公共休闲的示范区，文旅深度融合发展的先行区。程遂营还以黄河国家文化公园建设范围内九省区的115个地级市地理单元为研究对象，对文化与旅游资源的协调性进行分析，并对协调差异的影响因素与优化路径进行探讨。

国家考古遗址公园是在考古遗址保护和展示方面具有全国性示范意义的特定公共空间，自2010年公布第一批名单和理想名单以来，迄今共立项80家、建成55家，其中约有一半位于黄河流域。张冬宁从立园之本、产生的社会效应和现有的基础条件来看，认为国家考古遗址公园可以作为黄河国家文化公园的有力抓手，通过遗址本体与黄河国家文化公园的物质遗产相统合，实现遗址阐释与黄河国家文化公园的文化风貌相协和，推动遗址展示与黄河国家文化公园的民族品格相融合，最终实现两者的高效融合。

黄河是中华民族的母亲河，中华民族治理黄河的历史就像治国史，黄河水利文化也是黄河文化的重要组成。多位学者立足于水利文化，探讨如何推进黄河水利文化研究，以更好地支撑黄河国家文化公园建设。田世民等学者论述了黄河文化与黄河水文化的关系，分析了黄河水文化建设中存在的系统性不够、保障措施不到位、体制机制不完善等问题。通过强化流域机构的核心推动作用、加强黄河水文化基础理论研究，以及开展黄河水文化建设顶层规划、系统挖掘和整理黄河水文化资源、组建黄河水文化研究大平台、确保黄河水文化人才队伍的稳定与可持续、丰富黄河水文化宣传教育手段、完善法律法规和制度标准建设等具体措施，助力黄河水文化繁荣发展，为新时代黄河保护治理贡献智慧力量。此外，还以黄河流域资源开发利用与黄河流域生态保护和高质量发展的关系为基础，提出黄河保护法草案中承载力的法规制度保障。厘清黄河流域资源开发现状、存在问题，针对问题和目标，加强顶层设计，进行黄河保护相关法律法规的保障建设。李云鹏指出黄河文化是黄河文化公园要系统保护和展现的主体内容，是包括水利文化在内的黄河流域各类物质与精神文化的总和。黄河国家文化公园建设，要保护、传承、弘扬黄河水利文化，系统保护各类水利遗产，挖掘、传承传统水利科技，展示、弘扬特色水利文化。

基于黄河流域的高质量发展，苗长虹认为科学实现黄河流域生态保护和高质量发展，确保生态安全、粮食安全和流域安全，需要在生态安全基础上对其不同地域空间进行合理功能定位。于是作者通过构建包括生态、经济和社会等维度的指标体系，使用SPSS聚类分析，对黄河流域91个地市、739个区县进行功能的分区、分级、分类识别和调控方向分析，探索建立分区、分级、分类调控的新体系。在此基础上，作者还对2017—2020年黄河流域8个省区和79个地市的高质量发展状态进行评价与分析，发现在国家重大战略的推动下，黄河流域高质量发展指数平稳上升，流域社会生态、经济和文化均逐步向好，但还存在一些问题。因此，建议坚持全流域一盘棋，做好顶层设计，积极构建"美丽生态带、活力经济带、魅力文化带"，推动开放合作，释放高质量发展新动能。

范周、祁吟墨针对国家文化公园建设与文旅发展的关联，结合黄河文化旅游发展做出了几点思考：要唤醒黄河文化价值认同，挖掘黄河文化的当代性与公共性；保护黄河文化生态系统，做足上、中、下游黄河文旅差异化发展篇章；创新黄河文化表达方式，构建"见人见物见生活"的黄河文旅产品体系，以此助力打造具有国际影响力的黄河文化旅游带。

（五）长江国家文化公园

长江国家文化公园建设工作于2022年年底方才正式启动，因此相关文章相对数量较少，研究群体和关注地域主要集中在湖北（荆楚）、浙江、江苏、四川和重庆等地。

以傅才武为代表的荆楚学者群体，先后有多篇文章探讨长江国家文化公园构建的历史逻辑、区域特色、规划建议等。傅才武、程玉梅依托于长江流域所蕴含的中华民族文化的基因及族群记忆，提出构建以"文化长江IP"为主体的文化旅游体系，探讨了长江国家文化公园在融合文化遗产保护、文化旅游和生态环境保护利用上的实施平台和路径问题，以期激活长江流域各类文化和旅游资源，推动长江文化旅游业发展，同时唤起游客对中华民族精神家园的历史记忆，使游客在"体验—认同"中华文化的过程中构建起自我的身份认同与国家认同，也能增进国外游客对中华文化的了解，推进文明交流互鉴。二位学者还有一文探讨长江国家文化公园构建的历史逻辑，认为国家正式启动长江国家文化公园建设，其目的是将长江流域所蕴含的中华民族的文化基因及族群记忆、国家记忆以文化公园为载体进行保护、传承与内化，形成中华文化的典型代表与中华民族的典型象征，最终促进中华民族的文化自觉与文化认同。此外，傅才武还结合地域特色，分析在国家需求和区域特色交叉定位中湖北省充分发挥创造性的重要作用。

四、结语

建设国家文化公园是由以习近平同志为核心的党中央部署的重大文化工程，以国家为标准，以文化为核心，以公园为载体，是新时代文化自信的重要表征。作为新时代文化建设的新探索、新举措，需要全社会凝聚合力共同推动。从研究成果来看，近两年取得长足进展，但仍存在极大的上升空间，广大学者应依托专业领域，以国家文化公园建设方案等系列文件和相关规划为基础，认真研究，充分调研，聚焦打造长城、大运河、长征、黄河、长江等中华文化重要标志，立足四类主体功能区和五个基础工程，围绕坚定文化自信和充分彰显中华优秀传统文化持久影响力、革命文化强大感召力、社会主义先进文化强大生命力，为贯彻落实"建好用好国家文化公园"贡献智慧、力量。

建好用好国家文化公园要在守正创新上下功夫

宁志中

党的二十大报告提出:"全面建设社会主义现代化国家,必须坚持中国特色社会主义文化发展道路,增强文化自信",强调"加大文物和文化遗产保护力度,加强城乡建设中历史文化保护传承,建好用好国家文化公园"。

建设国家文化公园是以习近平同志为核心的党中央做出的重要决策部署,是推动新时代文化繁荣发展的重大工程。建好用好国家文化公园,必须坚持守正创新,从理论与实践层面辩证地处理好守正与创新的关系。

守正是建好用好国家文化公园的根本。国家文化公园建设要始终坚守中华文化立场,强化为国家立心、为民族立魂的意识形态工作,贯彻总体国家安全观,将国家文化公园建设成为马克思主义基本原理同中国具体实际相结合、同中华优秀传统文化相结合的新时代载体,体现中国人民的宇宙观、天下观、社会观、道德观,坚定历史自信、文化自信,铸牢中华民族共同体意识,引导人民不断坚定中国特色社会主义共同理想。

国家文化公园建设要广泛践行社会主义核心价值观,推动中华优秀传统文化创造性转化、创新性发展,传承革命文化、发展先进文化,深化爱国主义、集体主义、社会主义教育,在全社会弘扬劳动精神、奋斗精神、奉献精神、创造精神、勤俭节约精神，引导人民知史爱党、知史爱国，巩固全党全国各族人民团结奋斗的共同思想基础，凝聚中华民族伟大复兴的磅礴力量。

国家文化公园建设要深入贯彻以人民为中心的发展思想。江山就是人民，人民就是江山，实现人民对美好生活的向往是国家文化公园建设的出发点和落脚点。坚持把社会效益放在首位、社会效益和经济效益相统一，大力发展社会主义先进文化，发挥文物和文化资源的外溢辐射效应，促进人民精神文化生活更加丰富和人的全面发展。

创新是建好用好国家文化公园的手段。国家文化公园是全球首创的伟大实践，建好用好国家文化公园必须发扬"伟大实践、伟大创造"精神，以习近平新时代中国特色社会主义思想为指导，创新建设保护理念与模式、体制与机制、形式与语言，不断探索和完善文化保护传承弘扬中国方案和中国经验。

一是创新发展理念。国家文化公园是全球首创的超大型文化保护利用工程，是紧跟时代步伐、顺应实践发展的重大探索。要从推动构建人类命运共同体，创造人类文明新形态的高度，坚持古为今用、推陈出新，通过整合具有突出意义、重要影响、重大主题的文物和文化资源，从管控保护、主题展示和文旅融合、传统利用等方面，紧密衔接巩固脱贫攻坚成果、乡村振兴、生态文明建设等国家战略，不断探索跨区域、多功能、多层次协调推进的文化保护传承利用新理念、新思路、新办法。

二是创新建设机制。主体功能区、基础工程是国家文化公园建设的"四梁八柱"。建好用好国家文化公园必须完整、准确、全面贯彻新发展理念，提炼展示中华文明的精神标识和文化精髓，实施重大文化产业项目带动战略、文化数字化战略，高标准建设主体功能区，高质量实施基础工程，推出更多增强人民精神力量的优秀作品，实现保护传承利用、文化教育、公共服务、旅游观光、休闲娱乐、科学研究等综合功能，进一步发挥国家文化公园在健全现代公共文化服务体系、现代文化产业体系和市场体系中的引领作用。

三是创新利用模式。建设国家文化公园的根本任务是让文物说话、让历史说话、让文化说话，推动中华优秀传统文化创造性转化、创新性发展，传承革命文化、发展先进文化。建好用好国家文化公园，必须深入挖掘文化时代价值，创新主题展示形态、区域服务模式、项目营运方式，不断探索体现地区特色、类型特色、项目特色的利用机制，才能让今天的人们读懂历史文化、感受精神力量、增进国家民族感情，坚定历史自信、文化自信，才能充分彰显中华优秀传统文化的持久影响力、革命文化的强大感召力、社会主义先进文化的强大生命力。

四是创新推进措施。国家文化公园空间宏大，涉及面广，必须坚持系统观念，构建中央统筹、省负总责、分级管理、分段负责的工作格局。建好用好国家文化公园，必须充分考虑地域广泛性和文化多样性、资源差异性，突出问题意识，破除瓶颈和深层次矛盾，强化政策系统性、区域协调性和措施协同性，将国家文化公园建设融入法治建设、经济建设、社会发展和日常生活。要营造浓厚的舆论氛围，形成层级联动、部门协同、全社会参与的共建共享局面。

五是创新传播方式。国家文化公园是树标识、展形象的重要载体，是加快构建中国话语和中国叙事体系，讲好中国故事、传播好中国声音的重要平台。美丽中国不仅包括自然美、生态美，也包括文化美、生活美。建好用好国家文化公园必须加强传播主题创新凝练、传播内容创新集成、传播媒介创新整合、传播手段创新运用、传播语言创新表达，充分展现可信、可爱、可敬的中国形象,打造文化和旅游品牌,全面提升国际传播效能,推动中华文化更好走向世界,不断增强中华民族凝聚力和中华文化影响力。

(原载《中国旅游报》2022年12月5日)

国家文化公园：效果如何符合初衷[*]

祁述裕

公共政策的初衷都是为了增进公众福祉，但在社会生活日趋繁复的今天，一项重大的公共政策在具体实施过程中，由于所涉因素复杂，往往出现动机与效果不一致，甚至事与愿违的情况。因此，精心设计，周密谋划，力求实现初衷与效果的统一，是当下制定公共政策需要重视的重大问题。国家文化公园建设也不例外。

我国国家文化公园建设突破了国外文化遗产和文化景观类国家公园的做法，像长城、大运河、长征、黄河、长江等体量巨大、具有重要影响的文物和文化资源作为建设对象，致力于打造中华文化重要标志；在思路设计上突破了行政区划和部门的窠臼，注重保护传承利用、文化教育、公共服务、旅游观光、休闲娱乐、科学研究等多种功能并举，具有很大的创新意义。自国家文化公园建设实施以来，各地在推进过程中取得了可喜的进展，但也暴露出不少问题。如何完善国家文化公园建设值得深入研究。

---

[*] 本文系国家社科基金艺术学重大项目"文化和旅游融合视野下黄河文化保护传承弘扬研究"（21ZD03）成果。

一、"三个不确定"制约国家文化公园建设

笔者在调研中发现,从各地实施情况看,国家文化公园建设存在的问题可概括为"三个不确定"。

第一,空间边界不确定。科学确定空间边界是建设国家文化公园的前提和基础。国外无论是自然类国家公园,还是文化遗产和文化景观类国家公园,都有确定的空间边界,而长城、大运河、长征、黄河、长江五大国家文化公园建设方案均没有规定明确的空间边界。究其原因,笔者认为,这五大文化公园历史和文化脉络复杂,难以在短时间内准确界定,只能模糊处理。这种处理办法虽然有利于各地因地制宜,但也导致各地制定规划时自行其是。各地在制定当地国家文化公园建设规划时,出于平衡所辖地区的需要,普遍出现了公园体量过大的情况。以黄河国家文化公园陕西段为例。2021年6月,陕西省发改委编制的《黄河国家文化公园(陕西段)建设保护规划(征求意见稿)》显示,黄河国家文化公园(陕西段)面积约14.3万平方千米,超过陕西省总面积的2/3。在如此巨大的空间里建设国家文化公园,其难度可想而知。

第二,文化标志物不确定。文化标志物是国家文化公园的核心要素。国外文化遗产和文化景观类国家公园的文化标志物大多明确、具体。以美国为例,美国福吉谷国家历史公园的文化标志物是独立战争时期美军统帅华盛顿屯兵于此留下的楼房、军营等遗址。由于我国文物和文化资源极为丰富,且地域性很强,国家文化公园建设方案中并没有对"具有突出意义、重要影响、重大主题的文物和文化资源"进行分类和说明,各地在文化标志物的开发上也是各取所需。比如,作为黄河国家文化公园建设的重要内容,河南省于2021年10月发布的黄河吉祥物由六个被称为"黄小轩、河小洛、宁小

陶、天小龙、夏小鲤、平小牛"的卡通形象构成,这六个卡通形象分别源于黄帝文化、河洛文化、仰韶文化、中华龙文化、鲤鱼吉祥文化、镇河铁牛和"三牛"精神。这些黄河吉祥物具有鲜明的河南区域特点,能否为黄河流域其他省区所认同尚存很大疑问。

第三,建设资金、责任主体不确定。国家文化公园建设资金是一个难点。一是资金缺口大。从政府管理角度来看,国外文化遗产和文化景观类国家公园的核心功能是保护文化遗产和文化景观不受损害,尽管国家公园还有休闲游憩、科学研究等功能,但这并不是由国家公园管理机构直接承担的。我国国家文化公园作为一项具有特定开放空间的公共文化载体,要承担系统推进保护传承、研究发掘、环境配套、文旅融合、数字再现等重点基础工程建设的职责①,而要实现上述目标,需要数额巨大且可持续的资金支持。二是缺乏稳定的资金来源。发达国家的国家公园运营主要靠财政支持,如美国就建立了以联邦财政拨款为主,特许经营和公私伙伴关系等为辅,经费渠道多元化的资金保障机制,并设立专项资金,专款专用、依法收支、及时公开。②我国国家文化公园建设资金采取的是中央和地方共担的方式——确定重点领域和范围,采取项目制,中央政府提供一定的专项资金,地方政府提供配套资金。实际上,地方仍然是项目建设资金的主要承担方。此外,囿于土地政策限制,项目用地问题也很难解决。笔者调研发现,中部某省几十个

---

① 参见中共中央办公厅、国务院办公厅印发《长城、大运河、长征国家文化公园建设方案》,2019年12月5日。
② 以2019财政年度为例。美国国家公园服务局的预算草案提出总需求资金约为32亿美元,其中预算需求约24亿美元,游憩费和其他专项资金约8亿美元。预算中运营经费约为22亿美元,是最为核心的一项。参见张利明《美国国家公园资金保障机制概述——以2019财年预算草案为例》,《林业经济》2018年第7期。

国家文化公园建设项目都因用地问题难以落地。三是责任主体不明确。发达国家的国家公园建设有相关法律法规保障，有专门的管理运营机构。以美国为例，1916年，美国国会通过了相关立法，并在内政部设立国家公园局，负责管理国家公园和国家保护区。我国国家文化公园建设尚处在起步阶段，目前尚没有相关法律法规；管理方式是由中宣部牵头成立的国家文化公园建设工作领导小组统筹，中宣部、国家发改委、文旅部、国家文物局等部委分头负责。名义上每个国家文化公园均有一个部委具体负责，但实际上在部委编制中并无相应的主管机构，目前是由相关司局代行管理职责。这种代管的方式导致责任主体不明确，缺乏可持续性，在地方也存在同样的问题。

二、做好"三个统筹"，实现初衷与效果的统一

为解决上述问题，完善国家文化公园建设方案，应做好"三个统筹"。

第一，统筹国家文化公园的空间边界和技术规范。一是严格界定空间范围。从国外文化遗产和文化景观类国家公园建设经验看，国家文化公园空间范围不宜过大。范围太大会造成文物和文化资源分布过多，功能区之间过于分散，公园与行政区划交叉重叠等诸多问题，应通过中央与地方协商、研究机构论证等，将各地国家文化公园的空间面积确定在一个科学合理的范围。二是制定国家文化公园技术规范。制定技术规范是国家文化公园健康有序发展的基础，包括国家文化公园的设立、规划、勘界立标、监测和考核评价等，做到有章可循。

第二，统筹文物和文化资源。各地须依托具有重要影响力的文物和文化资源进行整合建设，不能面面俱到，四处开花。同时，在建设中应拓展对文物和文化资源的认识，防止见物不见人。在建设国家文化公园过程中，人们

大多关注的是考古遗址、古代建筑等文化遗存，而实际上，人是最重要的文化资源，我们还应关注在中华文明史上产生过重要影响的人物、事件，这些人物和事件同样是具有重要意义、重要影响的文化资源。

第三，统筹资金来源和管理机制。一是设立政府投资基金。国家文化公园建设是一项长期的文化工程，涉及面广，资金需求量大，持续、充足的资金支持是关键。采取项目制，由中央政府提供专项资金支持，这种方式能解决初期建设的资金问题，但缺乏持续性和可预期性。根据财政部《政府投资基金暂行管理办法》，国家文化公园既属于基础设施和公共服务领域，也属于新兴产业发展内容，完全符合设立政府投资基金的要求，因此，可考虑通过设立政府投资基金，确保国家文化公园建设可持续发展。二是探索建立文化生态补偿机制。以黄河、长江国家文化公园为例，黄河、长江国家文化公园建设包括考古遗址公园建设，同时，由于黄河、长江流域上游如青海省、四川省等部分区域人烟稀少，自然生态条件脆弱，故而其另一建设重点就是加强文物和文化资源的保护。中西部地区经济发展相对滞后，靠当地财政来实施考古遗址公园建设和文化生态保护是不现实的。此外，遗产资源保护区往往跟城区或农村地区重叠，占用一定面积的耕地，与当地居民的生产生活存在一定矛盾，因此，可考虑借鉴生态补偿转移支付的做法，探索建立文物和文化资源生态补偿机制，支持一些重点区域保护中华文脉。三是鼓励地方政府设立产业发展基金、发行地方债券。在这方面，江苏省已经有了很好的探索。2019年1月，江苏省成立了全国首个大运河产业发展基金——江苏省大运河文化旅游发展基金会，重点支持大运河国家文化公园建设和文旅融合发展。该基金是大运河文化带建设的长期战略性政府投资基金，采取母、子基金协同联动方式，通过政府出资增进和倡议，撬动金融社会资本200亿元。江苏省还发行了国家文化公园地方债券，涉及江苏省大运河沿线11个市县的 13 个大运河文化带建设项目，涵盖遗产遗址保护修缮、文化旅游融合发展等领域。江苏省的做法值得参考。四是创新国家文化公园管理机制。在完善国家文化公园管理机制上，地方都在探索新途径。比如，为推动长城国家文化公园的有效管理，河北省各地因地制宜，初步形成了迁安市"文化和旅游局 + 长城国家文化公园管理中心"、张家口市"长城国家文化公园（长城保护）管理处"等管理模式，增强了长城国家文化公园管理职能。[①] 这些做法都值得参考。

三、一点延伸性的思考

哈佛大学教授马克·穆尔在《创造公共价值：政府战略管理》一书中指出：公共管理者的主要任务就是寻求、确定和创造公共价值。这就意味着不仅要完成政府工作目标，更重要的是"怎样做才是有价值的"这一命题。国家文化公园建设给我们提供了一个分析如何完善公共政策制定的案例。

国家文化公园建设是一项重大的文化创新，这也对政策设计部门提出了很大的挑战。从国家文化公园谋划过程看，有关部门十分慎重，相关方案的制订均经过了几上几下、多次讨论，制定过程也十分重视专家的意见，每一个国家文化公园均成立了专家咨询委员会。尽管如此，从实施情况看，除了前面提到的三个"不确定"之外，国家文化公园建设的方案设计仍然存在着一些问题。比如，未能对各个国家文化公园的思想内涵和精神特征做准确并能获得社会共识的概括，而导致各地出现了认识上的困惑和不统一。又

---

① 参见李秋云等《河北有力有序推进长城国家文化公园建设》，《中国文化报》2021 年 12 月 10 日。

比如，要求长城、大运河、长征国家文化公园到 2023 年年底基本完成建设任务，要求黄河国家文化公园到 2023 年基本完成重点建设区的建设任务等，但从目前各地实施情况来看，要达到上述要求尚且存在较大困难。究其原因，一方面，国家文化公园是一个极具创新意义的政策设计，有很多未知领域有待探索；另一方面，方案是以内部文件的形式发布，一定程度上降低了社会各界的参与度，不利于方案的完善。国家文化公园建设存在的问题再次说明，广泛听取利益攸关方和社会各界意见，是确保初衷与效果统一的至关重要的环节。

（原载《探索与争鸣》2022 年第 6 期）

从北京 3 部长城专项规划看大型文化遗产专项规划的重要作用[*]

汤羽扬　刘昭祎　蔡　超

　　长城是我国也是世界上现存体量最大、分布最广的文化遗产，以其上下两千年、纵横数万里的时空跨度，成为人类历史上宏伟壮丽的建筑奇迹和无与伦比的文化景观，在中华文明发展和多民族文化交融的历史上有着不可替代的作用，具有独一无二的突出普遍价值。自 2012 年国家文物局发布长城资源调查和认定成果以来，国家在长城保护方面出台了多项政策与规划，包括 2016 年《中国长城保护报告》、2019 年《长城保护总体规划》、2021 年《长城国家文化公园建设保护规划》等。作为中华民族精神的重要标志，长城的保护与开放受到各级政府和广大人民群众的高度关注。

　　北京辖区内分布有北齐和明两个时期长城及相关遗存，其中长城墙体总长度为 520.77 千米，各类型遗存 2356 处。因地处黄土高原、内蒙古高原、松辽平原与华北平原交接地带，担负着拱卫京师的重任，北京的明代长城各类设施最密集、建造最坚固，是中国长城的代表性精华段落。在 2008 年

---

[*] 本文系北京市社会科学基金重大项目（21ZDA01）成果。

长城资源调查背景下，北京在保存有长城遗存的15个省份中率先启动《北京市长城保护规划》编制工作。2017年国务院批复《北京城市总体规划（2016年—2035年）》，规划提出"一核一城三带两区"全国文化中心建设总体框架，明确建设长城文化带的任务，2019年发布《北京市长城文化带保护发展规划（2018年—2035年）》。2021年年底，在国家文化公园建设工作领导小组印发《长城国家文化公园建设保护规划》后，北京市发布《长城国家文化公园（北京段）建设保护规划》，并同步印发了《长城国家文化公园（北京段）建设实施方案（2021年—2023年）》，明晰了国家文化公园建设保护实施的时间表和路线图。2022年国家文物局批复北京长城重要点段八达岭长城保护规划，北京市完成了长城文化带4处重点组团的详细规划。

北京长城3部专项规划均有"保护"这一主词。在北京长城文化带的保护发展规划中，长城不再只论长度，资源也不再是散点，而是有了协同管控的空间范畴——北京北部生态涵养区。北京的长城资源几乎全部位于生态涵养区内，历史文化与生态环境资源共同保护成为这个区域发展的支点。在长城国家文化公园规划中强调了整合具有突出意义、重要影响、重大主题的文物和文化资源，集合形成具有特定开放空间的公共文化载体，做强中华文化重要标识，创新传承利用新路径，长城不仅要作为景区开放，而且要在中华民族精神传承中发挥重要的作用。

北京与长城相关的3部专项规划编制历经10余年，正是我国社会文化和各项建设事业高速发展时期，长城作为大型文化遗产，相关专项规划编制的理念与方法也在发生变化。首先，大型文化遗产分布地域广阔，对区域文化形成乃至人居环境都曾产生重要影响，且这样的影响还在继续，因此其保护不仅要关注文化遗产资源，还应特别关注与其相伴共生的自然资源，将文化（过去的历史）与规划（未来的愿景）相融合，为当今社会提供历史的结构化视图。其次，大型文化遗产多跨越行政辖区分布，以遗产突出普遍价值为纽带的专项规划有利于凝聚区域文化精神，增强群众的认同感和归属感，从而带动区域振兴（长城多分布在乡村）以及跨区域协同发展。最后，大型文化遗产具有突出的文明进步意义和重要社会影响，是国家文化兴国战略实施的特殊公共文化空间，其专项规划将国家战略与地方资源禀赋结合，推动重大工程项目落地实施，为建设社会主义现代化强国提供有力支撑。（图1）

图1 从延庆九眼楼长城看北京城市（摄影：董旭明）

一、北京长城保护规划编制策略与思考

（一）突出属地管理责任的"1+6+N"规划分级

与所有全国重点文物保护单位保护规划编制相同，北京长城保护规划编

制的依据为 2004 年国家文物局发布的《全国重点文物保护单位保护规划编制要求》。但通常情况下全国重点文物保护单位的保护对象构成较为单一，像长城这样分布范围广阔、资源点多而分散、保护级别不一的文物保护单位极少。因此在北京市的长城保护规划编制中除满足《全国重点文物保护单位保护规划编制要求》外，还需参考城乡规划、风景名胜区规划等区域性规划分级的思路，以促进属地责任的落实。

省级长城保护规划在我国长城保护规划体系中具有承上启下的纽带作用，是各省份执行长城保护管理的主要依据。但实际操作中，因为省域范围过大，省级长城保护规划的深度往往难以满足市、县、区一级属地管理工作的需求。为加强长城保护规划的可操作性，在保持与其他各省份一致的情况下，结合长城分布于北京 6 区的情况，北京确定了"1+6"的保护规划分级，之后扩展为"1+6+N"的分级，即 1 册北京长城保护总体规划、6 册分区长城保护规划、N 处重要点段长城保护规划，并同时启动了"1+6+N"规划编制工作。在全国 15 个省份中，唯有北京一次性统筹完成了省市级与区县级长城保护规划。同时，作为世界文化遗产重要构成的八达岭长城保护规划也已经获国家文物局批复原则同意。

（二）统筹遗产资源与自然资源的整体保护

北京长城保护区划面积范围约 2900 平方千米，这在全国 15 个有长城遗存的省份中是非常特殊的案例。

保护区划定是保护规划编制的核心内容，在规划编制之初经过了多次讨论与研究。早在 2003 年，长城保护范围和建设控制地带尚未划定前，北京市规划委员会、北京市文物局根据《北京市长城保护管理办法》规定，公布了北京长城临时保护区，提出长城墙体两侧 500 米范围按照非建设区管理，长城墙体两侧 500—3000 米按照限制建设区管理的临时管控要求。提出这个范围的目的是防止人为建设对整体环境的破坏。通过在地形图上将 2003 年长城临时保护区划边界线落位，发现 500 米的距离基本是长城墙体所处山脊至山脚的距离，结合北京北部山区为北京城市后花园、北京城市水源涵养地、生态屏障的总体定位，保护区划基本沿用 2003 年提出的 500 米和 3000 米的保护边界概念，并在保护区划定中明确"通过立法的手段实现长城遗存与相关遗存保护的结合；长城遗存保护和长城依附环境保护的结合；长城遗产保护与地方社会发展的结合"，以及"保护区划定满足长城遗存本体及文化景观要素的价值、真实性、完整性保护要求"的原则。2011 年年底，北京市人民政府公布北京长城保护区划。

将已经公布的北京长城保护区划落位在 2017 年国务院批复的《北京城市总体规划（2016 年—2035 年）》"市域空间结构规划图"中，北京的长城资源及长城保护区划几乎全部落在北京生态涵养区内。这说明北京长城保护区的划定在原则上符合北京城市发展的总体要求，文化遗产资源与自然资源共同保护既是长城遗产保护的需要，也是城市健康发展的需要。2021 年北京市发布《北京市生态涵养区生态保护和绿色发展条例》，从生态保护、绿色发展、保障措施、法律责任 4 个方面对自然资源保护提出明确要求。对照长城沿线 6 区国土空间规划，强化生态涵养功能和加强历史文化保护传承均作为各区发展的重要支撑。

当然在 10 余年的保护管理中，约 2900 平方千米长城保护范围和建设控制地带也出现了一些问题，包括受到早年地形图精度不够的制约，部分散落在长城一类建设控制地带内的村庄，或是漏划建设用地，或是与长城本体之间距离远且无通视关系但管控过于严格，发展受到较大制约。再如，北京市文物保护区划执行统一的保护区划管控规定，但因统一管控规定主要是针对老城的建设情况制定的，不完全符合山区地形多变的区域情况。另外，延庆区地貌特殊，因位于延怀小盆地，三面环抱的山脉上均分布有长城遗存，简单的外扩划定方法导致长城保护区划面积占到延庆区辖区面积约 50%。对于长城保护区划的深入调查评估，将细化后的保护区划管控线纳入国土空间一张图是当前的重要任务。

（三）前置保护管理与重要点段规划措施

除完成文物保护规划编制常规要求的内容外，北京长城保护规划编制中结合资源禀赋和管理部门职权，特别强调了管理保障、重要点段、相关规划协调的措施。

针对北京长城资源、地理环境特点，特别是各级政府和各部门管理职责范围，保护规划强调落实"整体保护，属地管理"的责任，突破《全国重点文物保护单位保护规划编制要求》常规体例，将保护管理规划前置，并在管理规划内容上汲取了国际遗产保护管理规划经验，明确管理目标，对管理机制、管理制度、管理责任、技术保障等方面提出规划措施。保护管理规划的前置，所改变的不仅是规划体例，而且体现了规划概念的变化。对于大型文化遗产的保护，除要做好保护对象的准确梳理和评估外，尤其需要重视的是管理保障。保护管理规划内容的前置，后来在其他一些省份的长城保护规划中也有所体现。

重要点段规划措施作为专门的板块是创新。在规划编制过程中，通过对北京 500 余千米长城及上百座长城关堡和其他遗存进行深入研究后，可以清晰地看到北京明代长城军事设施布防重点分区，如著名的南口城、居庸关、上关、八达岭所在的关沟区域；古北口铁门关、镇城、营城、潮河堡区域；还有当代由长城城堡发展至今的名村名镇，如中国历史文化名镇古北口镇、中国传统村落沿河城村等。通过价值梳理和现状研判，规划增加了长城重要点段规划的专门章节，并对这些重要点段保护提出规划措施，其目的是将最具价值的长城精华部分予以重点关注，促进重要点段在长城整体保护中的带动作用。在长城国家文化公园建设背景下，2020年年底国家文物局发布《关于印发第一批国家级长城重要点段名单的通知》总计83处，北京8处，保护规划确定的重要点段全部位列其中。[1]

二、北京长城文化带保护发展规划编制策略与思考

（一）明确规划总体思路和重点任务

北京是世界著名古都，有着3000多年建城史、860多年建都史，具有丰富的历史文化积淀，是中华文明源远流长的伟大见证。1949年以来，文化中心一直是北京重要的首都功能。《北京城市总体规划（2016年—2035年）》提出四个文化中心建设的战略定位，以及四个层次、两大重点区域、三条文化带、九个方面的历史文化名城保护体系，"一城三带"成为北京历史文化地标、文脉标志。在总规批复后，北京启动了三条文化带保护发展规划。

经前期讨论研究，《北京市长城文化带保护发展规划（2018年—2035年）》定位在城市总体规划之下的文化遗产类专项规划，突出总规目标落地及可操作性，明确分年度推进总规对长城文化带保护提出的任务，主要内容包括有计划地推进重点长城段落维护修缮，加强未开放长城的管理，对长城保护范围及建设控制地带内的城乡建设实施严格监管，以优化生态环境、展

---

[1] 参见汤羽扬、刘昭祎《北京长城保护规划编制的思考》，《中国文化遗产》2018年第3期。

示长城文化为重点发展相关文化产业，展现长城作为拱卫都城重要军事防御系统的历史文化及景观价值。

保护发展规划首先明确了以长城价值保护为基础，以长城精神弘扬为主线，优化整合区域内各类资源，带动以长城关口及沟域为聚居特点的北部山区发展，赋予长城文化与时俱进的生命力的总体思路，将重点解决的问题和任务聚焦在四个板块：第一，推进长城抢险保护，提升遗产保护管理水平；第二，修复长城赋存环境，构筑长城生态屏障；第三，传承长城文化价值，弘扬长城民族精神；第四，统筹人口资源环境，促进区域可持续发展。四个板块涵盖了长城遗产保护、监测、研究、防灾，长城生态文化景观塑造，长城与相关文化资源整合、提升展示水平，区域村落生活条件改善、道路交通优化等内容。

为了使规划切实落地实施，另外形成《北京市长城文化带保护发展五年行动计划（2018年—2022年）》，夯实责任，明确年度项目。

（二）盘点各类资源存量，凝练整体价值

长城文化带保护发展规划汲取了文物保护规划编制路径，第一步明确资源对象，但不仅仅关注长城遗产资源，而是按照区域内各类资源与长城价值的关联程度进行全面系统梳理分类。资源的系统梳理帮助回答了什么是长城文化、长城文化的价值载体是什么、长城在区域的辐射力如何等问题。[1]

第二步，将区域内保护类资源分为文化资源和生态资源两大类，共计664处/片。其中，文化资源包含世界遗产、不可移动文物、历史文化街

---

[1] 参见汤羽扬等《北京市长城文化带保护发展规划编制回顾》，载中国长城学会编《万里长城——庆祝中华人民共和国成立70周年论文集》，北京《万里长城》杂志社，2019年，第36—41页。

区、历史文化名镇名村、传统村落、非物质文化遗产6类，计624处，涉及文化旅游（文物）、国土资源、建设、农村等行政管理部门。生态资源包括自然保护区、风景名胜区、森林公园、湿地公园、地质公园、矿山公园、重要水源区7类，计40片，涉及建设、林业、农业、国土资源和水利等行政主管部门。按照资源与长城价值的关联程度，规划对664处/片保护性资源的2873处资源点进行价值主题分类，划分为长城遗产、相关文化和生态资源3类。其中，相关文化包括了军防村落文化、寺观庙宇文化、抗战红色文化、交通驿道文化、陵寝墓葬文化、历史文化景观6小类，计424处资源点。（图2）

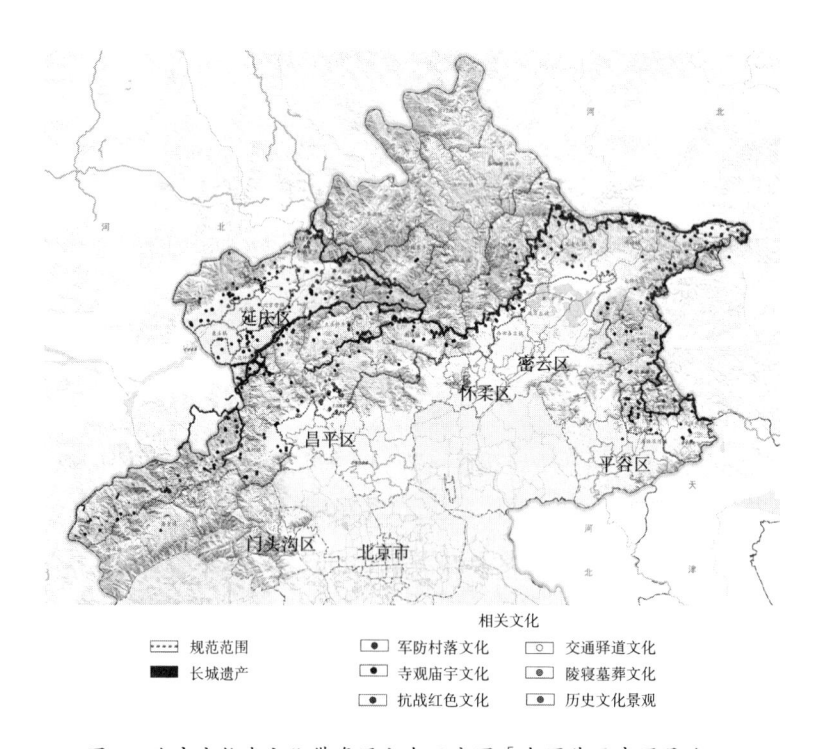

图2 北京市长城文化带资源分布示意图[本图基于审图号为GS（2019）3333号的标准地图制作，底图无修改]

在各类资源的详细梳理中，特别关注了人、地、遗产的空间演化关系，通过历史资料、城堡与村落变迁的时空叠加图，将长城文化带自然山水特征概括为"两山四水十八沟"。"两山"即燕山山脉与太行山山脉，是长城墙体分布的区域；"四水"即潮白河、永定河、温榆河和泃河等4条水系；"十八沟"是与长城防御体系的重要关口存在紧密关联的18组自然河道，这些自然河道形成的沟域也正是明代长城的主要防御关口。通过分析能够看到长城对这一地理区域人地关系产生的深刻影响，长城文化为主线的文化丰富性与多样性，以及文化多样性与其所处大尺度自然地理单元系统所共同呈现出的这一地带自然与人文景观无与伦比的高度统一特征。关心和维护这个特殊区域的自然与文化整体性，能够给文化传承与生态保护提供更加稳定的社会环境，让我们的子孙后代可以继续享有它。

（三）整合与疏解结合，平衡资源利用关系

针对北京长城沿线存在的长城开放景区分布不均、资源缺乏整合、发展模式单一等问题，依据资源禀赋及价值特点，规划将北京市长城文化带的空间布局确定为"一线五片多点"。"一线"是保护工作实施的主要对象，涉及北京长城墙体520.77千米，突出长城本体的保护。"五片"是疏解长城开放景区游客压力的集中展示地区，结合明代长城军事防御体系及现代长城开放利用需求设置，同时兼顾组团内各类其他资源形成的合力。规划选取5个重点组团片区，即马兰路组团、古北口路组团、黄花路组团、居庸路组团和沿河城组团，通过示范引领产生辐射带动作用，期望实现长城管理开放的长度能够达到北京长城总长度的10%左右，使公众更好地享受长城大型文化遗产保护的成果。"多点"是长城相关文化传承、发展的主要区域，是长城沿线卫城、所城等指挥中枢及关口、城堡、堡寨延续至今的村镇，也是人群集

中生活生产、最具"烟火"气的传统聚落。"多点"可以从更广的空间区域引导公众理解长城文化和地方特色文化，也为长城脚下村堡发展带来更多的机遇。① 合理谋划长城文化带空间布局有利于实现区域内不同地段文化与自然资源整合，整体平衡资源保护与利用关系，实现总规提出的长城文化对北部山区的带动作用、凝聚作用。②

考虑从区域角度加强大型文化遗产价值引领和凝聚力作用，重点组团范围的划定打破了行政区划分界，因此在组团命名方式上采用了古代军防单元设置的名称，如居庸路组团，面积约 130 平方千米，明代为昌镇居庸路辖，涉及现在延庆和昌平两区，沿关沟古道 20 千米古道有居庸关、八达岭 2 个长城开放景区，规划提出了景区联动全面提升展示阐释水平的具体要求和项目。

规划确立以文化与自然资源的保护为重要前提，以长城遗产价值阐释与展示体系为抓手，以资金、人才、技术和设施的科学合理配置为手段，以长城遗产、相关文化和生态资源的系统整合为切入点，以管理与运行的长效机制为保障，带动北京北部山区社会、文化、经济活力的整体提升。提出保护长城遗产、修复长城生态、传承长城文化、增进民生福祉、健全管理机制为主线的基本策略，以及加强管控立法，协调利益相关者关系，实现北京市长城文化带各类资源的协同管理的组织保障措施。

---

① 参见汤羽扬《北京长城文化带背景下的传统村落发展之路》，载中国文物保护基金会秘书处编《望山·看水·记乡愁——生态文明视域下传统村落保护与发展论坛文集》，文物出版社 2017 年版，第 59—66 页。
② 参见汤羽扬等《区域协同发展框架下的"北京长城文化带"建构初探》，《北京建筑大学学报》2016 年第 3 期。

三、北京长城国家文化公园建设保护规划编制策略与思考

（一）立足国家文化战略，提供北京样板经验

国家文化公园是国家推进实施的重大文化工程，在国家层面有明确的建设保护原则和总体安排，以及建设目标和任务要求。其中长城国家文化公园是以长城遗产为重要载体，开展保护传承、文化教育、公共服务、旅游休闲、科学研究等各项活动的公共文化区域。国家长城文化公园明确了"1+15"的规划体系，即1部国家长城文化公园建设保护规划、15部分省规划。

在规划编制程序上，长城国家文化公园分省规划建议编制在前，国家层面建设保护规划在后，待国家层面建设保护规划完成后再修改分省规划建议，形成省份建设保护规划，因此长城国家公园（北京段）建设保护规划如何编制同样是初期反复论证研究的问题。

在规划体系层面，《长城国家文化公园建设保护规划》为国家级专项规划，北京长城国家文化公园建设保护规划应为其下位的地方专项规划，规划的核心任务是细化落实国家层面对长城国家文化公园提出的战略任务，同时与地区发展规划、国土空间规划等各类规划做好衔接协调。为此，北京长城国家文化公园建设保护规划要着眼国家对重大文化工程建设的目标要求，立足北京全国文化中心建设，确定北京段长城在中国长城的价值定位，借助北京已经先行启动的长城文化带保护发展工作，站在做大做强中华文化重要标识、探索新时代文物和文化资源保护传承利用新路径的高度编制《长城国家文化公园（北京段）建设保护规划》。[①]

---

① 参见刘庆柱等《笔谈：国家文化公园的概念定位、价值挖掘、传承展示及实现途径》，《中国文化遗产》2021年第5期。

在空间范围上，两项重大文化战略任务同时落在同一地理空间，如何衔接好两者建设目标和建设项目的关系是首先要思考的问题。北京市长城文化带保护发展规划编制在先，其空间范围综合考虑了已经颁布的长城保护范围和建设控制地带、乡镇行政边界、自然资源分布，以及北京浅山区、生态涵养区等相关规划的各类边界，其范围涉及北京市行政辖区近30%的面积。在确定长城国家文化公园北京段范围时，一方面考虑到文化公园与文化带具有共同性文化资源要素，另一方面考虑提高地方管理效率，由此确定两者空间保持一致，项目任务各有侧重、协调推进的策略。

在目标定位上，虽然北京长城文化带和长城国家文化公园的文化与自然资源、空间范围基本一致，但是在战略定位和着力点上依然各有侧重。

北京长城文化带强调"首都文化传承及首都生态屏障"定位，突出长城文化对区域振兴发展的带动力，描绘了让历史文化与自然生态永续利用、与现代化建设交相辉映的可持续发展蓝图。

北京长城国家文化公园突出了北京在国家文化公园建设中的定位，"中国长城国家文化公园建设保护的先行区、服务首都及国家对外开放的文化金名片"。长城国家文化公园涉及15个省、自治区、直辖市，各省区市长城均有自己的资源禀赋特色。北京八达岭长城（世界遗产），以及慕田峪、居庸关、古北口、箭扣长城在中国长城中具有重要的历史地位及当代国际国内知名度。同时，北京具有多年的长城保护和开发利用经验，且率先启动了长城文化带保护建设工作，北京有条件创建长城国家文化公园先行区，为长城国家公园建设保护提供有益的样板经验。由此，北京长城国家文化公园规划强调了三个方面的带动作用：在长城遗产保护传承方面，开展濒危点段抢险保护，探索抢险保护、研究性保护、预防性保护结合途径，建设保护第一、传承优先的样板区；在展示阐释方面，通过改造提升，形成以中国长城博物馆为引领的长城展示陈列馆、长城乡村记忆馆、研学基地系列，结合"京畿长城"国家风景道，形成特色突出、互为补充的长城文化综合展示传播系统；在长城文化弘扬方面，持续开展北京长城文化系列节庆活动，举办国际长城学术论坛、长城设计周、长城非遗表演，形成长城文化传播的品牌影响力，进一步扩大北京长城遗产保护的国际影响力。

北京长城国家文化公园建设保护充分吸收北京长城文化带保护发展成果，着重凸显北京长城在中国长城中的代表性价值地位和保护利用工作的领先性，以及长城文化精神在现代社会教育传承中的功能作用，通过长城国家文化公园建设向国际展现大国形象、首都风范。坚持"首位担当、首善标准"的高站位和高质量发展目标要求，推动北京长城国家文化公园建设保护持续走在全国前列。

同时，建设保护规划明确了"漫步长城史卷的历史文化景观示范区"和"文化、生态、生活共融发展的典范区"的建设保护目标，强调北京长城文化是中国长城历史文化景观的最优资源区，在保护与发展上应当成为示范区。不仅为社会，也要为当地人民提升生活品质，增进民生福祉，助力地方社会文化与经济发展。通过持续接待多国首脑观览北京长城，领略长城雄伟景观及文化内涵，接待好年超千万的长城游客，充分阐释长城文化，保持排名前列的世界知名文化遗产地位，促进长城文化交流传播，擦亮中国长城文化金名片。旨在为各省区市的长城国家文化公园建设保护提供有益的北京样板经验。[①]

---

① 参见张曼等《长城国家文化公园：重塑建成环境与公众健康的关系》，《北京规划建设》2020年第4期。

（二）聚焦具有全局影响的标志性项目

为保证国家文化公园建设重大战略任务的针对性和可操作性，省级国家文化公园建设保护规划需要因地制宜地将国家文化战略任务转化为不同类型和级别的项目，落位到遗产空间，嵌入具体情境中，同时转化为各管理部门年度工作任务。这项规划内容与常规的文物保护规划编制中的项目规划有很大不同，既要与建设目标一致，还要落实到年度任务考核。北京在长城国家文化公园规划中按照上位要求明确了保护管控、主题展示、文旅融合、传统利用四类主体功能区，并按照国家级、市级、区级划分，将上位规划要求的保护传承、研究发掘、环境配套、文旅融合、数字再现五大基础工程落到具体空间和主责管理部门。

对标长城国家文化公园建设保护规划确定的：到2035年，长城国家文化公园全面建成，符合新时代要求的长城保护传承利用体系全面建立规划目标，北京结合长城文化带的空间结构布局，制定了马兰路、古北口路、黄花路、居庸路、沿河城5个重点区域的100个项目，并细化了分类分期项目实施台账，保证逐年滚动稳步推进。

在100个项目中，选择了10个项目作为标志性项目重点推动，旨在通过标志性项目管理与实施，探索先行案例经验，带动其他项目有序推进。其中国家层面要求的中国长城博物馆改造提升工程已经完成国际招标；箭扣长城修缮工程第五期启动，国家文物局支持的"长城保护修复基地"挂牌，长城保护维修工程中的多专业参与、考古前期介入的研究性项目成为媒体和公众关注的话题；北京长城文化节系列活动已经持续3年，长城研究学术交流、长城非遗表演、长城文创产品大赛、最美长城守护人发布成为常驻节目。（图3）

为了明确公园建设保护的各项任务时间表和路线图，配合建设保护规划

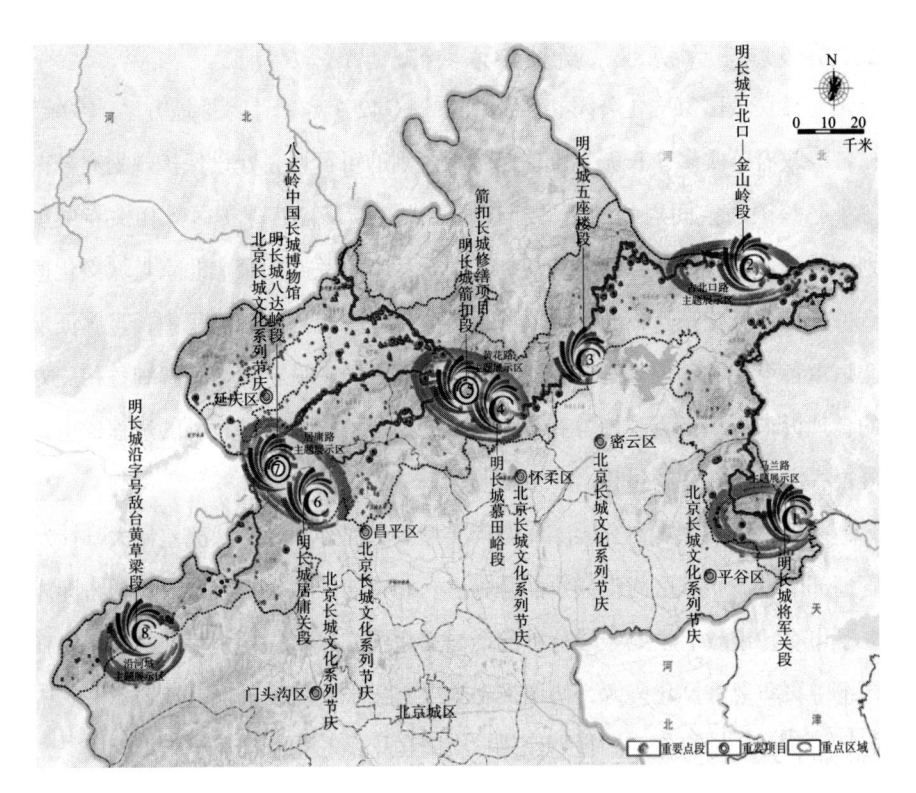

图3 北京市国家级长城重要点段及重点项目空间分布图［本图基于审图号为 GS（2019）3333 号的标准地图制作，底图无修改］

编制了长城国家文化公园（北京段）建设保护实施 3 年行动计划。计划遵循科学保护、价值延续，文化引领、创新驱动，环境友好、整体发展，分级分类、统筹协调的基本原则，将 100 项任务中的 24 项作为近期任务实施。对标长城国家文化公园规划提出的：到 2023 年年底，长城"沿线文物和文化资源保护传承利用协调推进局面初步形成"，"形成一批可复制推广的成果经验"的近期目标，24 项任务的完成将推出"北京经验"，为国家文化公园建设保护提供首善标准、北京智慧。

（三）汲取多方规划，凝聚各方共识

北京长城国家文化公园共涉及北京 6 区 42 个乡镇，考虑地方区、乡镇、村各级政府落实多个长城文化遗产专项规划的可行性，建设保护规划充分衔接了各级国土空间规划的布局和管控要求，以及自然保护区等相关专项规划、美丽乡村规划等部门专项规划，引导各级相关部门聚焦北京长城文化遗产保护传承孵化亮点措施和优质项目。建设保护规划编制过程中，多次征求北京市各级相关管理部门、长城沿线 6 区等乡镇意见，充分理解利益相关方的合理诉求，积极吸收各方有效建议。规划征求以及吸纳意见的过程，也是凝聚各方合力共识的过程。

由于长城国家文化公园文化遗产类型多，保存和利用状况差异大，涉及管理部门多，相互之间沟通协同是难点。北京四个文化中心建设之初，即成立了市委、市政府主要领导挂帅的全国文化中心建设领导小组。领导小组在统筹中央和地方文化资源，协调推动全国文化中心建设各项重点任务落实中起到了重要的中枢作用。规划建议在全国文化中心建设领导小组下设国家文化公园建设保护专项工作组，同时在 6 区设各区国家文化公园建设专项工作组，各乡镇人民政府工作组下设公园管理办公室，形成三级国家文化公园（北京段）的组织领导构架，实现高位统筹、跨区协调、联动发展的管理保障机制，强化督促规划实施和项目落实。

对标《长城、大运河、长征国家文化公园建设方案》提出的"加强组织领导、健全管理机制、完善制度设计、加强宣传引导、鼓励社区参与、强化督促落实"组织保障的六个方面，北京长城国家文化公园建设保护规划提出了落实措施，聚焦三个方面的管理保障和实施路径探索。一是针对公园多层级和多部门统筹协同的管理体系，按照长城保护管理的整体保护和属地管理原则，探究规划实施的"目标化"总体审批监管和"属地化"任务分解落实的统筹实施策略和管理模式。二是针对公园广阔范围内社会生产生活事项庞杂，按照共建共治共享原则，在统一的管控要求和建设目标下，鼓励探索多方参与模式，吸纳社会力量有序参与，通过目标认同、细化任务、捋顺机制，形成全社会参与的长城文化公园建设保护工作模式。三是针对长城遗产线性分布及公园带状跨区域的空间特点，基于京津冀协同发展国家战略大背景，鼓励跨区跨乡镇跨村的合作，探索突破行政区划和部门分权管理瓶颈、激发公园建设保护内生动力、打通实施环节渠道、创新公园运维管理模式的途径和方法。[①]

四、结语

从 10 余年来北京 3 部与北京长城相关专项规划编制的历程，可以深刻感受到我国大型文化遗产因为延续时间绵长，空间分布广阔，文化标志性强，对区域人地关系演进、社会进步发展曾产生过重要影响，所以对彰显中华优秀传统文化持久影响力、增强文化自信有重要意义。以大型文化遗产为对象的相关专项规划在地区空间结构优化与管控、自然生态系统保护、公共文化资源配置等方面作为政策工具有着越来越重要的作用。我们迫切需要构建大型文化遗产相关专项规划体系与编制方法，加强遗产保护的引领，落实国家重大文化战略任务，衔接地区发展规划。

确保大型文化遗产保护管理目标在各类遗产相关专项规划中的传导作用非常重要。当前需要有强力的措施，将大型文化遗产保护管控双线（保护范

[①] 参见中国国家公园体制建设研究丛书编委会编《中国国家公园体制建设研究丛书》，中国环境出版集团 2018 年版。

围线、建设控制地带线）纳入国土空间管控一张图。文化遗产是优秀文化传承的根基，保护是基础，是第一位，不能动摇。为保证文化遗产在社会发展中发挥作用，需要定好规矩，加大遗产保护法律法规建设，完善深化制度保障。针对目前多种原因造成的文物保护规划滞后现象，有必要探讨将大型文化遗产保护管控双线作为单独事项推进的可行性，以保证地区快速发展进程中大型文化遗产保护与利用能够与各项建设一盘棋推进。同时也有必要对2004年《全国重点文物保护单位保护规划编制要求》进行修编，以加强在社会发展各项事务中文物保护管理的话语权。

北京长城3部专项规划分别由文物、发改、宣传部组织编制，大型文化遗产专项规划已经不仅仅是文物部门的事项，完善大型文化遗产专项规划体系非常有必要。五大国家文化公园建设战略充分体现出大型文化遗产在文化强国战略和各项建设事业中的支撑力量，无论是发展规划还是国土空间规划，当其规划区域与大型文化遗产分布空间重合时，文化作为重要引擎和增长极的作用都已经非常明显，我们需要打开行业壁垒，创新大型文化遗产专项规划理念与方法，提高规范性，发挥历史文化资源禀赋，突出文化遗产、突出普遍价值在特定区域的影响力和凝聚力，探索出一条符合中国国情的大型文化遗产保护利用之路。

（原载《北京建筑大学学报》2022年第5期）

讲好长征故事　传承长征精神

——长征国家文化公园建设保护体系的构建

杜凡丁[①]　杨　戈　刘占清

一、什么是长征国家文化公园

（一）长征文物的保护历程

"长征"，这是每一个中国人都不会感到陌生的名词，它所代表的含义，通过亲身经历、口耳相授、回忆文章、学校教材、学术著作，以及报纸电视、网络媒体等或直接或间接的方式，在一代又一代中国人的心中留下了深深的烙印。

长征是中国革命的里程碑和转折点，正如毛泽东同志所指出的："长征是历史纪录上的第一次，长征是宣言书，长征是宣传队，长征是播种机。"[②]它的意义如此重大，以至于在1936年8月——中央红军落脚陕北还不满一

[①] 笔者团队从2016年开始参与长征文物和文化资源的调查研究与保护展示工作，先后主持编制《长征国家文化公园建设保护规划》《长征文物和文化资源保护传承总体规划》《长征文化线路保护对策研究报告》《长征文化线路总体规划》《长征标识与展示体系建设指引》等，本文吸收了以上项目的部分成果。

[②] 毛泽东：《论反对日本帝国主义的策略》，载《毛泽东选集（第一卷）》，人民出版社1991年版，第150页。

年，三大主力红军尚未会师，红军总政治部就成立了编辑委员会，向广大指战员征集长征回忆录并编纂成册。1937年，三大红军主力胜利会师不久，毛泽东、朱德便签发了征集红军文物和历史资料的通知，成为目前所见最早的党中央指导革命文物保护工作的正式文件。[1]1961年，遵义会议旧址和泸定桥等重要长征文物被公布为第一批全国重点文物保护单位（以下简称"国保单位"），之后在各批次国保单位中也都存有相当数量的长征文物。

党的十八大以来，以习近平同志为核心的党中央高度重视长征文物保护工作。总书记在纪念红军长征胜利80周年大会上发表重要讲话，提出"弘扬伟大长征精神，走好今天的长征路"，并亲临贵州遵义、宁夏西吉、江西于都、湖南汝城、广西全州等长征沿线重要点段考察，做出重要指示。

为贯彻落实习近平总书记指示精神，2016—2017年，国家文物局组织编制了《长征文化线路保护对策研究报告》和《长征文化线路总体规划》；2018年，中共中央办公厅、国务院办公厅印发《关于实施革命文物保护利用工程（2018—2022年）的意见》，将"长征文化线路整体保护工程"列为六大重点项目之一；2019年，国家文物局委托中国古迹遗址保护协会发布《长征标识与展示体系建设指引》[2]。同年公布的第八批国保单位名单中新列入了"猴场会议旧址""葛牌镇红二十五军军部旧址""果洛红军沟"等6处长征文物并对湘江战役旧址的文物本体构成进行了增补[3]，使得国保单位中长征文物总数达到45处、223个文物点，长征文物的构成体系更加完整。（图1）

---

[1] 参见李晓东《文物学》，学苑出版社2019年版。
[2] 中国古迹遗址保护协会：《长征标识与展示体系建设指引》，2020年1月13日，http://www.icomoschina.org.cn/content/details57_1260.html。
[3] 参见杜凡丁等《第八批全国重点文物保护单位中革命文物增补的特点》，《中国文物报》2019年10月18日。

宕昌哈达铺红军长征旧址：邮政代办所（摄影：杜凡丁）

罗山何家冲红二十五军长征出发地：医院旧址（摄影：杜凡丁）

遵义苟坝会议会址（摄影：杨戈）

图 1　国保单位的长征文物

（二）长征国家文化公园的提出

"十三五"时期，我国首次提出"规划建设一批国家文化公园，形成中华文化重要标识"[①]。2019年7月，中央全面深化改革委员会第九次会议审议通过了《长城、大运河、长征国家文化公园建设方案》（以下简称《建设方案》），指出"建设长城、大运河、长征国家文化公园，对坚定文化自信，彰显中华优秀传统文化的持久影响力、革命文化的强大感召力具有重要意义"。2020年，国家文化公园建设工作领导小组发布《长征国家文化公园建设实施方案》（以下简称《实施方案》），统筹部署了具体建设任务。建设国家文化公园，是贯彻落实习近平总书记关于弘扬中华优秀传统文化，发扬革命精神、传承红色基因，推进社会主义先进文化建设等一系列重要指示批示精神的重大举措，是"十四五"时期我国将深入推进的重大文化工程。

《建设方案》和《实施方案》明确了长征国家文化公园的建设范围，涵盖中国工农红军一方面军（中央红军），红二、红四方面军和红二十五军长征所经过的福建、江西、河南、湖北、湖南、广东、广西、重庆、四川、贵州、云南、陕西、甘肃、青海、宁夏等15个省、自治区、直辖市。[②] 主要工作内容包括建设管控保护区、主题展示区、文旅融合区、传统利用区四类主体功能区，开展保护传承工程、研究发掘工程、环境配套工程、文旅融合工程、数字再现工程、教育培训工程六类重点工程。

[①] 原文为："依托长城、大运河、黄帝陵、孔府、卢沟桥等重大历史文化遗产，规划建设一批国家文化公园，形成中华文化重要标识。"（中共中央办公厅、国务院办公厅印发《国家"十三五"时期文化发展改革规划纲要》）

[②] 根据已公布的《长征国家文化公园建设保护规划》，长征国家文化公园在上述15个省区市中划定72个市（州）381个县（市、区）作为主体建设范围，相关省区市在尊重历史事实的基础上，可根据本地与长征密切相关的其他红色资源分布情况，在主体建设范围外适当划定延伸拓展区。

大众通常认知中的"公园"是以休憩娱乐为主的场所，而作为国家战略的长征国家文化公园建设则肩负着塑造国家形象、彰显文化自信，传承弘扬伟大长征精神，探索新时代革命文物保护利用新路，助力社会主义文化强国建设的神圣使命，具有革命教育、保护传承、文化传播、公共服务、产业带动等多重功能，是一项重大的政治工程、文化工程、民生工程、党建工程。

（三）长征国家文化公园的建设愿景

根据《建设方案》要求，长征国家文化公园应该成为弘扬长征精神、凝聚中国力量的精神家园，构建国家形象、彰显中华文化的重要标志，以此激励人们继续走好新时代长征路、为实现中华民族伟大复兴中国梦努力奋斗。还应通过相关建设保护工作的开展，带动长征沿线社会经济建设，促进生态修复与环境综合治理，探索管理机制体制创新。

因此，长征国家文化公园的建设保护，不仅应着力于系统的文物保护展示、体系化的空间布局、统一的形象标识、完备的基础设施、优质的环境廊道等"硬件"内容，知名的文化品牌、鲜明的文化主题、标准化的文旅服务、多样化的传播手段、科学化的管理机制等"软件"建设也不可或缺。只有"软硬兼施"，双管齐下，才能实现"保护好长征文物、讲好长征故事、传承好长征精神、利用好长征资源、带动好长征沿线发展"的总体建设目标。

二、长征国家文化公园的特点

（一）以传承长征精神为核心，具有突出的精神意义

长征国家文化公园是当前四大国家文化公园中唯一以弘扬革命精神、讲

述中国共产党的故事为核心建设内容的。[①] 习近平总书记指出:"长征这一人类历史上的伟大壮举,留给我们最可宝贵的精神财富,就是中国共产党人和红军将士用生命和热血铸就的伟大长征精神。"[②] 长征国家文化公园最突出的特点,在于以传承弘扬长征精神为核心,"红色基调、教育为主"是其主要建设保护原则之一。作为传承长征精神的重要载体,长征文物中包含了大量纪念碑(图2)和烈士墓,如屹立在雪山脚下的松潘红军长征纪念总碑、矗立于赤水河畔的仁怀茅台渡口纪念碑、俯瞰黄土高原的大墩梁红军烈士纪念碑、静卧凤凰山松林之中的邓萍墓等。此外,长征沿线还分布有革命主题展示和纪念场馆168

松潘红军长征纪念总碑(摄影:杜凡丁)

吴起中央红军长征胜利纪念馆(摄影:杜凡丁)

仁怀茅台渡口纪念碑(摄影:杨戈)

图2 长征文物中的纪念设施

---

① 参见韩子勇《黄河、长城、大运河、长征论纲》,文化艺术出版社2021年版。
② 习近平总书记在纪念红军长征胜利80周年大会上指出:伟大长征精神,就是把全国人民和中华民族的根本利益看得高于一切,坚定革命的理想和信念,坚信正义事业必然胜利的精神;就是为了救国救民,不怕任何艰难险阻,不惜付出一切牺牲的精神;就是坚持独立自主、实事求是、一切从实际出发的精神;就是顾全大局、严守纪律、紧密团结的精神;就是紧紧依靠人民群众,同人民群众生死相依、患难与共、艰苦奋斗的精神。

处，国家级烈士纪念设施34处，全国爱国主义教育示范基地87处，全国中小学生研学实践教育基地29处，国家国防教育示范基地14处。作为长征国家文化公园的重要资源，这些纪念设施、教育基地在培育社会主义核心价值观，以史鉴今、资政育人，培养能够担当民族复兴大任的时代新人方面发挥了重要作用。①

（二）长征文物数量庞大，类型多样，内涵丰富

四支长征红军部队在两年的时间里，跨越六万五千里距离，留下了数量庞大、类型多样的长征文物。据初步统计，现有与长征有关的各级文物保护单位超过2100处，包括重大历史事件发生地、重要会议遗址、重要机构旧址、战场遗址、名人旧居、交通设施、革命标语、纪念设施、烈士墓及墓园等，涵盖了革命文物的所有主要类型。而且，由于行军战斗的客观需求，它们大部分并非红军建造，而是就地利用原有建（构）筑物，这就使得长征文物在建造年代、物质形态和文化内涵方面具有很强的多样性（图3）。其中既有古老的明清祠堂宅院，也有近现代中西合璧建筑风格的府邸、教堂，更有新中国成立初期直至20世纪八九十年代设计建设的纪念碑和雕塑。以长征标语建筑物为例，有的镌刻在明代城墙的墙身，有的雕凿在清代纪功碑的两面，有的附身在寺庙的墙壁和经幢上，有的书写在民居的门扇板壁上。而长征路上的"红军桥"也同样既包括了近代的公路桥，也包括了传统的石拱桥、铁索桥，更有充满民族特色的风雨桥、伸臂桥等，可谓不一而足。长征文物与沿线各民族、各地区、各类型、各时代的历史文物、乡土建筑、文化

---

① 参见陆地《Monument的纪念碑含义及其对不可移动文化遗产保护的影响》，《中国文化遗产》2021年第3期。

灌阳新圩阻击战战地救护所旧址（摄影：杨戈） 　　通渭榜罗镇会议旧址（警卫团驻地）（摄影：杨戈）

黎平少寨红军桥（摄影：杨戈） 　　若尔盖苟均桥（摄影：杜凡丁）

图 3　形形色色的长征文物载体

景观和文化线路的结合，既拓展了它的文化内涵，也增加了保护工作的复杂性。

（三）跨越广大人文地理区域，文化和自然资源丰富多元

红军长征路线跨越了大半个中国，特别是穿行于中西部地貌阶梯转换处，经过了湖湘、江汉、南岭、滇中、大小凉山、巴蜀、青藏高原、陕甘黄土高原等十余个人文地理区域和苗、侗、瑶、彝、藏、羌、回等十余个少数民族聚居区或杂居区，沿线拥有世界遗产 13 项、地质公园 102 座、森林公园 412 座、中国重要农业文化遗产 11 项、国家级历史文化名城 11 座、历史文化名镇名村 102 个、中国传统村落 1726 个，在文化多样性、生物多样性、

地质多样性及景观多样性等方面具有无可比拟的优势，实际形成了从东南至西北串联 15 个省、自治区和直辖市的自然与文化遗产巨型廊道。

在人文资源方面，茅台酒酿酒工业遗产群因与红军结下了沽酒的渊源使得茅台终成"国酒"，川渝滇黔的传统场镇（图 4）和古盐道记录了红军四渡赤水、开仓分盐的故事，剑门雄关和古蜀道见证了红军强渡嘉陵勇夺天险的英雄气概，川西的官寨碉楼和茶马古道（图 5）留下了红军翻越雪山的艰苦足迹，闻名西北的同心清真大寺前的广场上仿佛依稀可见当年三大主力红军会集于此举行万人军民大会的盛况。

图 4　遵义土城镇（摄影：杨戈）　　图 5　雅安蜂桶寨红军栈道（摄影：杜凡丁）

自然资源方面，"金沙水拍云崖暖"道出了金沙江独特的干热河谷气候（图 6）；"绿原无垠漫风烟，蓬高没膝步泥潭"记录了川北草原上的艰难行军；川台错落的黄土梁峁诉说着"山高路远坑深，大军纵横驰奔"的豪迈；冰封雪盖的秦晋高原中，"山舞银蛇，原驰蜡象"之景一如当年。①（图 7）古人说"而世之奇伟、瑰怪、非常之观，常在于险远"，又说"行万里路，

---

① 参见刘统整理注释《红军长征记：原始记录》，生活·读书·新知三联书店 2019 年版。

图6 金沙江（摄影：刘占清）　　图7 黄土高原（摄影：杨戈）

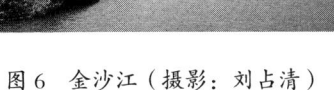

读万卷书"，从某种意义上讲，中国共产党正是通过长征，全面地了解了广袤中国大地上的地理气候、历史文化和民风民俗，从而对国情有了更加深刻的认知。

（四）贴近时代与情感，具有强大的感召力

长城、大运河、黄河[①]等国家文化公园传承了中华上下五千年的厚重历史和悠久文化，长征发生的时间相对晚近，却是20世纪最能影响世界格局的重要事件之一。现当代遗产保护有一个重要理念是"遗产即记忆"[②]，强调遗产对于保存延续个人和集体记忆的重要意义。长征的历史并不久远，它承载的记忆及情感依然鲜活，一些亲历者仍然在世，很多红军后代还在不断讲述着父辈的故事。在福建长汀，当地的刘氏宗亲整理出千余名参加红军的族人名单，开展"红军烈士进祠堂"活动，将传承红色基因与延续

---

① 党的十九届五中全会通过的《中共中央关于制定国民经济和社会发展第十四个五年规划和二〇三五年远景目标的建议》提出建设长城、大运河、长征、黄河等国家文化公园。
② 20世纪遗产科学委员会（ISC20C）：《20世纪建筑遗产保护办法的马德里文件（2011）》，2011年。

家族记忆结合在一起；在四川黑水，芦花官寨头人泽旺与红军建立了深厚感情，其后人始终致力于守护长征文物，讲述长征故事，到如今已形成了"四代红色守护人"。这些记忆和情感的传承使得"长征"这一文化符号具有强大的时代感召力。从烈士追思瞻仰（图8），到"重走长征路"步行体验，再到长征主题的各类文学艺术作品，都不断将"长征"带入到当下的文化和教育场景中来。长征已然从一个特定群体经历的历史事件，升华为共和国国家记忆的重要组成部分，激励着"每一代人都要走好自己的长征路"①。

图8 灌阳酒海井红军烈士遗骸打捞安葬活动（图片来源：灌阳县）

---

① 《习近平：在纪念红军长征胜利80周年大会上的讲话》，新华社，2016年10月21日，http://www.xinhuanet.com/politics/2016-10/21/c_1119765804.htm。

三、长征国家文化公园建设保护的问题与挑战

(一)单体小而散,保护难度大

经过多年的保护工作,高级别的长征文物保存水平已经得到了全面提升,72.9%的国保长征文物保存状况达到了"好"和"较好"水平,省保长征文物中这一数据也达到了53.1%。[①](图9)但是,大量低级别长征文物散落在15个省区市的巨大地理尺度内,给保护和管理者们设下了难题。由于红军多在崇山峻岭、人迹罕至的区域行动,使得长征文物往往地处偏远且环境艰苦的地区;同时大部分文物规模普遍较小,建造水平不高,极易受到外界环境影响,残损速度较快。其中一些如战壕、标语、红军墓等散落文物甚至难以被发现和标记,更无法用传统保护方法和标准来对待。

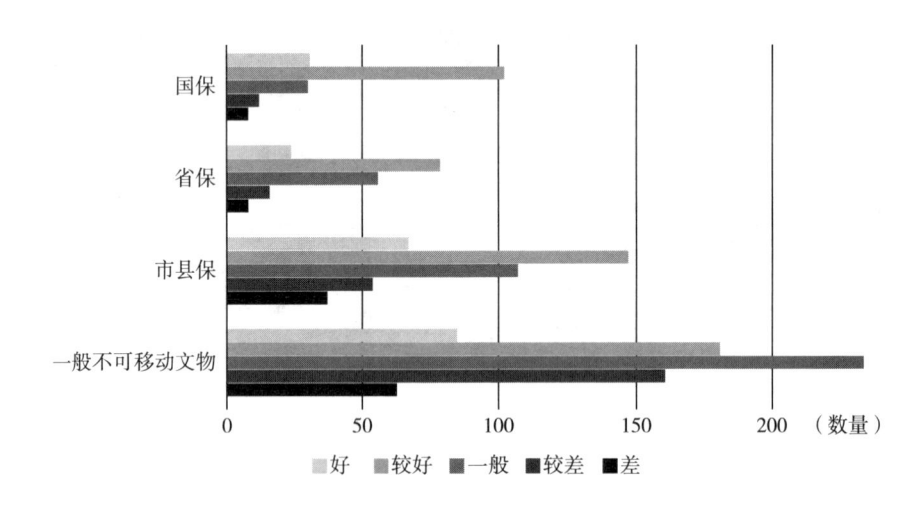

图9 长征文物保存状况分析图(制图:杨戈)

---

① 数据根据2017年《长征文化线路总体规划》调研评估部分统计得出,下同。

（二）产权复杂，面临管理难题

红军长征主要行进在乡村地区，因此长征文物的产权情况比较复杂，据初步统计，长征文物中约20%的国保、40%的省保和55%的市县保属于集体或私有产权。一方面，集体和私有产权长征文物容易遭到不当维修和改/加建，造成文物残损和历史信息湮灭，其保护修缮工作也在管理制度和现实操作中存在很多障碍，导致保存状况明显差于国有产权文物（图10）；可另一方面，由国家征收将原住民迁出的做法往往不利于保持文物真实性和传承长征精神，甚至造成"保护性破坏"，使得非国有长征文物的保护管理有时陷入两难。

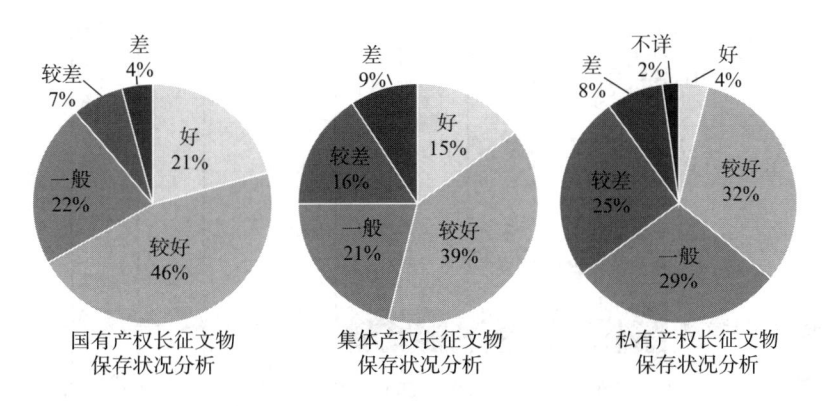

图10 国有、集体和私有产权长征文物保存状况对比分析（制图：杨戈）

（三）展示同质化，吸引力不足

与极具视觉震撼力的长城、运河和黄河相比，大部分长征文物很难凭借外观获得良好的展示效果，再加上革命文物展示利用在氛围和基调上的严格要求，使得一些长征文物的展示严肃性有余、创新性不足，同质化现象严重。（图11）在展示内容方面，以传统图文展示为主，偏重对长征全过程及重大史实的陈述，缺少对本地特色长征故事和人物的挖掘；在场景复原方面，研究深度和广度不足，导致缺乏富含历史信息和当地人文特征的场景细节，"一桌一椅一张床，所有房间一个样"；在景观塑造方面，较少运用当代设计理念和手法，往往简单沿用纪念广场、纪念馆、纪念碑的"三件套组合"，花费巨大而效果有限，甚至造成对历史环境的破坏。在传播路径和手段方面过度依赖国家机关、企事业单位和培训机构组织的集体学习。线上传播推广还处在探索阶段，在新思路的拓展、新技术的运用上不够充分，需要进一步突破说教、灌输式的宣教方式，提升对公众特别是年青一代的吸引力。

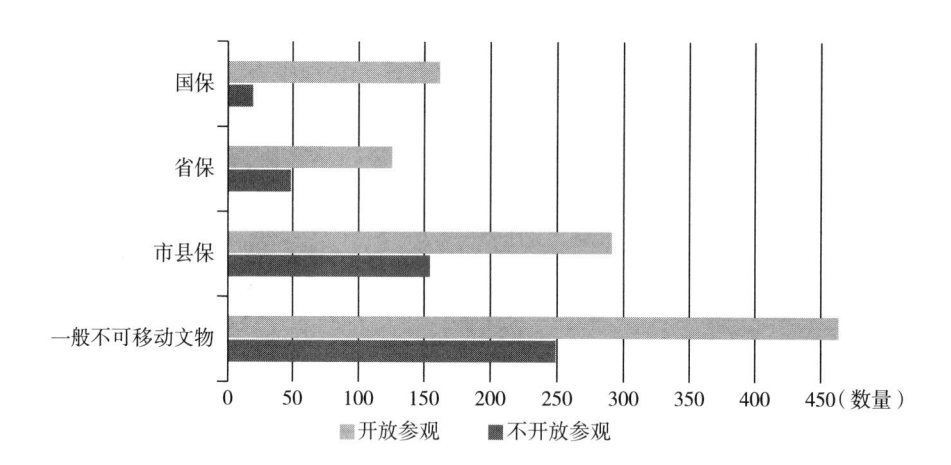

图 11　长征文物开放展示情况分析图（制图：杨戈）

（四）沿线建设基础薄弱

长征沿线很多是民族地区、欠发达地区和革命老区，这些地方受历史、自然和交通条件所限，缺乏大型城市群的资源支撑，产业基础薄弱，公共文化服务欠账相对较多，人才保障水平较低。再加上长征文物和文化资源的保护管理和展示利用因涉及意识形态领域，过去主要依靠政府推动执行，资金渠道单一，社会参与度低，更增加了这些地区建设长征国家文化公园的难度。

四、长征国家文化公园的正确打开方式

（一）借鉴文化线路保护理念，开展长征文物资源系统性保护

1. 如何认识——长征文化线路

长征文物和文化资源分布范围广、地域跨度大，且呈现线性特征，那么它是否符合"文化线路"的定义，可以借鉴文化线路的思路开展保护利用工作呢？2008年，国际古迹遗址理事会在《关于文化线路的国际古迹遗址理事会宪章》(*ICOMOS Charter of Cultural Routes*)中提出，作为世界文化遗产类型之一的文化线路"必须来自并反映人类的互动，和跨越较长历史时期的民族、国家、地区或大陆间的多维、持续、互惠的货物、思想、知识和价值观的交流"。而长征作为一次军事行动，从出发到结束仅有两年，并没有伴随发生大规模持续性的商业贸易和文化交流，从技术角度看并不符合该宪章定义。但如果将视角放宽，我们不难发现，很多国家或地区都根据自身特点及社会文化需求对文化线路的概念进行了不同阐释，并推动了一系列相关的文化项目。例如作为文化线路概念源头的"欧洲文化线路"(European Cultural Routes)项目，其创立背景是欧洲一体化，因而线路的选择以"承

载着共同记忆的欧洲空间""克服距离、边界和隔阂"[1]为宗旨,已公布的 32 条线路中有相当一部分与宪章中的标准定义颇有差距,体现出很强的灵活性和多样性:"拿破仑之路"是类似长征的军事远征线路,"欧洲犹太遗产之路"和"地热小镇之路"是围绕某一主题的系列遗产地形成的网络,"莫扎特之路"是以人物生平和艺术创作轨迹形成的路线,甚至还有"堂吉诃德之路"这样并不真实存在于历史、作为文化概念存在的线路。可见,文化线路不仅是世界文化遗产的一种类型,作为一种系统性认知和保护遗产的方式,可以有着更为多样化的认知和更为广泛的应用途径。长征文物数量巨大、分布面积广阔且带有明显的线性特征,文化主题鲜明统一,相关人文和自然资源丰富,完全可以视为一条具有典型中国特色的革命历史题材文化线路。[2]

　　文化线路概念的引入为我们提供了更为全面、系统的视角来认识长征文物和文化资源,将零散的文物以主题引领、以事件联系、以线路组织,将所有体现长征精神的元素纳入一个完整的体系中,从而建立整体性的保护利用框架,达到"1+1＞2"的效果。在这一整体视角下,一些规模很小、结构简单的长征文物的价值可以得到凸显。如阿坝亚克夏山红军烈士墓(图12),虽然只有一人多高,墓体砌筑方式简易,却有力地证实了红军长征翻越雪山的历史路线,且海拔 4800 米,是我国海拔最高的红军烈士墓。又如阿坝达维会师桥(图13),长仅 13.8 米、宽 2.8 米,是藏族地区很不起眼的

---

[1] "The meaning of man in society, ideas of liberty and justice, and trust in progress are the principles which historically have forged the different cultures which make up the European identity. This cultural identity is, today as yesterday, the result of the existence of a European space laden with collective memory and traversed by roads which overcome distances, borders and a lack of understanding".From Declaration Adopted on 23 October 1987.

[2] 参见王强、奉鼎哲《红军遗产研究——关于弘扬长征精神与长征路线申遗的思考与探索》,四川人民出版社 2015 年版。

图 12　阿坝亚克夏山红军烈士墓（图片来源：阿坝州文物管理所）

图 13　阿坝达维会师桥（摄影：杜凡丁）

通行小桥，却是红一、四方面军胜利会师的重要实物例证。还有红军长征中很多重要的渡口滩头，虽然已无明显的文物遗存，但从文化线路的视角看仍是红军长征路线不可或缺的组成部分。①

同样，从文化线路的保护理念来看，现有的长征文物清单还不够完整，一些重要的长征史实和路段仍缺乏文物支撑，难以串联形成长征故事的完整讲述，一些长征文物的级别认定也仅从单体价值出发，没有充分考虑其在线路整体中的定位。下一阶段应有针对性地开展调查寻访②，并对长征文物进行系统价值评估和级别调整，形成更加科学完整的文物清单。甚至可以考虑参考长城、大运河、茶马古道等的命名和保护单位划分经验，将国保单位中的长征文物统一归并整合为一处，命名为"长征革命线路"，以明确长征文物作为文化线路的整体意义。第八批国保公布时对湘江战役旧址的增补内容中，除了悲壮的红十八团古岭头阻击战战斗旧址外，还包括龙胜县红军楼、审敌堂和资源县中革军委驻地旧址，从而对红军突破湘江后进入苗、侗少数民族地区，挫败国民党挑拨民族矛盾的阴谋，向湘南进军的长征历程进行了更加完整的讲述。

2. 如何保护——分类施策

如前文所述，长征文物的建造年代、类型和历史功能丰富多样，面临的情况千差万别，在保护中需要分类施策，针对不同类型长征文物在保护措施上的难点开展技术攻关，选择具有代表性的项目实施研究性保护，积累经

---

① Du Fanding, Bi Yi, Yang Ge, *Recognition and Conservation of the Long March Series Cultural Relics of China from the Perspective of Cultural Route*, 2019.
② 《长征国家文化公园建设保护规划》中提出："重点针对中央红军突破三道封锁线，红军过雪山草地，红四方面军嘉陵江战役，红二十五军转战鄂豫陕，红二、红六军团乌蒙山回旋战和抢渡金沙江等史实开展遗址遗迹补充调查，摸清资源家底。"

验，形成具有示范性、推广性的工程样板，整体提升长征文物保护的理论和技术水平。①

　　以长征文物中比较独特的战场遗址和标语宣传画两类为例。战场遗址保护状况普遍不够理想（图14）：一方面是因为长征途中战事频仍、情况急迫，红军很少有机会构筑坚固的工事，保存下来的往往只是一些简陋的战壕和掩体（图15），非常容易受到自然侵蚀（风雨侵蚀、植物生长等）和人类活动（耕地、造林、建设等）的影响而毁失；另一方面，过去一些地方在革命文物保护中"重纪念性、轻真实性"，花大力气建设纪念设施，而对遗址遗迹的调查和保护重视不足。针对这一情况，首先应对战场遗址进行全面调查和测绘，明确遗址的分布范围，现存战壕、掩体、弹坑、指挥所等实物遗存的位置、规模和保存状况。根据调查结果划定保护区划，并开展必要的保护和修复工程。同时，大力开展对战役战斗的历史挖掘和研究，在此基础上采用适当的景观艺术手法进行意象性景观修复，或通过数字技术（AR、声光电等）"还原"历史景观，"重现"战场氛围。广西全州湘江战役脚山铺阻击战战场遗址在历史环境受到很大改变的情况下，在保护战壕遗址的基础上，采用桂北特有的石林景观，结合地貌植被和战场历史格局，形成"红军纪念林"（图16），让红军烈士的英魂伴随着苍松翠柏融入大地，体现了"一草一木一忠魂、一山一石一丰碑"的意象，取得了较好的景观修复效果。

---

① 参见毕毅等《加强长征文物保护利用，筑牢长征国家文化公园建设基础》，《中国文物报》2021年7月16日。

图 14 延安吴起镇切尾巴战役遗址（摄影：杨戈）

图 15 邛崃和尚崖红军战壕遗址（图片来源：成都市文物信息中心）

图 16　全州湘江战役红军纪念林（摄影：杜凡丁）

再以标语和宣传画为例，长征途中红军边行军、边战斗、边宣传，留下了大量标语、宣传画。但是它们既没有精心配置的颜料，也没有预先制作的地仗，而是广泛留存在沿途的墙体、板壁、梁柱和山石上。由于缺乏成熟的保护技术，标语和宣传画褪色、碎裂脱落甚至灭失，还有相当一部分赋存于非文物建筑上，更加难以进行有效管理，因而未被纳入保护体系。在标语和宣传画的保护过程中，首先应开展全面调查，摸清家底，开展分类认定工作；充分借鉴、吸收石刻、泥塑、壁画、彩绘等相关文物类型的保护成果，针对其不同的做法（石刻、灰浆、墨书等）、赋存材质（石壁、土墙、木材等）等提出合理的保护修复技术和方法，并对相关的保护性设施建设、揭取及切割保护的判断标准和工艺技术等编制相关导则或技术手册，建立西北干燥环境和南方潮湿环境下标语保护展示技术研究实践基地；针对依附在不可移动文物上、依附在非文物建（构）筑物上和已入馆藏等不同情况制定相应的保护展示管理细则。值得高兴的是，目前各地已逐渐开始重视对标语和宣传画的保护工作，如江西省近年来先后印发《关于全面加强红色标语保护利用工作的通知》《江西省红色标语保护利用工作规范（试行）》等文件，全面摸清红色标语家底，推进红色标语分类认定，建立红色标语数据库，编制了江西省红色标语保护行动计划。目前，一些保护试点项目已初见成效并开始向更大范围铺开。（图17）

图17 标语和宣传画保护修复（图片来源：江西省文物局）

3. 如何实施——分区连片推进

《建设方案》中提出国家文化公园建设要体现"中央统筹、省负总责、分级管理、分段负责",国家文物局《关于加强革命文物工作的通知》中则提出"统筹推进革命文物保护利用片区建设"的要求。因此,长征文物和文化资源的整体保护利用工作应采取分区连片推进的策略。在全国层面,协调长征国家文化公园主体建设范围和国家文物局公布的"革命文物保护利用片区"名单中的长征片区[1],对主体建设范围内有一定长征文物和文化资源,但尚未列入长征片区的县(区、市)提出增补。在省级层面,应建立健全多级联动、多部门联合的沟通协调机制,并根据长征文物和文化资源分布的密集程度,长征国家文化公园重点展示园和集中展示带的布局,结合行政区划边界,将长征片区整体分解为若干区段,制定有针对性的规划或工作方案,强化长征文物集中连片保护和展示的统筹。鼓励编制跨区域长征文物和文化资源总体保护规划,促进同主题地区联动发展。在市县层面,应分段落实建设保护和管理运营工作,充分发挥属地职能。鼓励赣州、桂林、遵义、阿坝、延安、信阳、陇南等资源丰富、建设任务集中的市州成立市级建设保护管理机构,统筹各县区相关工作。目前桂林市已成立桂林红军长征湘江战役文化保护传承中心,协调和指导桂北各县做好长征文物和文化资源的研究挖掘和保护利用等工作,取得了良好的效果。同时,根据《长征国家文化公园建设保护规划》(以下简称《长征总规》)要求,大力推动长征国家文化公园文物保护利用示范县创建,发挥示范引领作用。在重点项目组织方面,应改变过去以单个文物点为工作对象的传统模式,积极尝试在主题引领下,由示

---

[1]《长征国家文化公园建设保护规划》中,已确定30个县(市、区)开展首批长征国家文化公园文物保护利用示范县创建工作,发挥示范引领作用。

范县牵头，以国保长征文物为重点，串联整合较低级别文保单位，组织集中连片保护工程及整体展示工程，作为保护传承工作的主要抓手。

（二）讲述长征故事，发挥红色教育功能

1. 如何讲述——划分故事单元，构建差异化展示格局

"讲好长征故事，弘扬长征精神"是建设国家文化公园的重要目标，因此，公园建设保护工作开展应始终以长征故事作为主要线索。《长征总规》根据红军长征历程和行军线路，提出了以中央红军（红一方面军）长征路线为轴，以红四方面军，红二、红六军团，红二十五军长征路线和三军会师路线为四线的"一轴四线"总体空间框架。在此基础上，以重要长征故事及史实为线索，整体划分为14个主题篇章，形成差异化的展示主题布局。[1] 各省则在"一轴四线十四篇"的总体格局下再划分故事单元，如四川省将长征四川段划分为10个区段，重点讲述红军长征在四川的史实。同时在市县一级也要根据其长征故事特点及资源分布等组织故事片区。

以长征故事为主要线索的各篇章、区段不仅是落在图面上的规划语言，更是指导各地、各部门开展建设保护工作的重要纲领。各故事单元应重点围绕主题组织展示内容，聚焦代表性历史事件和人物，形成全面完整、层次分明、特色突出、内容深入的叙事体系。《长征总规》以14篇章为总体框架确定了长征国家文化公园主题展示区的布局，划定52个国家级重点展示园作为核心展示节点，35条集中展示带作为主要展示廊道，避免各区域展示主

---

[1] 以中央红军（红一方面军）长征为例，划分为"长征出发，撤离苏区""突破封锁，血战湘江""伟大转折，突出重围""彝海结盟，强渡飞夺""征服雪山，穿越草地""坚持北上，落脚陕甘""奠基西北，开创新局"7个主题篇章。

题和内容的同质化。故事单元也同样指导了长征线性展馆群的建设提升。根据《长征总规》的要求，长征国家文化公园将建设 1 处整体展示长征历程的全国总馆[1]，而 14 篇章中每个区段均需要有 1—2 处规格较高、展示基础较好的纪念馆或博物馆作为主题馆，区段中各个主要长征故事应有专题馆。经过梳理，全国应补充新建不同主题展馆 11 处，并对 9 处已有展馆进行扩建提升，形成定位准确、特色突出、差异化发展的长征线性展馆群。不支持建设主题重复的展馆或缺乏鲜明主题、讲述长征全过程的展馆、文化园、微缩景观园等项目。

2. 如何传承——构建以长征文物为核心的红培体系

习近平总书记强调："要把红色资源作为坚定理想信念、加强党性修养的生动教材，讲好党的故事、革命的故事、根据地的故事、英雄和烈士的故事，加强革命传统教育、爱国主义教育、青少年思想道德教育，把红色基因传承好，确保红色江山永不变色。"[2] 这就要求长征国家文化公园的建设保护应实现广泛、持久、深入的革命教育与文化传播，使公众能够真正走近长征、了解故事、获得感悟。为此，需要重点要做好以下两方面工作。

一是实施一系列以文物为核心的展陈提升工程，创建一批长征主题革命文物展示示范基地，积极运用现代科技手段，增强陈列展览的互动性和体验性，实现政治性、思想性、艺术性的统一，做到有址可寻、有物可看、有史可讲、有事可说。同时，依托长征沿线各级党校、行政学院，联合纪念馆、爱教基地、研学基地，并鼓励地方政府、企事业单位及社会力量建设不同类

---

[1]《长征国家文化公园建设保护规划》通过对多个相对有竞争力和建设意愿的区域进行对比研究，包括对比在相关资源聚集程度、地方经济发展水平、道路交通便捷程度、区域文旅发展情况、品牌知名度及传播影响力、已有建设基础等方面，最终确定在贵州遵义建设中国工农红军长征纪念馆（总馆）。
[2] 习近平：《用好红色资源，传承好红色基因，把红色江山世世代代传下去》，《求是》2021 年第 10 期。

型、面向不同社会群体的长征红培基地、长征训练营、研学旅游示范基地等项目，形成丰富多元的长征精神主题红色教育体系。

二是以开展红色教育、传承红色基因为核心，依托长征重大历史事件及长征故事，组织一系列长征特色教育培训活动。广泛开展馆校共建、部队共建、社区共建、单位共建等，推动长征精神进企业、进农村、进学校、进社区、进军营。针对青少年组织党史教育、爱国主义教育、国防教育等系列研学体验课程，对长征沿线历史遗迹、重要事件发生地等开展实地探访、研学考察。支持有条件的高校将长征精神教育课程和研学活动等纳入思想政治教育、军事教育和社会实践课程并计算学分，鼓励有条件的教育、研究机构开设革命文物保护利用、红色旅游管理等相关课程、培训班。

（三）走读党史、沉浸体验——贯通的长征历史步道

1. 如何定位——长征历史步道

四大国家文化公园都应有各自不同的体验方式，不同于"望长城""游运河"，"重走长征路"是长征国家文化公园最恰当的体验方式。步行体验是学习长征历史、传承长征精神的最重要且最直接的途径——通过"走读"党史，才能够沉浸式地体验红军在面对极端严酷的挑战时所体现出来的坚定理想信念和革命精神。[①]且红军长征路往往与茶马古道、蜀道、川盐古道、湘桂古道等历史道路和文化线路重合，途经两广丘陵、云贵高原、青藏高原、黄土高原、四川盆地、南阳盆地等各类代表性自然景观，因此在重走长征路的同时，不仅能够体验革命精神，还能领略祖国大好河山、学习地方历史文

---

① 参见石仲泉《长征行》，中共党史出版社 2006 年版。

化、感受沿途风土人情。因此，建设贯通全国的长征历史步道，形成以"走读党史"为核心的全程沉浸式游览体验模式是长征国家文化公园建设的关键性内容。

长征历史步道并非一条简单的步行道路，而是由红军路、串联步道和连接线组成的完整体系。（图18）红军路是经党史部门确认为红军长征行军路线，且沿线长征遗址遗迹、历史环境保存比较完整的历史道路（图19）；串联步道是为保证步道体系的连续贯通，依托符合红军长征历史走向的旅游公路、城市绿道、省县乡道等而设置的，用于串联红军路及重要长征文物和文化资源的步行道路；连接线指将红军路、串联步道与高速、国道、高铁等快速交通网络进行连接或沟通较为偏远的展示节点的车行道路。而红军长征期间曾经驻扎、留有长征遗迹和长征故事，且历史环境和红色文化氛围保存较

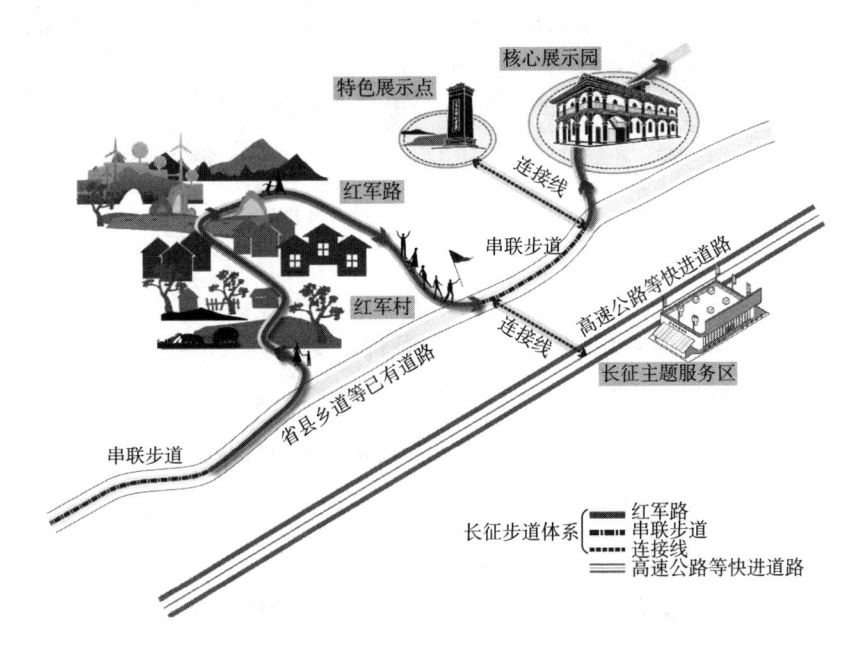

图18 长征历史步道体系示意图（制图：潘萌、毕毅）

雪山（摄影：陈腾） 　　　　草地（摄影：杜凡丁）

山间（摄影：杜凡丁） 　　　黄土高原（摄影：杨戈）

图 19　各种形式和景观背景的长征历史步道

好、具备一定旅游发展潜力的"红军长征村"，则是开展长征历史步道体系建设不可或缺的重要节点和驿站。以长征历史步道串联集革命文化传承、特色产业发展于一体的红军长征村，就可以形成"万里红路、千村串联"的格局，突出"二万五千里长征"整体辨识度。

2. 如何建设——保护优先，安全性与沉浸感并重

以"体会革命艰苦，感悟长征精神"为主旨，建设长征历史步道，应以保护优先，一是要根据长征文化线路的定义、长征历史步道认定标准与党

史、军史部门相配合，有目的、有重点地开展长征历史步道调查寻访和整理，针对线路清晰、历史铺装保存较为完整的，可以申报各级文物保护单位。[1] 对已确定的长征历史步道进行分段分类治理保护，对道路历史铺装，应以保护修缮、清理修整为主，应注意保留山间、乡间、田间小路的自然乡土状态（图20），不得随意更换铺装改建为现代景观路或旅游路；在受地形条件制约或有生态保护要求等不宜踩踏区域，可以少量设置木栈道；串联步道可以在车行道路一侧通过改变路面颜色、设置人车分隔绿篱等手段辟出步行区域；新建道路的材质应综合考虑耐久、适宜行走、安全、朴素及与景观协调等要求。二是要以安全保障为基本前提，应建立步道和基础设施保护、安全排查、灾害预警信息发布、后期维护和事后紧急救援的全流程安全保障体系，切实保障步行者人身安全。沿途设置长征宿营地、休息站、紧急求助设施、垃圾收集处理装置，有落石、易跌落等安全隐患的区域，设置必要的安全保障设施等。沿途基础设施以满足基本需求为主，不应过分强调舒适度，避免过度娱乐化、商业化。配套设施（尤其是

图20 利用块石加固道路边缘，保持山野道路朴素感（摄影：杜凡丁）

---

[1] 目前长征文物清单中已有夹金山红军路等历史道路类型的文物保护单位4处。

宿营地和休息站）应尽可能结合红军长征村设置。三是要在道路设置若干"叙事兴奋点"，讲述长征故事，增加步行者停驻和体验时间，增加步行趣味性，充实体验内容，营造"沉浸感"。叙事兴奋点可与长征文物或相关历史遗迹相结合，与博物馆、展示馆相结合，或与代表性、地标性自然资源相结合。（图 21）

图 21　长征历史步道沿线建筑，可结合作为"叙事兴奋点"（摄影：刘占清）

3. 如何贯通——步行体验，增强互动

实现长征历史步道的全线贯通，进一步凸显长征国家文化公园的线性特征，强化长征故事的连贯性，需要达到线路贯通、标识贯通、活动贯通、时代贯通四方面的目标。线路贯通是要从实体层面强化步道的整体性和连续性，基于翔实的调查研究，以符合行军路线、串联重要节点、便于建设实施为原则，选择适合的线路作为长征历史步道主线。近期精选展示资源富集、代表性强、建设条件好、文物环境保存完整、能够给人以较强的体验感和代入感的区段，集中开展示范段建设（《长征总规》已确定了沿线 15 省、自治区、直辖市 44 条长征历史步道示范段）。应特别鼓励建设跨省、跨区域的长征历史步道。例如，云贵川三省已签署《加快推进川滇黔长征国家文化公园建设战略合作协议》，共同推出"四渡赤水长征历史步道示范段"。

标识贯通是指在国家文化公园整体形象 LOGO 的引领下，设计长征国家文化公园标识系统，线上线下统一使用，尤以历史步道标识为工作重点，包括步道的路径引导标识、指向标识、解说标识、导览定位标识等。同时建立包括文创产品、宣传材料、多媒体界面、交通设施、村镇整体形象等在内的视觉形象识别系统，强化长征国家文化公园的整体性和辨识度。

活动贯通则是以重走长征路步行体验为基础，通过与其他产业跨界融合，推出一系列契合长征主题特色的复合型体验活动。重点开发长征研学旅游、长征乡村旅游、长征体育旅游、长征自驾和徒步探险游，打造主题突出且内容多样的长征文化旅游体验。（图22）重点构建以"长征＋体育赛事＋户外运动＋户外探险"为核心的体育活动，针对不同群体需求，开发徒步、健走、马拉松、骑行、自驾、越野、低空游览、水上运动等特色活动，将"全民健身"与红色教育充分融合。

图22　古蔺县重走长征路文化活动（古蔺县文化和旅游局供图）

最后，还需要强化长征精神与井冈山精神、苏区精神、延安精神、西柏坡精神、"两弹一星"精神等其他革命精神的联合展示，完整展现中国共产党的精神谱系；强化长征历史与新时代长征路的联合展示，将跨越天堑的赤水河大桥、世界屋脊上的川藏公路、大小凉山的脱贫攻坚成果等新中国建设成就有机融入长征国家文化公园的展示体系，讲好长征故事、革命故事、共产党的故事，讲好中国故事，形成长征历史步道的时代贯通。

（四）科技赋能，线上线下开启新长征

1. 如何推广——数字再现助力长征精神传播推广

在《建设方案》要求中，数字再现工程是长征国家文化公园建设六大工程之一，其目的在于打造永不落幕的网上展示空间以及不受地域限制的爱国主义教育空间。数字技术的发展和互联网思维的广泛应用，是解决以往长征文物和文化资源展示内容同质化以及传播推广缺乏吸引力等问题的有效方式。这首先需要加强主体建设范围内信息基础设施建设，实现主题展示区内部无线网络和第五代移动通信网络（5G）的全面覆盖。在此基础上，通过采集长征文物和文化资源的数字信息，建设长征云数字云平台，对内实现长征国家文化公园的数字化和动态化管理，对外形成官方网站。

通过长征国家文化公园官方网站，一方面可以实现长征文物和文化资源的实时展示，以及长征重大事件、重要会议、重要文献、重要人物等丰富信息的讲解介绍；另一方面，能够结合网上重大主题和重大议题，在第一时间推出形式多样的传播行动，联动各类新媒体形成社交传媒矩阵。在此基础上，通过推出符合年轻人欣赏形式、内容精良、品质优良的宣传片、影视节目、互动直播等丰富多元的产品，推动长征主题红色教育的社交化、立体化和可视化，从而实现长征精神在新时代的传播推广。

2. 如何应用——"互联网+长征"率先启动全线贯通长征路

2016年，国家文物局、国家发展改革委、科学技术部、工业和信息化部、财政部联合印发《"互联网+中华文明"三年行动计划》，而革命文物

展示利用是其重要组成部分。2019 年,"互联网 + 长征"示范项目选址四川省雅安市石棉县红军强渡大渡河遗址,内容包括全国长征文物地图线上应用和"强渡天险"App 开发(图 23)、"强渡大渡河"红色研学课程设计,以及相关网络传播内容制作及 5G 基站建设等。该项目由北京清华同衡规划设计研究院有限公司策划设计,中国联通集团联合云景文旅、北京电影学院、中国地图出版社共同参与,是各领域专业人员跨界合作推动长征国家文化公园数字化建设的一次重要尝试。

图 23 "强渡天险"App 实现遗址现场与虚拟历史场景的结合
(制图:陈丹枫、蒋静文)

"长征文物地图"手机小程序率先实现了长征文物地理信息的可视化展示(图 24),具有分类搜索、查询和定位功能,并将长征文物与长征重大事件相关联,让使用者在"时空地图"中清晰地掌握长征历史与文物载体之间的对应关系,"长征历史上的今天"板块还能够穿越时间,将历史与当下相连接，增强使用者的代入感。"强渡天险"App 通过将 5G 通信技术、AR 云和 3D 数字内容相结合，实现了强渡大渡河遗址现场与虚拟历史场景的"无缝集成"，观众仅需使用手机对准遗址，即可 360 度观看"赵章成神炮歼敌"等叠加于现实场景中的 3D 虚拟影像，这一形式能够在不扰动遗址本体的前提下，实现历史场景复原，提升展示的直观性和吸引力。使用者还可以通过 App 与红军战士合影，在纪念馆中"寻宝"，向当年带领 17 名勇士强渡大渡河的孙继先将军骨灰抛撒处献花，从而获得与现场参观或网上浏览截然不同的体验。结合线上体验内容，项目还设计并组织了当地小学生教育研学活动，通过长征历史步道模拟行军、手机导览和现场教学，让学生们身体力行地了解长征历史、学习军事知识和文物保护知识、感悟长征精神。

图 24 "长征文物地图"线上应用（制图：陈丹枫、蒋静文）

五、结语

"人无精神则不立，国无精神则不强"，作为我国"十四五"时期深入推进的重大文化工程，长征国家文化公园在弘扬长征精神、传承红色基因、树立中华文明重要标识等方面肩负着时代重任。尽管由于长征文物和文化资源所具有的特殊性和复杂性，长征国家文化的建设保护工作面临着不少困难和挑战，但借鉴文化线路遗产保护理念建立系统性的保护体系，以讲述长征故事为核心构建整体展示格局，通过贯通的长征历史步道提供沉浸式体验，利用创新科技手段开启新时代传播推广等措施，或许可以提供一些解决路径和工作方法，为国家文化建设找到一种正确的打开方式，并由此探索出一条具有中国特色的文物保护利用传承道路。

（原载《中国文化遗产》2021 年第 5 期）

可持续发展视野下的国家文化公园主体功能区研究
——以大运河为例

李 雪 赵 云

一、可持续发展观与文化遗产保护融合的困境

可持续发展并非 21 世纪的新命题。从全球进程来看，其实践诉求可上溯至 20 世纪 50 年代的伦敦光化学烟雾等环境污染事件；学术研究和政策响应则以 20 世纪 60 年代蕾切尔·卡森发表《寂静的春天》和联合国教科文组织举办"合理利用和保护生物圈资源政府间会议"为标志；之后，1987 年联合国世界环境与发展委员会发布《我们共同的未来：从一个地球到一个世界》[1]；1992 年巴西里约热内卢的联合国环境与发展大会发布《21 世纪议程》[2]，可持续发展战略在全球推广。但无论国际、国内层面，环境与发展的矛盾都错综复杂，因此直到 21 世纪初，"可持续发展仍多停留在口号或理想层面"。甚至 2000 年联合国首脑会议发布《千年宣言》和"千年发展目标"，

---

[1] World Commission on Environment and Development, *Our Common Future: From One Earth to One World - Report of the World Commission on Environment and Development*, 1987.

[2] United Nations, *Rio Declarationon Environment and Development*, 1992.

也并未使可持续发展举步维艰的局面得到扭转。[①]

2015年9月,联合国可持续发展峰会上通过《变革我们的世界:2030年可持续发展议程》[②],明确了17个可持续发展目标和169个具体目标,正式接力《千年宣言》,为未来15年的人类发展描绘了共同愿景。值得注意的是,其中目标11"建设包容、安全、有抵御灾害能力和可持续的城市和人类住区"中明确提出"进一步努力保护和捍卫世界文化和自然遗产",这是联合国首次将文化保护纳入可持续发展目标,也意味着文化遗产在可持续发展中的作用得到关注、挖掘和提升。

2015年11月,世界遗产缔约国大会第20届会议通过了《将可持续发展观纳入〈世界遗产公约〉的政策文件》[③],明确提出将世界遗产的保护和管理与可持续发展理念相结合,遗产从传统意义的保护、管理,进一步扩展到关注遗产所在的环境、社会、经济等各方面。除了保护遗产价值这项"本职工作",遗产与所处的整个社会的关联进一步加深,与提升社会的利益相挂钩。

我国仍处于并将长期处于社会主义初级阶段,遗产保护与经济发展的矛盾一直存在,也将持续存在。遗产与可持续发展理念的融合,越来越强调遗产作为与特定历史文化传统密切相关的具有社会效益和经济效益的资源属性,越来越强调得到科学保护的遗产应当作用于社区发展及民众生活品质的

[①] 参见潘家华、陈孜《2030年可持续发展的转型议程:全球视野与中国经验》,社会科学文献出版社2016年版,第77页。

[②] United Nations General Assembly, *Transforming Our World: The 2030 Agenda for Sustainable Development*, 2015.

[③] UNESCO, *Policy for the Integration of A Sustainable Development Perspective into the Processes of the World Heritage Onvention*, 2015.

提高，越来越重视遗产在改善经济、创造就业、提供教育和社会整体福利方面的重要性，从较为单纯的专业和技术性的体系拓展为一种通过保护文化多样性而促进人类和平安全并与人类生存、生活、发展权益相适应的国际治理方法。[①] 比之要求"最大化、最优化"的遗产保护，可持续发展理念的提出更适合当前的中国国情，也更能带动遗产保护的积极性。

但也不得不提出，遗产与可持续发展理念的融合还存在一些问题。实施可持续发展理念所需要采取的行动范围远远超出了遗产本身的规模，并且需要在广泛的跨学科和跨部门范围内进行联动，对能力建设的要求也相应提高。从我国目前的文物管理体系来看，存在跨部门、跨区域统筹协调困难，跨学科带来的人员能力建设不足等问题。

我国对文化遗产实施管理的法律框架主要依托《中华人民共和国文物保护法》，通过划定文物的保护范围和建设控制地带进行管控，超出保护区划之外的范围则依赖于政府决策和多部门合作。从国家层面的部门职能分工上看，与遗产保护最紧密的当属文化和旅游部以及国家文物局。但二者的职责，较之统筹环境、社会、经济发展的范畴还是局限得多，所以实施文化遗产的可持续发展，势必需要多部门、多区域的联动。此外，我国的遗产类型多样、数量众多，并不是所有遗产都具备将理念付诸实践的条件，还需要一定的实践案例作为基础。大运河是可作为中华文明重要标志的遗产，且较之其他遗产，与经济、环境、社会方面的联系更密切、问题更典型。因此，伴随大运河国家文化公园的建设实践，对遗产保护传承与可持续发展理念融合途径进行学术探索尤为必要。

[①] 参见杨爱英《世界遗产融入可持续发展：进程、困境与未来路径》，《自然与文化遗产研究》2020 年第 2 期。

二、大运河保护与可持续发展融合的实践基础

大运河遗产的保护和申遗过程[①]，不仅让大运河遗产和环境得到了有效保护，更重要的是其规划体系、协调机制和监测体系为后续的可持续发展创建了良好的基础。随着中国特色社会主义进入新时代，大运河作为珍贵文化遗产和中国优秀传统文化"活化"之河的时代开启，大运河被新时代赋予了新的价值和功能。2017年，习近平总书记就大运河保护和大运河文化带建设做出了重要指示、批示。2019年以来，大运河文化保护传承利用和国家文化公园建设工作相继展开，为我国遗产保护传承与可持续发展理念深度融合开启了中国特色的实践之路。

就规划对象而言，作为国家层面的重大发展战略，大运河文化保护传承利用和国家文化公园建设将"保护优先、突出保护"作为首要基本原则，并将规划范围扩展到了大运河沿线的8个省域（直辖市）范围，从谋求遗产自身的可持续发展扩展到遗产地、遗产区域的可持续发展。就内容和涉及领域而言，将遗产的保护传承与可持续性环境、包容性社会发展和包容性经济发展紧密结合，将遗产保护与带动整体社会发展、提升社会整体利益相结合。就利益相关者而言，建立了"大运河文化保护传承利用工作省部际联席会议

---

① 大运河遗产的保护和申遗工作历经十余年，总体上可分为三个阶段。2003—2006年为预备阶段，运河的文物保护和研究工作启动，京杭大运河被公布为全国重点文物保护单位并列入申遗预备名单，运河文物的遗产价值得到国家层面的认可。2007—2009年为全面启动阶段，国家文物局指导各地开展运河遗产调查，编制市级及省级运河遗产保护规划，配合申遗开展考古发掘。这些工作极大丰富了人们对运河遗产的认识，使运河遗产的保护和研究发生质变，基本解决了运河文物真实性和完整性的问题，逐渐明确了"中国大运河"的概念。2010—2014年为加速推进阶段，国家级的保护管理总体规划、申遗文本和世界遗产管理规划编制完成，有关省市的文物保护和环境整治工程高效率推进，并接受了国际组织的专家考察，成功列入《世界遗产名录》。

制度"，包括国务院 17 个部门和大运河沿线的 8 个省（直辖市），以可持续发展为目标统一不同利益主体的诉求。

三、大运河国家文化公园主体功能区研究

建设大运河国家文化公园是大运河文化保护传承利用的近期目标和优先实施内容。大运河国家文化公园建设的核心内容是建设管控保护区、主题展示区、文旅融合区、传统利用区四类主体功能区。这是我国国土空间主体功能区战略实践经验在文化遗产领域的创新应用，是空间规划层面关于文化遗产引领区域发展的首次探索。能否通过细化和落实各类主体功能区的规划、建设和运营，真正实现遗产保护与可持续发展的融合，对于大运河国家文化公园建设具有关键作用。

（一）主体功能区概念

自 2010 年国务院印发《全国主体功能区规划》以来，主体功能区日益成为我国优化国土空间开发格局、推进可持续发展战略的重大部署，也是当前实施国土空间规划体系的底层逻辑。依据主体功能区思想，国土空间具有多样的地域功能，但多种功能中有一种功能处于主要地位、发挥主要作用，即主体功能。主体功能区是我国空间规划体系中的特有成果，核心是确定主体功能定位，实施分区管制，配以政策约束，以期达成一个理想的空间开发结构和空间治理模式，优化空间秩序。[1]

---

[1] 参见杨凌等《辨析主体功能区：基于区域和要素视角的探讨》，《西部人居环境学刊》2020 年第 1 期。

《全国主体功能区规划》中，依照县级行政单元、基于不同区域的资源环境承载能力、现有开发强度和未来发展潜力，以是否适宜或如何进行大规模高强度工业化城镇化开发为基准，将国土空间划分为优化开发区域、重点开发区域、限制开发区域和禁止开发区域，前两类是开发型，后两类是保护型。其中禁止开发区域包括国家级自然保护区、世界文化和自然遗产、国家级风景名胜区、国家森林公园和国家地质公园等，具有代表性和特殊价值。[①]

（二）大运河国家文化公园主体功能区的可持续发展定位与建设研究

国家文化公园是通过人为的规划设计、直接建设、间接引导而形成的具有明确区域边界的功能文化区，以核心遗产为中心，协调和指导整个公园区域的文化资源的保护、传承、利用功能。[②] 依据《长城、大运河、长征国家文化公园建设方案》（以下简称《建设方案》），国家文化公园将建设管控保护区、主题展示区、文旅融合区、传统利用区四类主体功能区。（图1）与国土空间主体功能区相比，其功能并非以管控开发强度为核心，而是重点考虑文化资源在可持续发展方面的引领作用，追求文化对于可持续发展的贡献。参考《2030年可持续发展议程》，各主体功能区的保护和发展定位分别侧重于包容性社会发展、带动区域经济发展、促进环境可持续、改善民生、提升文化自信等方面。

---

① 参见杨凌等《辨析主体功能区：基于区域和要素视角的探讨》，《西部人居环境学刊》2020年第1期。
② 参见赵云、赵荣《中国国家文化公园价值研究：实现过程与评估框架》，《东南文化》2020年第4期。

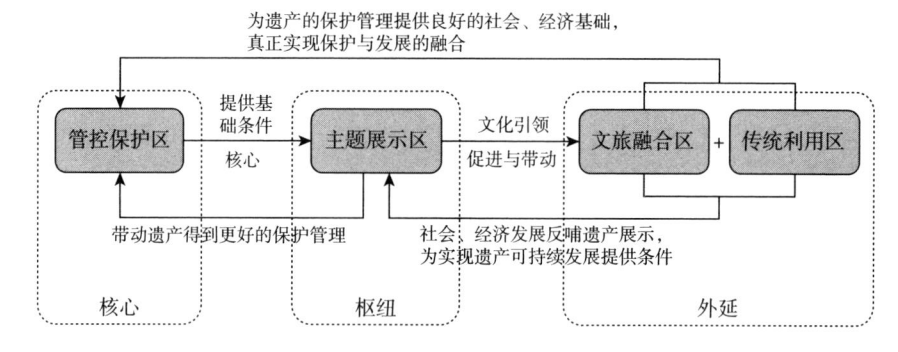

图 1　国家文化公园主体功能区关系图

1. 管控保护区

管控保护区是国家文化公园的基础资源空间，基本原则是加强各类文物和文化遗产资源的保护，对濒危文物实施封闭管理，切实做好保护第一、传承优先。就大运河国家文化公园而言，该区对应的保护和发展定位为提升文化自信、包容性社会发展和促进环境可持续。

大运河国家文化公园管控保护区的界划和建设应综合考虑遗产价值、保护管理条件和现存主要问题。首先，应将大运河相关的国家级、省级、地市级遗产保护管理规划的对象，以及经过调查研究或考古确认、与大运河存在直接价值关联的遗存都纳入保护对象，弥补大运河"部分申遗"的缺憾。其次，保护对象还应扩展至规划范围内与大运河同时期或保护相关的其他物质文化遗产和非物质文化遗产，与大运河文化主题相关的博物馆和展示馆，以及沿线的代表性生态资源，以建立更广泛、包容的价值认知和保护基础。再次，在《建设方案》区划原则的基础上，应扩展纳入大运河遗产建设控制地带和世界遗产缓冲区，从而解决大运河的沿河景观保护难题。最后，管控保护区内应实现文化遗产保护传承、河道水系治理管护、生态环境保护修复的协同治理，保护、传承、利用好大运河的多维度价值。

2. 主题展示区

主题展示区包括核心展示园、集中展示带、特色展示点三种形态，着重"构建多维展示格局、健全综合展示体系、丰富展示体验方式"，是大运河国家文化公园的主要实体空间。大运河国家文化公园主题展示区的保护和发展定位涉及包容性社会发展、带动区域经济发展、促进环境可持续、改善民生、提升文化自信各方面，是四大功能分区的枢纽，其界定和建设都最需深入研究。

主题展示区应基于国家文化公园依托的核心遗产特征，从核心展示园、集中展示带、特色展示点三种形态的不同功能和相互联系出发，设立展示主题、遴选展示对象、区分建设标准。基于大运河呈线状连续性的特征，有必要严格遴选若干核心展示园构成系列园区，共同支撑国家文化主题，作为国家层面规划建设的重点，从而形成中华文化重要标志的代表。集中展示带和特色展示点则适合国家和地方层面联合确定，发挥资源集聚的效力，同时鼓励特色展示点不断融入集中展示体系。

核心展示园是国家层面规划建设国家文化公园的重点，应综合考量遗产和环境的价值完整性、功能适合性和可操作性。例如，扬州是漕运及漕粮转输重地，长江流域及南方漕粮都必须经过扬州北上，扬州也是盐的流通要道与集散中心。此外，大运河扬州段对沿线城镇的兴起繁荣起了很大的作用，并创造出独特的运河文化与生活，扬州城更是一直在经济与文化方面都是中国历史城市的典范。扬州城区内现存的遗产包括扬州古运河、古邗沟、瘦西湖（图2）、天宁寺、盐宗庙（图3）等，都见证了大运河扬州段的价值所在，从核心遗产价值的突出性、完整性来说，扬州城区段满足作为核心展示园的条件。从可操作性来说，虽然扬州城内的遗产分布较为分散，将整个扬州城区划为核心展示园也显然不具备可操作性。但是，由于扬州古运河及古邗沟在扬州城区内形成了连通的水路，并且相关的大运河核心遗产也均位于运河两岸，可以通过水上游船的形式进行连通，所以可以形成以运河为骨架的特殊封闭区域。

图 2　瘦西湖鸟瞰（图片来源：《中国大运河申报世界遗产文本》）

图 3　盐宗庙鸟瞰（图片来源：《中国大运河申报世界遗产文本》，赵辉摄影）

需要注意的一点是，大运河国家文化公园的建设并不以发展现状作为遴选的必要条件，而是更加注重文化资源在推动包容性社会发展、带动区域经济发展、促进环境可持续、改善民生、提升文化自信等方面的作用。比如，位于山东省的会通河阳谷段，现存节制闸共4处，分别为荆门上闸、荆门下闸、阿城上闸和阿城下闸。此段运河和相关水工设施反映了中国古代科学的水利工程设计与高效的水利航运管理系统，代表了大运河高超的科技与制度成就。遗产价值的突出性是毋庸置疑的，但遗产周边多为村庄，现存基础设施的条件较差，环境整治难度较大。因为将会通河阳谷段作为展示梯级船闸的核心展示园进行建设，可以有效改善周边居民的生活环境和居住品质，带动经济水平的提升，充分彰显文化资源的引领作用，所以也建议将其作为核心展示园进行建设。

主题展示区作为大运河国家文化公园的主要实体空间，还应考虑整体的区域发展平衡，避免过度集中（也不是平均分布），至少应保证大运河沿线的每个省级河段有一处国家级的主题展示区，充分体现国家层面的宏观把控，降低区域间的发展不平衡。

3. 文旅融合区与传统利用区

文旅融合区与传统利用区，都是以管控保护区和主题展示区为基础，着力发展文化资源的辐射效应和区域发展引领作用，以"发展型"为主导的功能区。这两类主体功能区对应的保护和发展定位也同样涉及包容性社会发展、带动区域经济发展、促进环境可持续、改善民生、提升文化自信各方面，但与主题展示区相区别的是，此二区并非通过文化遗产自身的能量，而是通过文化整合，尤其是与当代文化创意和文化产业等特质的整合来发挥作用。与此相应，文旅融合区与传统利用区的规划建设更适合由地方主导。

大运河国家文化公园文旅融合区可通过充分利用文物和文化资源的外溢辐射效应，着力推进优秀文艺作品创作、优质文创产品开发、优美生态环境打造、相关产业系统整合，彰显地域性文化旅游特色和独特内涵，全面提升文旅融合水平，推进地区经济高质量发展，成为大运河国家文化公园的价值延展空间。而传统利用区则应通过保护传统文化生态、推动绿色产业发展、规范生产经营活动，逐步形成绿色生产生活方式。同时，利用区域内集聚的各类生活生产资源要素，有力支撑文物与文化资源的保护传承利用，实现协调发展，成为大运河国家文化公园的重要支撑空间。

文旅融合区和传统利用区位于遗产保护区划之外，各类限制条件相对较为宽松，是体现遗产保护对于经济社会发展贡献、带动周边区域发展和提升人民生活品质的主要功能区域。需要注意的是，此二区虽然位于遗产保护区划之外，但仍要紧扣文化资源进行发展，避免成为单纯的经济开发从而丧失了功能区的"灵魂内核"。

以杭州为例，在建设文旅融合区时，可充分利用大运河水道及沿岸资源，将钱塘江—运河游、运河夜游、运河—良渚等经典水上游线和杭州—苏州、杭州—无锡等跨省内河游轮线路作为文旅融合区的骨干，纳入与大运河文化相关的文艺演出、非遗展示、民俗表演等地方特色活动。在建设传统利用区时，针对大城北老工业区的工业遗产，可通过疏通改造杭钢支河来完善水上交通的连通性，并导入展览、文化、体育、办公等城市功能，重塑大运河在交通、文化和情感方面的沟通作用，为城市注入新活力。

四、可持续发展视野下的主体功能区创新研究

国土空间主体功能区划是具有重大现实意义并对我国可持续发展产生

长远影响的空间规划实践。它打破了传统的区域经济发展思维与发展模式，对一些地区经济开发和经济增长明确地说出了"不"字。其核心价值，其一体现了以人为本谋发展的根本理念，其二符合人与自然和谐发展的基本要求。[1]

主体功能区战略对我国文化遗产的保护也发挥了重要作用。如前文所述，《全国主体功能区规划》中的"禁止开发区域"就包含了世界文化和自然遗产。此外，文化遗产在实践中也常常被纳入地域单元综合发展状态的"社会""生态"维度进行考量。但由于主体功能区形成的主要驱动力是自然地理环境和人文地理环境的区域差异性和地域分异规律[2]，其宗旨是解决十年前我国现实发展中的核心问题，因而对文化的关注有限。这首先体现在作为全国主体功能区划基础的地域功能评价中未包含文化遗产相关的内容（表1），更体现在其界定的地域单元综合发展状态限于经济、社会、生态三大维度，未明确文化维度。

从国际社会《2030年可持续发展议程》以及党的十八大以来我国对文化遗产的战略定位来看，基于地域功能研究的主体功能区在实现可持续发展的路径上还可进一步充实完善。就此而言，国家文化公园主体功能区以国土空间主体功能区为实践基础而进行的创新还需从理论层面进行分析和反思。根据前文有关大运河国家文化公园主体功能区建设的研究，我们初步提出"地方功能理论"，与国土空间主体功能区依托的"地域功能理论"对比，作

---

[1] 参见樊杰《我国主体功能区划的科学基础》，《地理学报》2007年第4期。
[2] 参见樊杰《我国主体功能区划的科学基础》，《地理学报》2007年第4期。

表1 全国主体功能区划地域功能识别指标体系
（引自樊杰《中国主体功能区划方案》，《地理学报》2015年第2期）

序号	指标项	作用	指标因子
1	可利用土地资源	评价一个地区剩余或潜在可利用土地资源对未来人口集聚、工业化和城镇化发展的承载能力	后备适宜建设用地的数量、质量、集中规模
2	可利用水资源	评价一个地区剩余或潜在可利用水资源对未来社会经济发展的支撑能力	水资源丰度、可利用数量及利用潜力
3	环境容量	评估一个地区在生态环境不受危害前提下可容纳污染物的能力	大气环境、水环境容量和综合环境容量
4	生态脆弱性	表征全国或区域尺度生态环境脆弱程度的集成性指标	沙漠化脆弱性、土壤侵蚀脆弱性、石漠化脆弱性
5	生态重要性	表征全国或区域尺度生态系统结构、功能重要程度的集成性指标	水源涵养重要性、水土保持重要性、防风固沙重要性、生物多样性、特殊生态系统重要性
6	自然灾害危险性	评估特定区域自然灾害发生的可能性和灾害损失的严重性的指标	洪水灾害危险性、地质灾害危险性、地震灾害危险性、热带风暴潮危险性
7	人口集聚度	评估一个地区现有人口集聚状态的一个集成性指标项	人口密度和人口流动强度
8	经济发展水平	刻画一个地区经济发展现状和增长活力的一个综合性指标	地区人均GDP和地区GDP增长率
9	交通优势度	评估一个地区现有通达水平的一个集成性指标	公路网密度、交通干线的空间影响范围和与中心城市的交通距离
10	战略选择	评估一个地区发展政策背景和战略选择的影响程度	

为探讨的基础。

主体功能区理论上源于地理学与空间经济学，对地域功能的识别是主体功能区划的基础。地域功能识别原理上是在三个维度上综合分析判断形成的：第一个维度是自然维度，第二个维度是自然环境对不同人类活动的适宜程度，第三个维度是地域功能的空间组织效应。以全国主体功能区规划为例，涉及可利用土地资源、可利用水资源、环境容量、生态脆弱性、生态重要性、自然灾害危险性、人口集聚度、经济发展水平、交通优势度、战略选择十个指标项，作为地域功能识别的指标体系。[1] 从可操作性出发，国土空间主体功能区划以行政区划为单元。

与地域（region）不同，地方（place）是一个具有可变尺度的概念。"地方有不同的规模。在一种极端情况下，一把受人喜爱的扶手椅是一个地方；在另一种极端情况下，整个地球是一个地方。"[2] 大运河国家文化公园的建设范围虽然以沿线 8 个省（直辖市）的行政边界为界线，但内部的四大功能分区却以不同主体拥有的"地方"为依据。管控保护区和主题展示区是全体中国人民的"地方"，其中主题展示区还是面向国际社会的"地方"，文旅融合区被视为全球到访者的"地方"，传统利用区则是当地社区的"地方"。

地方功能并不排斥地域功能，而是在地域功能的基础上添加人文价值的一种评估模式。因当今的自然已处处被打上人类行为的烙印，并综合地呈现为"文化景观"。文化遗产作为各种尺度"地方"中最稳定的价值源泉，理应被纳入地域单元综合发展状态中进行考量，这同时也必然会修正地域单元的定义，形成以地方为基础的评价和规划单元。

---

[1] 参见樊杰《中国主体功能区划方案》，《地理学报》2015 年第 2 期。
[2] [美]段义孚：《空间与地方：经验的视角》，王志标译，中国人民大学出版社 2017 年版，第 122 页。

与地域功能对应，国家文化公园中的地方功能亦可在三个维度上进行综合分析判断和识别：第一个维度是遗产维度，第二个维度是遗产和其他文化特质的整合程度，第三个维度是遗产和自然环境的相互关系。

当然，主体功能区的主要着力点不只在于地域功能评价，更体现在基于评价结果的空间管治和分类调控。因此，如何在遗产尺度上承接国土空间主体功能区划，将文化遗产纳入可持续发展的重要资本构成，实现地域功能与地方功能的叠加，并制定相应的考核机制，是国家文化公园运营中应解决的关键问题，也是真正实现文化引领可持续发展的重要途径。

五、结语

遗产已从传统意义的保护、管理，进一步扩展到关注遗产所在的环境、社会、经济等各方面，与所处的整个社会的关联进一步加深。随着国家文化公园建设的开展，理论体系和话语体系也亟须建构。

基于大运河国家文化公园建设实践，以我国主体功能区实践为切入点，进而对作为其理论基础的地域功能进行剖析，可以初步提出以地方功能充实完善地域功能的空间评价和规划思路。在遗产尺度上承接国土空间主体功能区划，对于进一步开拓符合我国国情的文化遗产保护传承之路、寻求可持续发展的中国路径具有启示意义。

（原载《中国文化遗产》2021 年第 5 期）

文化记忆与乡村振兴：
长征国家文化公园的社区参与
——基于贵州省清镇市观游村索桥红军渡的个案研究*

李 渌　徐珊珊　何景明

一、引言

　　长征是新中国国家记忆的重要组成部分，是当代中国人的记忆丰碑和精神源泉。伟大的长征精神理应与民众的文化生活深度融合，使民众在日常生活中接触"国家品位"，体验"国家在场"，感悟"国家意味"。[①]长征国家文化公园是乡村振兴与国家文化公园两大国家战略体系之下的一个地域性实践，与以保护自然生态系统为目的的国家公园相比，长征国家文化公园不仅是一个拥有丰富红色吸引物的物理空间，更是一个具有深度民族气场的精神空间，其建设的目的是将伟大的国家记忆牢系于这片土地之上。

　　2019年7月，中共中央办公厅、国务院办公厅印发《长城、大运河、长征国家文化公园建设方案》，明确提出整合长征线路上具有突出意义和重

---

* 本文系贵州省哲学社会科学规划课题"旅游减贫的贵州实践研究"（21GZZD12）、贵州大学人文社会科学研究项目（GDYB2021015）成果。
① 文孟君：《国家文化公园的"国家性"建构》，《中国文化报》2020年9月12日。

要影响的红色文物资源，打造中华文化重要标志，彰显中华优秀文化持久影响力。目前全国长征国家文化公园都在初创期，其出发点和落脚点、结合点和关键点多位于乡村区域。然而，在实践层面上，受交通不便、产业基础薄弱等条件所限，长征国家文化公园的建设与所在乡村的整体统筹发展存在一定程度的脱节；公园建设地乡村居民主体性被无视或低估，无法真正达到协同参与、多元共治、成果共享的目的。[1] 在理论层面上，目前对长征国家文化公园的研究才起步，相关研究仅仅是从宏观层面或红色旅游的角度提出总体建设思路[2]，缺少具体而深入的田野个案，缺乏以特定乡村为基础的微观经验总结、路径探索和理论构建。因此，在完成脱贫攻坚之际，国家发展的时代议题已逐渐转向乡村振兴战略。[3] 基于此，探索融入乡村振兴的长征国家文化公园建设是一项具体而紧迫的文化实践课题，是对乡村价值在国家文化建设中的再次定位。

"长征""国家""文化"和"公园"分别代表了建设主题、宏观格局、本质属性和空间权属[4]，长征国家文化公园建设不仅是国家顶层设计的政治工程、文化工程，更是一项民生工程。乡村为其提供了更宏大的思考语境、更翔实深入的实践地点，以及经年累月所形成的差序格局人情关系的社会图景。作为这一场域的情感生产者的乡村社区居民，其自身所蕴藏的记忆是呈现地方独特性的基础，是塑造身份认同的基石，将在乡村中凝聚起一股参与

---

[1] 参见蒋金桦、张燕《国家文化公园建设背景下长征文旅空间的重构研究——以长征国家文化公园（广西段）为例》，《旅游论坛》2021年第6期。
[2] 参见邹统钎等《长征国家文化公园建设发展要把握的五对关系》，《中国旅游报》2019年12月31日。
[3] 参见叶敬忠《乡村振兴战略：历史沿循、总体布局与路径省思》，《华南师范大学学报（社会科学版）》2018年第2期。
[4] 参见刘庆柱等《笔谈：国家文化公园的概念定位、价值挖掘、传承展示及实现途径》，《中国文化遗产》2021年第5期。

力量，国家层面的大力支持与乡村社区的积极参与必将为乡村振兴做出实质性的贡献。因此，时空维度是对长征国家文化公园社区参与研究的最基本的坐标和尺度，这与不同行动者对与之相关的记忆解读和记忆实践密切相关。

鉴于此，本文试图在"认知—态度—参与"的行为逻辑下，以正处于规划和建设初期的贵州省清镇市长征国家文化公园观游索桥红军渡建设项目（以下简称"观游索桥长征国家文化公园"）为案例地，采用扎根理论方法，以深度访谈方式获取社区居民对观游索桥长征国家文化公园建设的认识、态度、直接或间接参与行为的观点，通过三级编码形成记忆视角下社区参与长征国家文化公园建设的逻辑路径，探索以下问题：国家文化公园如何激发和塑造个体关于过去的记忆？这一记忆如何形塑个体对过去、当下和未来的理解？个体及群体如何将这些记忆融入长征国家文化公园的社区参与实践中？通过对国家文化公园这一战略及时跟进，推动乡村以建设长征国家文化公园为契机，通过内生性参与让国家战略真正落实到乡村具微行动中，探索乡村地区文旅深度融合的内在机制，促进长征国家文化公园高质量发展和乡村地区整体性振兴。

二、文化记忆、社区参与理论与国家文化公园建设

（一）文化记忆理论及国家文化公园中的记忆建构

现代意义上的文化记忆发端于19世纪末20世纪初，法国社会学家哈布瓦赫最早清晰地写出有关文化记忆的著作，首次赋予"集体记忆"科学内涵，他指出记忆是一个社会建构的过程，会在社会框架和社会纽带的约束下

演变，使过去的形象符合当下的精神需求。[1] 这一理论为阿斯曼夫妇的文化记忆理论奠定了基础。此后，阿斯曼首次界定了"文化记忆"的概念，它包括"被记住的过去"和"记忆的历史"。[2] 其中，"被记住的过去"就是通过创造一个共享的过去，再次确认拥有集体身份的社会成员，在时间和空间方面都向他们提供一种整体意识和历史意识。"记忆的历史"则是借助记忆术保存代代相传的集体知识，并尽可能地呈现给后代，重构他们的文化身份。埃尔等进一步提出"群体倾向于亲自制作一种记忆，将'东西'作为提示器，比如菜肴、仪式、图像、故事，以及其他各种'记忆之场'……这些记忆连接着不同家庭、群体和世代的情感纽带"[3]。

综上，文化记忆提供了各种可能性来连接过去、现在和未来，人们能够通过共享的记忆的引导，获得主动或被动的历史定位，从而创造一种关于"我们"的感觉。[4] 当社会中的多数个体主动探寻历史信息时，会促进当代"记忆繁荣（memory boom）"[5]。国内学界对文化记忆的研究较晚，研究内容主要集中在从记忆的载体、场域和功能来解读文学创作、节日仪式、影视作品的精神指向[6]、特定空间（城市、历史街区、博物馆等）的记忆塑造[7] 和

---

[1] 参见高萍《社会记忆理论研究综述》，《西北民族大学学报（哲学社会科学版）》2011 年第 3 期。
[2] 参见［德］扬·阿斯曼《文化记忆：早期高级文化中的文字、回忆和政治身份》，金寿福、黄晓晨译，北京大学出版社 2015 年版，第 147 页。
[3] ［德］阿斯特莉特·埃尔、［德］安斯加尔·纽宁主编：《文化记忆研究指南》，李恭忠、李霞译，北京大学出版社 2021 年版，第 137—140 页。
[4] 参见［德］阿斯特莉特·埃尔、［德］安斯加尔·纽宁主编《文化记忆研究指南》，李恭忠、李霞译，北京大学出版社 2021 年版，第 150—152 页。
[5] J.M.Winter, *Remembering War: The Great War between Memory and History in the Twentieth Century*, New Haven & London: Yale University Press, 2006.
[6] 参见喻超、李丹梦《记忆、认同与想象——文化记忆视野下重读迟子建长篇小说》，《广西社会科学》2020 年第 8 期。
[7] 参见王润《塑造城市记忆：城市空间的文化生产与遗产保护》，《新疆社会科学》2020 年第 3 期。

创伤记忆[①]。围绕记忆理论所展开的旅游研究主要聚焦在文化空间构建、文化景观营造、乡愁旅游、文化遗产保护等主题。基于文化记忆来探讨国家文化公园高质量发展的研究几乎空白。目前仅有王秀伟等从文化记忆与空间生产的双重理论视角探讨大运河国家文化公园的记忆构建和沿线文化空间营造。[②] 长征国家文化公园作为众多红色记忆的汇聚点，检视和保留了值得记忆的、构建身份认同和指向未来的东西，可视为一个记忆之场。其所在地社区居民拥有的乡土知识和文化记忆作为一种身份标签，将进一步促进乡村社群凝聚力的提升、认同感的形成、国家记忆的强化。因此，以文化记忆为切入点，加强国家记忆、乡土记忆与乡村社区建设融合理应引起关注。

（二）社区参与理论及国家文化公园的社区参与研究

社区参与通常与"公众参与"紧密结合在一起[③]，对社区参与的分析往往是多维的，"谁参与""参与什么""如何参与"是社区参与分析的3个核心内容。[④] 在西方旅游研究进程中，社区参与最初是与旅游规划对接的，墨菲首次系统地将社区参与的概念引入旅游研究中，强调在旅游规划过程中应将当地社区居民对发展旅游的意见作为重要参考依据，以减少对旅游的反感情绪和冲突行为[⑤]；之后，社区参与理论逐渐深入旅游目的地可持续发展的各

---

① 参见段吉方《创伤与记忆——文化记忆的历史表征与美学再现》，《河南社会科学》2015年第9期。
② 参见王秀伟、白栎影《大运河国家文化公园建设的逻辑遵循与路径探索——文化记忆与空间生产的双重理论视角》，《浙江社会科学》2021年第10期。
③ 参见左冰《社区参与：内涵、本质与研究路向》，《旅游论坛》2012年第5期。
④ J.M. Cohen, N. T. Uphoff, *Rural Development Participation: Concepts and Measures for Project Design, Implementation and Evaluation*, Ithaca, New York: CALS, 1977, p.15.
⑤ P. E. Murphy, *Tourism: A Community Approach*, London: Routledge, 1985; G. Taylor, "The Community Approach: Does It Really Work ?", *Tourism Management*, Vol.16, No.7, 1995, pp.487 - 489.

个环节。[1] 从20世纪90年代开始，国内研究者开始关注旅游开发中的社区参与问题，唐顺铁[2]和刘纬华[3]较早从社区角度思考旅游可持续发展的新途径，保继刚、孙九霞、左冰是该领域研究的代表人物，他们将社区参与理论应用到具体的旅游目的地实践中。[4] 既有研究成果主要涉及社区居民态度感知及参与行为、增权理论、生态旅游、文化遗产保护等主题。社区参与作为根植于西方的理论，在中国本土情境下并未实现大的理论突破，符合中国国情的社区参与旅游机制仍在探索之中。[5]

近年来，国家高度重视对国家公园的建设，相继出台一系列政策以实现社区参与管理、社区受益、社区满意的目标，也推动了国家公园成为该领域研究的热点案例地。我国的"国家文化公园"突破了国外的"国家公园体系"，是我国国家公园体系中的新类型。当前，黄河、长城、大运河、长征国家文化公园正迎来建设高潮，越来越多的研究者将国家文化公园社区参与的研究视角从物转向人，聚焦于对有生存权、发展权的社区居民的价值和情感的研究，为基于记忆视角探讨国家文化公园的乡村社区建设提供契机。

（三）社区参与长征国家文化公园建设的理论引导

阿斯曼指出，记忆是建立身份认同的一个关键组成部分，是提供关于个

---

[1] 参见孙凤芝、许峰《社区参与旅游发展研究评述与展望》，《中国人口·资源与环境》2013年第7期。
[2] 参见唐顺铁《旅游目的地的社区化及社区旅游研究》，《地理研究》1998年第2期。
[3] 参见刘纬华《关于社区参与旅游发展的若干理论思考》，《旅游学刊》2000年第1期。
[4] 参见保继刚、孙九霞《社区参与旅游发展的中西差异》，《地理学报》2006年第4期；孙九霞《旅游人类学的社区旅游与社区参与》，商务印书馆2009年版；左冰、保继刚《从"社区参与"走向"社区增权"——西方"旅游增权"理论研究述评》，《旅游学刊》2008年第4期。
[5] 参见徐虹、张行发《国内社区参与旅游研究回顾与展望——基于CiteSpace和Vosviewer的知识图谱分析》，《西南民族大学学报（人文社会科学版）》2021年第8期。

体来历和认同信息的工具；上升至国家层面上，民族历史记忆服务于集体身份认同的建立，是民族国家身份认同建立的手段。同时，记忆具有双重性质，既是一种作为现实存在的物质客体，比如一尊塑像、一座纪念碑、一个地点，又是某种具有精神含义的东西，附着于现实中，为群体所共享的东西[1]，无形的精神内核和有形的物质载体共同构筑了记忆之场。这一空间不仅是被人感知的、深深关切的存在，还是用来生活和实践的场域，每一代人都出于对自己的未来定位和选择，不断加入新的内容。不同世代间的参与行为使得记忆的运行既是积极的，又是富有创造性的，体现为叙事、遗作、创意场所等形式。[2] 当记忆之场在发展为众多记忆行为的汇聚点之后，个体和集体记忆也将升华为国家记忆，构建起个人、族群与国家认同。[3] 斯通从社区发展层面提出，参与人和受益人通过调动本社区和自身拥有的各种资源（包括文化资源），制订满足其需求的方案来实现社区的发展，个人的和集体的记忆就是社区所拥有的重要资源之一。[4] 因此，本文借鉴以上研究理论，结合长征国家文化公园的特点，提出理论分析框架：记忆—认同—参与。本文将据此采用扎根理论的质性研究方法，构建记忆视角下社区参与长征国家文化公园建设的模型。（表1）

---

[1] 参见[法]莫里斯·哈布瓦赫《论集体记忆》，毕然、郭金华译，上海人民出版社2002年版。
[2] 参见[德]阿斯特莉特·埃尔、[德]安斯加尔·纽宁主编《文化记忆研究指南》，李恭忠、李霞译，北京大学出版社2021年版，第150—152页。
[3] 参见[德]阿莱达·阿斯曼《回忆空间：文化记忆的形式和变迁》，潘璐译，北京大学出版社2006年版。
[4] L. Stone, "Cultural Cross-roads of Community Participation in Development: A Case from Nepal", *Human Organization*, Vol.48, No.3, 1989, pp.206–213.

表1 社区参与长征国家文化公园建设的理论引导

研究内容	主要观点	代表人物
记忆	记忆之场	诺拉[①]
	个人记忆与集体记忆	哈布瓦赫
	记忆与认同	阿斯曼
记忆和参与的联系	参与使记忆的运行更富有积极性和创造性	埃尔等
社区参与	社区参与需以社区固有资源和社区成员需求为基础	斯通

三、研究方法和过程

（一）研究方法

扎根理论是格拉泽等提出的一种提倡从经验材料出发自下而上的构建理论，从收集到的质性数据出发，通过开放式编码、主轴式编码、选择式编码来提炼、抽象出反映社会现象的概念，并从这些概念之间发现逻辑，从而衍生出相关理论。[②]

本文采用扎根理论主要是基于以下几点考虑。第一，旅游领域应用扎根理论做研究，一般适合选择一个有代表性和有价值的领域去做一个小而精的研究[③]。第二，扎根理论适用于探索微观的、以行动为导向的及过程类的问

---

① 参见［法］皮埃尔·诺拉主编《记忆之场：法国国民意识的文化社会史》，黄艳红等译，南京大学出版社2015年版。
② B. G. Glaser, A. Strauss, "The Discovery of Grounded Theory: Strategies for Qualitative Research", *Nursing Research*, Vol.17, No.4, 1968, pp.364-366.
③ M. Q. Patton, "Qualitative Research and Evaluation Methods: Integrating Theory and Practice", *Nurse Education Today*, Vol.23, No.6, 2015, p.467.

题[1]，原住民感知就是扎根理论重要的应用领域之一[2]。目前正在建设中的观游索桥长征国家文化公园项目涉及社区中各要素的动态演变，社区居民这一微观主体的在地解说、运营管理、公共活动等行为，以及他们对文化公园本身的建构意义都将直接影响建设成果，居民"为什么做"和"如何做"这一过程更符合扎根理论所强调的内容。[3] 第三，社区居民参与行为的背后蕴藏着丰富的红色记忆和深厚的乡土情怀，是长征国家文化公园的文化内核，是难以用定量研究来描述的。此外，目前解释国家文化公园社区参与的理论还比较薄弱，已有研究缺少与以往研究的对话。因此，本文选取扎根理论这一定性研究方法，在审视和比较已有研究和理论的基础上，建立起以解释为目的的长征国家文化公园社区参与的逻辑路径。

（二）案例的解析

贵州是红军长征路上活动时间最长、活动范围最广的省份。2021年5月，《贵州省长征国家文化公园条例》率先从制度上保护"活着的"长征文化。2022年1月，国务院印发《国务院关于支持贵州在新时代西部大开发上闯新路的意见》，再次聚焦长征国家文化公园建设，对推动贵州革命文物保护利用与红色旅游高质量发展来说，既是一个重大机遇，也是一项重大使命。

---

[1] 参见〔美〕朱丽叶·M.科宾、〔美〕安塞尔姆·L.施特劳斯《质性研究的基础：形成扎根理论的程序与方法》，朱光明译，重庆大学出版社2015年版，第30、153、159、206页。
[2] 参见李海娥、熊元斌《旅游地居民对"旅游民生"理念的感知研究——基于扎根理论》，《理论月刊》2014年第11期。
[3] 参见〔美〕朱丽叶·M.科宾、〔美〕安塞尔姆·L.施特劳斯《质性研究的基础：形成扎根理论的程序与方法》，朱光明译，重庆大学出版社2015年版，第30、153、159、206页。

贵州省贵阳市麦格苗族布依族乡观游村，位于清镇市与修文县交界的猫跳河畔。1936年1月30日，贺龙、萧克、任弼时将军率领红二、六军团兵分三路向贵阳、息烽、修文前进途中，观游村百姓帮助红军搭建浮桥，过河后的红军在观游村驻扎了三天，与百姓结下了深情厚谊。[①] 平凡中见伟大，与其他红色遗址相比，这里，没有激烈的战争场面，没有悲壮的英雄事迹，没有具有转折意义的历史事件，却能真真切切地感受到红军与当地百姓的鱼水情深。当年红军与百姓共同生活留下的众多常见之物仍然有迹可循，蕴藏在红色遗迹背后的人物和故事至今代代相传。目前，观游索桥红军渡建设项目已成功入选长征国家文化公园贵州重点建设区2021年度重点项目。同时，观游村在贵阳市的支持下确定了"1936"的乡村发展规划，在承续中国工农红军二、六军团在观游村的长征精神中，继续开拓创新，拉动乡村振兴"红色引擎"。因此，从观游村独特的山地生态、厚重的文化底蕴、丰富的历史遗存、较高的红色价值来看，选择其作为研究个案，具有西南地区红色乡村的典型性和代表性。

（三）数据收集与处理

本文数据来源于2021年3月14—15日、5月28—29日、6月11—14日先后3次在案例地进行的半结构式的深度访谈。为了保证数据的信度和效度，数据分析和样本抽取交替进行，以理论抽样扩充数据，完成访谈资料立即进行编码，然后重复资料收集和分析过程，直到理论饱和。本文共访谈了21位居民（GY01—GY21），访谈时间在20—40分钟，访谈地点在观游村。

---

① 参见中共清镇县（今清镇市）党史资料征集领导小组办公室《清镇县党史资料丛书之二：红军长征在清镇》，贵阳清镇县党史资料征集办公室，1987年。

访谈问题分为两部分。一是受访者基本信息，包括年龄、身份等。首先询问受访者是否为本地居民，如果是则继续访谈，如果不是则终止访谈。其中有一位居民虽不是本地人，但考虑到她是嫁到观游村的人，并且居住时间在10年以上，所以也被纳为访谈对象。二是受访者对观游村红色文化的了解、对长征国家文化公园的态度等。

受访者人口统计特征为：男性12人，女性9人；30岁以下3人，30—39岁5人，40—49岁5人，50—59岁4人，60岁及以上4人；村干部2人，退休教师1人，国企退休工2人，务农人员9人（其中包括红军后代2人），外出务工人员4人，个体商户2人，自由职业者1人。

四、基于扎根理论的数据分析

（一）开放式编码

在开放式编码阶段按照"定义现象—发展概念—发掘范畴"的分析逻辑，对文本资料逐句地贴标签，对类似标签进行概念化合并，在概念基础上发现范畴。借助 NVivo12.0 软件，最终建立618个节点，对节点进行合并，围绕研究主旨反复分析，修改概念，最终得到可以反映社区居民对长征国家文化公园的认知、态度与参与的23个范畴：红色故事、军民鱼水情、乡土遗产、地方性饮食、邻里互动、邻里关系、代际传递、共同体意识、安全感、与合作伙伴互动、信任及支持行为、知识建设、意识建设、技能建设、红色文化、民俗文化、农业文化、村落环境、农业景观、产业发展、在地性供给、风险感知、福利多样化。（表2）

表2　开放式编码示例

原始资料摘录（初始概念）	初始范畴
居住在索桥南岸的石三娘夫妻用自己的小木船，一次又一次地将红军战士艰难地从北岸渡到南岸，一个高个子红军用牛皮纸写了留言交给她，感谢她对红军的帮助。（勇渡红军）	红色故事
父亲曾说，一位叫常少成的老百姓，看见露宿在索桥一带的红军战士，就烧茶烧水送去给红军。红军为感谢他，就送他一个绿色的毛玻璃酒瓶。（绿酒瓶）	
红二、六军团在观游的日子虽然很短，但是那些故事却一直流传到现在，我父亲常给我讲这段故事，要我们永远记在心里。（传颂至今）	
红军虽然走了，但在我们的心坎上留下了深刻的印象，也播下了革命的种子，当年红二、六军团和当地百姓之间那种很深的感情、那种情感至今难忘。山高也有人行道，水深总有渡船人。（深刻难忘）	军民鱼水情
希望青年人踏着红军的足迹，一步一个脚印走，激发出伟大的奋斗精神、伟大的团结精神。（长征精神）	
今天一直在打造爱国主义教育基地，红军路、观光道都是对革命先辈光荣传统的一个大力传承和发扬。（传承延续）	

（二）主轴式编码

以研究核心现象——观游索桥长征国家文化公园社区参与为中心，在开放式编码的基础上进一步分析，从中确定能将所有范畴有机联系在一起的主范畴，最终将23个范畴归纳为10个主范畴。主范畴、对应范畴和涉及概念如表3所示。

表3 主范畴、对应范畴和涉及概念

主范畴	对应范畴	涉及概念
红色记忆	红色故事	勇渡红军、绿酒瓶、五大娘造饭、传颂至今、尊重史实
	军民鱼水情	长征精神、深刻难忘、传承延续
乡土记忆	乡土遗产	古建遗存、生活器具、乡土性
	地方性饮食	腊肉、黄粑、猪儿粑、甜酒
社会纽带	邻里互动	技能文化分享、保持活力、文娱活动
	邻里关系	和谐的社区生活、温暖友爱、彼此帮扶、人情味
	代际传递	父辈讲述、世代联系
归属感	共同体意识	充满凝聚力、生活幸福、为大家服务
	安全感	可以依靠、舒心、精神寄托
责任感	与合作伙伴互动	入户调研、贴近需求、邀请参与
	信任及支持行为	人员负责、居民支持、信任
社区能力建设	知识建设	知识储备、量力而行、年龄限制、村民和政府思考角度不同、社区教育
	意识建设	说服下被动参与、主体意识、自信心建设、主动发展意识
	技能建设	社区共治、能人引领、有效沟通、建议权、乡村社区组织体系
地方特色文化	红色文化	红色遗址、迎军节、爱国教育
	民俗文化	日常文化活动、神秘色彩、传说故事
	农业文化	有机绿色农业、土特产、农事活动
独特乡村美景	村落环境	墙画、街道景观、特色场所、老房子、溶洞景观、公共空间
	农业景观	田坝、丰收季场景

（续表）

主范畴	对应范畴	涉及概念
社区产业发展	产业发展	精品水果种植、红色旅游带头、优化产业布局、旅游规划、资源整合
	在地性供给	地方经营、资源依托、政策支持
社区整体空间	风险感知	客源少、收入不稳定、公园建设情况不了解、征地
	福利多样化	个人发展机遇、社区福利、基础设施提升

（三）选择式编码

选择式编码是在更高的抽象水平之上继续进行主轴式编码，找出核心范畴，其他范畴可以围绕核心范畴得以归并和融合，从而形成一条完整的"故事线"[1]，构建整体理论框架。本文以"文化记忆""身份认同""内生性参与"为核心范畴，通过访谈资料及概括出的范畴，发展出观游索桥长征国家文化公园社区参与的逻辑路径。（图1）完整故事线如下。

（1）社区参与长征国家文化公园涉及时间和空间两个维度的交互。在时间维度上，长征国家文化公园是承载众多记忆的意义单元，需要在过去、现在和未来3个位点坐标来审视以实现历时性延续，这对建立长征国家文化公园的地方关联，促成基于共同记忆的世代性精神建构有着诸多启发。在空间维度上，人们通过客体化的文化表征（图像、建筑、仪式）复兴过往的记忆，基于内心恒久的地方依恋情感，共同从事各种各样的意义生产行为，促进长征国家文化公园与乡村振兴的融合发展。

---

[1] 参见侯平平、姚延波《城市老年人旅游制约结构维度及作用机理——基于扎根理论的研究》，《旅游科学》2021年第6期。

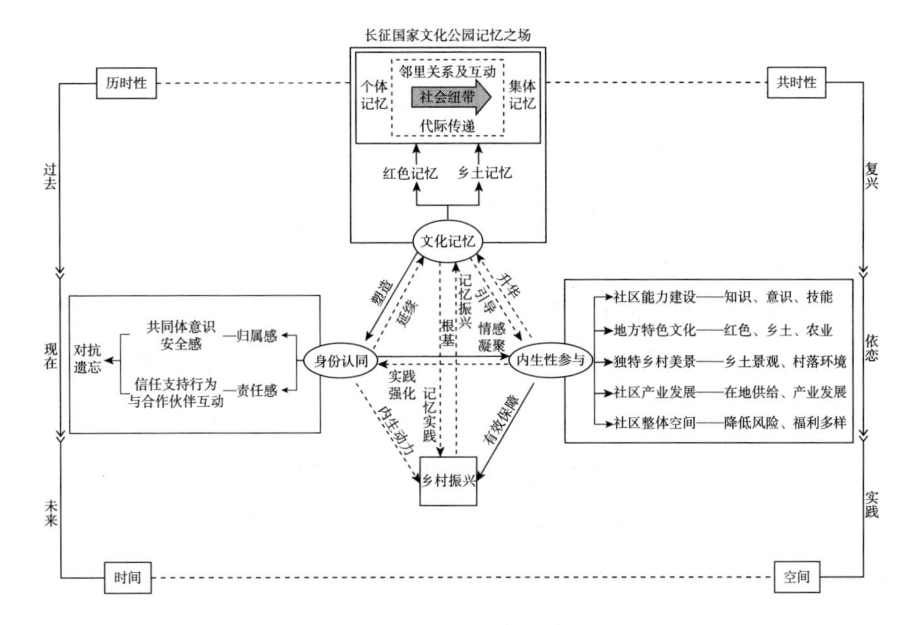

图 1 记忆视角下社区参与长征国家文化公园的逻辑路径

（2）当地居民前往长征国家文化公园，参加公共活动，表达"一种关于过去的共享知识……这种知识是群体统一感和认同感的基础"①。由此可见，记忆是一个知识生产的过程，它使得个体生命片段得以连缀成一个贯穿始终的过程，经由社会纽带的作用催生对集体身份的认同和归属。

（3）记忆和认同在个体和群体层面紧密相连，记忆是一种带有认同迹象的知识，"认同需要通过记忆来建构和重构，即把过去之自我和现在之自我联系起来"②。因此，文化记忆塑造身份认同，身份认同也使文化记忆得以

---

① ［德］阿斯特莉特·埃尔、［德］安斯加尔·纽宁主编：《文化记忆研究指南》，李恭忠、李霞译，北京大学出版社 2021 年版，第 125—133 页。
② ［德］阿斯特莉特·埃尔、［德］安斯加尔·纽宁主编：《文化记忆研究指南》，李恭忠、李霞译，北京大学出版社 2021 年版，第 7—8 页。

延续。

（4）保留这种认同感会使得人们更加心系故土，决心使过去复兴并延续下去，在遗忘的深渊之上架起一座传承和记忆的桥梁，促成社会公共意识的产生。我"若是这个地方的人，则我与这个地方不单有利益关系，更重要的是有情感联系"[1]，正是基于对共同苦难和经历的认同，社会行动才得以产生[2]，主动采取一种更广泛、更具长远性的措施，参与到社区建设中。因此，身份认同是内生性参与的情感凝聚力。在记忆的引导下，人们围绕长征国家文化公园记忆之场共同参与实践，也将强化居民的认同感，将实现个体记忆与集体记忆、地方记忆与家族记忆的互通融合，最终升华为国家记忆。

（5）乡村振兴离不开乡土的记忆振兴。居民是记忆和社区参与的主体，是实施乡村振兴战略的主体力量，居民身份认同是乡村振兴的内生动力，其内生性参与行为是乡村振兴目标实现的有效保障。因此，在乡村振兴战略背景下，需要关注乡土文化记忆的保护与构建，去发现并激活乡村民众和乡村社区所蕴含的巨大文化潜力，从而增强文化认同与文化自信。不难发现，国内外乡村振兴的理论转向和实践逻辑均非常注重乡村的文化取向[3]，如何通过记忆振兴为乡村铸魂，让记忆菁华成为乡村振兴的文化资本，推动文旅融合，成为红色旅游地乡村社区高质量发展的关键所在。总之，国家文化公园为文化记忆走向乡村振兴提供了桥梁，在这个特殊的地方，协同整体的乡村振兴是国家文化公园成功的必然结果，也是健康城镇化的应有之义。

---

[1] 周尚意：《触景生情：文化地理学人笔记》，商务印书馆2019年版，第3页。
[2] 参见赵静蓉《文化记忆与身份认同》，生活·读书·新知三联书店2015年版。
[3] 参见方坤、梁宽《乡村振兴背景下传统文化传承创新的整体趋势分析》，《广西民族大学学报（哲学社会科学版）》2020年第5期。

五、记忆视角下社区参与长征国家文化公园建设和乡村振兴的逻辑路径分析

(一)文化记忆与长征国家文化公园记忆之场的互构关系

长征国家文化公园记忆之场是各种记忆、文化、地方性生产生活方式汇集和积淀的结果,经由人的意志或岁月的打磨,转变为某种具有象征意义的物质和精神空间叠合体。它除了保留具有重大历史意义的残留物,也承认生活中微小的要素和相关群体对当下记忆形成和延续的影响。因此,长征国家文化公园是一个持续地、有生产性地将过去的记忆与当前时代需要进行整合的结果。

首先,在关键性历史区域开发时,要挖掘能够构成时代记忆的历史信息,使其成为认识国家历史、坚定文化自信的重要功能区。[1] 因此,长征国家文化公园社区参与实践的前提是挖掘、识别代代相传的红色记忆、乡土记忆,以实现记忆与现时生命的沟通。[2] 在观游村,"红军赠予百姓的绿酒瓶三代相传"(GY11),"长征战士杨顺清耿耿忠心传乡里"(GY14),"五位大娘将自家的粮食送予红军"(GY06),"危急关头石三娘夫妻勇渡红军"(GY19)等故事,一直都是居民回忆红二、六军团在当地驻扎时,最深刻、最不可或缺的内容。正像村支书所谈到的,"家家都像一个小讲堂,红色故事代代相传"(GY12)。借助勇骏道、磨盘等历史遗迹,更让人深刻领会到"红军情义说不尽,红军事迹永不忘"(GY16)。在讲解石三娘夫妻的故事时,村支

---

[1] 参见邹统钎等《长征国家文化公园建设发展要把握的五对关系》,《中国旅游报》2019年12月31日。
[2] 参见樊友猛、谢彦君《记忆、展示与凝视:乡村文化遗产保护与旅游发展协同研究》,《旅游科学》2015年第1期。

书带有一些兴奋，但又有些伤感的语气说："红军即便是在那样匆忙危险的情况下，也仍不忘将知恩图报的心愿践行到底，留下的字条虽只有短短几行字，却胜过所有言语，可惜了，这张纸条发大水丢失了（叹气）。"（GY01）

其次，长征国家文化公园承载着个人记忆与集体记忆的双向互动。人们不是仅仅选择一个与他们的生活习惯相匹配的地方来居住，而是通过日常生活中的邻里活动来塑造地方。① 具体来说，在邻里关系及互动方面，温暖和谐、充满人情味的社区生活、社区文娱活动、日常的技能分享逐渐地将整个村落联结在一起，使得社区居民将自己的生活和逝去的历史事件联系起来。观游村很多居民都强调"要尊重历史事实，不能瞎编乱造。我们这里的故事都是有实物为证的。当年留下的一把油纸伞、一双洋袜子、一个酒瓶子，这些都是可以找到的，都将勾起人们的记忆"（GY01）。他们希望将这些承载着观游历史的记忆嫁接到国家文化公园载体上，将国家的"大叙事"与个人的"小叙事"联系起来。在代际传递方面，许多参与迎军节等纪念仪式的老年人，其内心的记忆和情感依然鲜活，他们会将村落记忆以口述等方式传递给长征结束很久后出生的中年人和青年人，家庭和群体内的代际知识传递在人和乡土之间创造了一种世代的情感联系。一位红军后代说道："我挺骄傲的，红军在观游的历史有着不可估量的文化价值，希望大家都能将那段历史铭记于心。它体现着一种革命精神，激励我们不忘初心，努力建设我们的国家。"（GY07）相比于老一辈，年青一辈身上存在记忆危机，而长征国家文化公园的建设会强化地方历史转化为可看见、可体验、可交流的集体记忆，使得代际传递中的历史叙述更有力量。

---

① M. Benson, E. Jackson, "Place-making and Place Maintenance: Performativity, Place and belonging among the Middle Classes", *Sociology*, Vol.47, No.4, 2013, pp.793–809.

（二）依托文化记忆塑造身份认同

记忆绵延久远，令个体确立其对自我的认知和对集体的认同，这种认同感是对抗遗忘的精神建构。从历时性层面来看，身份认同是个体历史建立的过程。记忆是构建我之时间维度的必要因素，当有一个与之相关的历史记忆时，对一个地方的归属感和依恋感就会增强；对现在的提及反映了一个地方的主导生活方式；未来指的是投射性身份，对一个地方未来的想法。从共时性层面来看，身份认同是一个社会建构的过程[1]，他人、社会促成了对我之空间维度的形塑。当一个人感觉到自己是这片土地的一部分，并且认同这片土地的存在和生活方式时，就会希望继续生活在那里。

"观游村就是家啊……也没什么特别的，在这里生活感觉很热闹，大家感情都很好"（GY17），居民对社区"家"的认同情感的表达，体现在对日常交往和生活细节的描述中。情感使记忆具有特殊的强度，为大家服务的意识，让人舒心、可以依靠的社区氛围，以及高密度、高频次地与合作伙伴互动，使得整个社区由地缘共同体蜕变为一个情谊满满的精神共同体。居民在这因"地"结"缘"的社区空间内相互理解、相互帮扶，在情感和行为上逐渐趋同和联结，关注社区发展过程中创造的共同意蕴——共同的历史记忆、共同的文化积淀、共同的前途命运。[2]

跨代际的归属感让人们感受到在代际、文化和智识上相阻隔的人们之间的共情联系。"过去我在全村搜集到了近300个红色故事，但随着老人逐渐

---

[1] F. M. Rinaldi, L. Maglio, I. Pisarro, et al., "New Approaches for Cultural Heritage: Scientific Symposium Advisory Committee-heritage as Urban Regeneration Tool", *Journal of Cultural Heritage Management and Sustainable Development*, Vol.11, No.2, 2021, pp.170-184.

[2] 参见陈新《人民主体性视阈下中华民族共同体认同构建》，《中南民族大学学报（人文社会科学版）》2021年第9期。

搬离、去世，现在仅留存下二十几个。我们要把观游村的红色故事记录好，将红军遗址地建设好，让后代人踏着红军的足迹，了解中国历史，珍惜现代生活，凝聚起大家。"（GY08）个体需要回顾性知识来保持和传播认同意识，这些记忆信息的重要性在于它们如何向群体成员解释他们所在的这个社区实体，以及成为社区中的一员意味着什么。熟悉这些信息，是将群体成员凝聚在一起的必要条件；了解这些信息，是在完整意义上成为这个社区群体一员的必然要求。

访谈中，村支书特地提到了平均年龄70多岁的观游村老年帮扶团，有的人拄着拐杖也要长期奔走在探寻家乡红色资源的第一线，用赤子之心诠释着为家乡添砖加瓦的决心，让更多的人知道观游村军爱民、民拥军的故事。"近些年他们一直在挖掘红色文化资源，整合自然和人文景观，采访了40多个人，写下了5万多字的笔记，拍了上千张照片，整理成《侦察部队过索桥》等12篇文稿，将这段珍贵的红色记忆保存下来。"（GY12）后代人在分享这段历史记忆的过程中，会有意无意地建构起属于观游村这片乡土的归属感和责任感，将自己视为这一珍贵记忆的守护者、传承者、呈现者、解释者。

（三）以记忆为根基的身份认同为参与凝聚情感力量

除了物理环境的认同，由记忆催生的认同感将首先从意识上引导居民重视观游村的红色文化，促使不同时代的人们能够代际衔接与合作，有效行事。一位退休老教师说道："我父亲常给我们讲这段故事，要我们永远记在心里……应该将观游村这些红色人物的事迹发扬下去，世世代代都要学习伟大长征精神，这是我们义不容辞的责任和义务。"（GY16）人对社区发自肺腑的归属感将促使社区居民在参与过程中自觉采取负责任行为[①]，积极推进项目实施，参与项目规划、实施、管理和评估等重要阶段，表达意见、提出需求，配合政府和平台公司的入户调研，与设计者建立起必要的信任，建立长效维护小组，最终使得方案设计更贴近实际。正如一位退休工人谈道："周围这一片环境非常有吸引力，大家还是很看好、支持这个项目的，你让老百姓出钱不一定出得起，但他还是愿意出人、出地的。"（GY03）亲身感受国家政策落实的成果，看到观游村的美好前景，极大地激发了社区居民参与的持续热情、高度荣誉感和责任感。

　　除了普通村民外，还有一群走出大山看世界的观游人也在关心着家乡的发展和变化，希望为家乡发展贡献自己的力量。譬如，2019年回到自己的家乡的吴姓村民，身体力行地参与红米的推广种植，以合作社带头，走绿色生态路，塑造观游村的稻米品牌。当问起他的初心时，他谈道："这不仅有原生态的山水风景，还有深厚的文化……我想留在村里。观游村非常适合种红米，以前没有发展的机会，现在我希望能够用外出考察学习的技术反哺家乡，以实际行动回报这片生养我们的土地。"（GY15）在他的身上，可以深深地感悟到"世界再美，心安吾乡"（GY15）的情怀。这种情感力量可以使从这片土地走出去的人对这方土地建立起强烈的地方依恋，从而激发内心的参与力量，还将影响和号召其他年轻人走上回乡的路。乡情是他们内心柔软的一处，有些人为此而愿意放弃现实的舒适。吴姓村民是众多同行人中的一员，观游村的发展是一群人的坚持，未来还会涌现出更多的同路人，一起紧密合作，为这里的乡土社会发展贡献力量。

[①] A. J. Walker, R. L. Ryan, "Place Attachment and Landscape Preservation in Rural New England: A Maine Case Study", *Landscape and Urban Planning*, Vol.86, No.2, 2008, pp.141-152.

（四）以记忆为根基的内生性参与

这里所诠释的"内生性参与"是以社区居民的记忆为根基，依托于社区共同体精神，通过激发和培育社区居民的自觉行动能力，完成地方记忆元素的叠置、整合和传统文脉的传承、复兴，实现乡村自有、自在和自为的可持续发展愿景。归根结底，内生性参与就是通过凝聚我们来营造我们的空间，携手致力于我们美好的社区未来，希冀社区居民由长征国家文化公园建设的搭便车者转变为积极参与者，这种自下而上的参与力量与自上而下的国家政策的有效对接将助力乡村振兴目标的实现。

1. 参与能力建设

这是一个"教育学习—观念改变—行动实践"的过程[①]，包括知识建设、意识建设和技能建设。第一，国家文化公园建设对知识建设要求很高，社区居民是在地化知识的主要生产者，但仅凭世代积累的农耕经验是不够的。在观游村社区内，居住着不同身份、不同职业的居民，囿于年龄、时间、学习能力等因素导致居民知识储备和思考问题角度上存在很大差异。尤其是青壮年在"单位人"和"社区人"[②]角色冲突时，更倾向于不愿意为集体利益而牺牲自己，对社区外部利益关联的重视使得他们在参与和不参与间徘徊。第二，公园建立初始阶段，观游村居民的社区参与主要是在说服下被动参与，只有少数有眼光的、有资金的居民积极参与经营。随着政府宣传和推广力度的加大，社区居民开始频繁地直接与外来参观者面对面交流，掌握发展的主动权，以改善现在相对劣势的地位。第三，目前观游村社区正在通过能人引

---

① 参见游勇《国家公园社区参与旅游发展能力建设——以滇金丝猴国家公园响古箐社区为例》，《西南民族大学学报（人文社会科学版）》2013年第5期。
② 参见马良灿、哈洪颖《新型乡村社区组织体系建构何以可能——兼论乡村振兴的组织基础建设》，《福建师范大学学报（哲学社会科学版）》2021年第3期。

领、有效沟通等方式完善社区共治机制，形塑真正具有主导权、参与权、表达权和收益权的"社区人"角色，在提升居民对社区中公共议题的理解和解决能力的同时，使居民因公共事务而团结在一起，形成共同体之感。"在清镇市帮扶单位多次调研的基础上，村里开过很多次座谈会，大家一起讨论在公园建设中，有哪些困难，还需要做哪些努力。"（GY12）由于不同居民的参与意愿和方式不同，通过座谈会、宣传等方式让更多的居民了解项目的基本情况，以及可以进行意见反馈的渠道，赢得他们的理解、尊重和认同。在某种程度上，居民对项目进展情况的知晓本身就是一种参与。很显然，乡村振兴必然是要回到乡村主体发展之上才算真实且有成效。

国家文化公园理念在社区内部是否能被广泛且深入地认同和理解是国家文化公园社区参与的先决条件，公园的建设过程也伴随着居民对长征国家文化公园的认知的改变，一开始是对公园建筑外观的感性认知，正如一位从外地嫁过来的妇女所言"在建的陈列馆非常气派"（GY13）。随着对索桥等历史遗迹的恢复，大量参观者有意无意地将"观游村红色文化具有吸引力和经济价值"（GY15）的信息传递给当地居民，他们对观游村的文化遗产价值有了初步感知，通过农特产品售卖获得的可观经济收益也强化了居民对当地红色文化的自豪感。因此，参与长征国家文化公园的建设也是一个知识更新和能力提升的过程，这在行为和意识层面进一步深化了居民的自治实践，体现在成果共享、责任分担、故乡和土地的认同感与向心力，为乡村未来的人才振兴和组织振兴储备力量方面。

2. 地方特色文化

社区乡土文化蕴含几千年来与自然共存的地方性知识，是长征国家文化公园红色旅游的重要吸引物。观游村的传统文化资源，如以迎军节为代表的节庆文化、以糯米粑等土特产和具有神秘色彩的来子洞为代表的民俗文化、以猕猴桃和生态红米为代表的绿色农业文化，都是社区居民生产生活与自然生态系统长期相互作用的结果，是居民参与长征国家文化公园建设的文化资本。这些乡土文化正是费孝通所说的"从土里长出的光荣的历史"[①]，山川树木、村居民舍、民风民俗等构成的记忆自然引发无限眷恋。生于斯长于斯、繁衍生息的文化之脉就这样树立起来了。

索桥古渡、勇骏道、红军路、松竹林等长征遗址是观游村红色旅游的遗产资源，也是将长征带入当下的重要记忆场景。观游村正在通过修建红色文化陈列馆、长征历史步道等方式保护当地的红色文物资源，更是在唤醒居民的共同体意识，这些在空间里穿越时间的历史遗产是重塑共同体的支撑。其中，迎军节是观游村居民自发筹钱举办的最具代表性的纪念活动，一位经常参与其中的妇女说道："每年正月初三，迎军队伍敲锣打鼓把红军迎到主会场，举行升旗仪式，然后就是拔河比赛，意思是大家齐心协力拧成一股绳，办好每年的迎军节活动，然后就是红军后代自发组织的大合唱和民族舞蹈表演。大家都说，这样的活动非常有意义，既纪念我们的红军，又让我们这里的春节特别热闹。"（GY05）每年自发举办的迎军节都吸引了不同年龄的居民前来参加，成了联结社区精神共同体的纽带之一。延续至今的文化活动强化了居民的文化体验，提升了社区集体效能感，实现了社区居民从文化自觉到文化自决的转变，活动背后所蕴含的价值观念、人文精神将起到凝聚人心、教化群众的作用。这些良好的乡风文明将为乡村建设提供和而不同、美美与共的特色文化景观，避免千村一面的单调和模仿。

[①] 费孝通：《乡土中国 生育制度》，北京大学出版社1998年版，第74页。

3. 独特乡村美景

乡村的共性在于"农民都苦恋自己的土地；离不开自己的村庄和社区"[①]。乡村自身的存在也有赖于周围环境的供给，并因为这种长期的环境供给及持久的良好适应和协作，乡村自身的文化得到了韧性的发展。对生活在其中的观游村居民而言，乡村地方性的外在特征，如相伴树影、溪流、清风的自然环境，延续红色文化的特色场所，纵横交错的街区，原真性的农业景观等，都与他们的生命故事直接相关，是记忆和依恋的一部分。这些绘就了观游村自然和谐的巨幅山水画卷，生动诠释了"看得见山水，记得住乡愁"，让乡村居民在青山绿水之间怡然自得。

"可以说我见证着这个村子的发展，村里保留了很多有特色的东西，像这些长征墙画和村子景色的墙画就会让人想起它以前的样子。"（GY16）独特的乡村文化地景是长征国家文化公园价值整体的一部分，是居民追根溯源、唤起过往记忆的地方性基础。当地社区居民并未简单地将当地社区景观的价值剥离在公园价值体系之外，而是重点呈现具有观游村独特地理标识的景观，让其焕发出新的活力，这也是乡土文化保护和发展的应有之义。

4. 社区产业发展

在成为国家文化公园以前，乡村社区不仅是居民的生活空间，更是维持生计的资源场所。社区居民的生计成果是社区坚守的保障，发展社区产业是为社区进行经济赋权，是让社区居民具有独立意识和行为能力的最佳方式。观游村以吴老为代表的乡村精英一直在思考如何将项目发展本身与居民的生活境遇改善结合起来，如何将产业做成可持续的。村支书说道："村支'两委'的

[①] [美] 罗伯特·芮德菲尔德：《农民社会与文化：人类学对文明的一种诠释》，王莹译，中国社会科学出版社2013年版，第117页。

思路是将红色旅游资源与乡村绿色农业有机结合，打造以'红色传承+绿色反哺'为主题的乡村旅游。"（GY12）借助"1936"系统工程构想，实现经济发展能力与文化产业价值一脉相承，以村庄本身的山水资源、农业资源、人力资源作为在地性供给，以红色旅游为主导，把休闲农业的规模做大，猕猴桃之乡和长征重镇的品牌做强。近年来，随着观游索桥长征国家文化公园项目落地，省级山地果蔬示范园区和500亩坝区基础设施建设的有序推进，越来越多的人选择留在故园，通过家门口就业转型成为微型老板、服务业者。

访谈中发现，参与能力增强提高了利益诉求，居民对获利公平的理解表现在与外来经营者竞争的前提下，自己是否能得到旅游从业的优先权，是否能够保障社区居民生计资本可持续性发展。"我们更多考虑的是钱，也想有分红的机会，观游村主要是发展精品水果种植，希望红色旅游能解决我们这些土特产的销路。再就是就业，有机会让大家伙儿学到技术，挣钱养家，共同富裕。"（GY10）很多在家务农的居民期望能在公园建设中享有优先收益权，分享农文旅产业融合中的利益链，拓宽增收渠道。

5. 社区整体空间

社区整体空间是居民们共同努力的结果，构成了一方百姓的精神寄托。经济、文化与地域三者在这一空间内是分不开的，经济决定了居民是否愿意留在这个地方，地域决定了该地会产生怎样的文化，文化造就了人们如何认同家乡土地。当问及居民对社区及长征国家文化公园的未来构想时，几乎每个居民都提到要降低收入不稳定、公园建设情况不了解等方面的风险感知。一位长期在外打工的年轻人说道："他们来村里做调查的时候，我对这个公园了解了一些，知道得不多……要是村里有工作，肯定想回来，但是这来的人不多，我们的收入就会受影响。"（GY09）因为长征国家文化公园的建设只代表国家在未来一段时间内将资源投入长征沿线地区的理念与倾向，并不代表所在地社区居民都能在这一政策下获得相似的资源和良好的发展,因而很多居民希望国家文化公园建设能为观游村带来更多政策福祉,实现福利多样化,建设大家理想中的家园,构建体现"安全和福利"的乡村社区,提高乡土整体发展水平,营造宜居宜业、和谐共生的聚落空间。

六、研究总结与对策

(一)研究结论

本文采用扎根理论,基于"认知—态度—参与"的行为逻辑解析社区居民对观游索桥长征国家文化公园的认知、态度和行为,反映为82个概念和10个范畴,最终提炼出记忆视角下社区参与长征国家文化公园建设的逻辑路径并予以阐释。研究结果与以往研究既有相似也有不同,相似之处在于收益分配及公平性是居民参与的主要关注点,不同之处在于本文更注重参与行为背后的文化根基和精神建构。具体结论如下:第一,社区居民依托古道、索桥、仪式节庆乃至传统食物等载体,以行动、口述或文本等形式呈现观游村独特的红色记忆和乡土记忆;经由社会纽带的作用,记忆塑造集体身份认同,身份认同使记忆得以延续。第二,身份认同是内生性参与的情感凝聚力,这种情感力量促使社区居民由搭便车者、看门人角色逐渐转变为积极参与者,积极发挥在文化传播、活态保护、产业发展等方面的作用。同时,社区参与的过程也有助于形成和加强对地方的认同,这种与一个更悠久的集体的情感联系,对于旅游地的文化环境营造具有重要意义。

(二)理论贡献

首先,中国记忆是讲好中国故事的基础,乡村文化记忆是讲好乡村振兴故事的基础。广阔的乡村土地蕴含无限的生机与可能,基于记忆之上的族群身份认同,构建了乡村旅游的社会心理基础,也成为乡村地区"塑形"与"铸魂"的强大动力。地方性文化记忆是村民在生活的场域中建构起来的农民个体和群体的生活史,是乡民身份认同与情感寄托的起点,形成了人们在一个地方的根,体现为对一个地方的深切关怀。当地居民积极、真实且自然地参与到社区的生活中,在某地扎根。这一参与过程涉及更意味深长的一些东西,比如,它不仅是一种出于过去经验而展开的未来期望,还是对一个地方、地方的人及自己所肩负的责任,是人对一个地方的"全然委身"①。因此,今天的乡村振兴,需要保留和找回地方文化的根,发掘其在乡村振兴中的潜力。因为乡村振兴不是一个统一的模式化运作,需要根据每一乡村社会的特点进行个性设计,才能做到"一村一品"。

其次,记忆视野下长征国家文化公园内生性参与的 5 个方面及我国乡村振兴战略部署与宫崎清(2001)提出的从人、文、地、产、景 5 个维度致力于"社区营造"②有着共通之处,具有较强的应用性。社区营造是振兴乡村地区的重要方法,物质空间再造仅仅是社区参与长征国家文化公园建设的一部分内容,更重要的是社区居民对社区发展的话语权和行动力,这正是社区营造所强调的从"在地居民"立场去思考如何经营一个永续发展和生活的家园,有效推进了多元主体以共建共享的治理方式来共同创造美好社区生活,

---

① 参见[加拿大]爱德华·雷尔夫《地方与无地方》,刘苏、相欣奕译,商务印书馆 2021 年版,第 60—61 页。
② 宫崎清:《江户庶民生活学习之地域资源活用方式——宜住宜游之社区再造》,台湾社区总体营造年会成果汇编,2001 年。"人"指社区内部和外部人力资源的整合,包括以社区居民为主的个体、社区组织、政府机关、社会相关人士;"文"指社区历史文化的延续、艺文活动的经营及终身学习等;"地"指地理环境的保育与特色发扬、本土性的延续;"产"指社区的有效治理、产业资源利用、产业与经济活动的经营、地产的开发与营销等;"景"指社区总体空间的营造、可持续发展。

这恰好与党的十九大的社会建设蓝图不谋而合。社区参与长征国家文化公园建设是乡村振兴、社区营造、红色旅游的实践结合体，当地居民的立场和利益是社区参与长征国家文化公园建设实践的第一要务，他们的自主参与、创新、创造，是社区营造和乡村振兴源源不断的动力。如果能够把社区营造的理念贯穿于社区参与红色旅游地乡村振兴战略的实施过程中，不仅能够把理论转化为实践，而且也能够帮助红色旅游地社区探寻合适的发展路径，实现"万里红路串千村带动振兴"[①]的愿景。

（三）长征国家文化公园高质量发展的路径探索

第一，打造有内容、有载体、有延续的历史场域，以进一步激发居民与公众的情感共鸣。首先，考虑历史完整性，将众所周知的"大历史"背景与口口相传、感人至深的"小人物"事迹进行汇编，并与外来调查规划人员掌握的信息形成互补；其次，揭开记忆背后庞大的承载群体，将不同层次、不同背景、不同年龄的群体的历史记忆和情感认同并置到同一时空中；最后，实施文化提升工程，将典型的红色历史要素与生活劳作、习俗礼仪、建筑景观、传统饮食等乡土遗产融合，并通过打动心灵的遗产解说，给公众留下美好记忆并产生持久共鸣，将红色记忆转化为看得见的历史、可触摸的历史，让红色文化成为可亲、可感、可体验的现实存在，努力做到"见人、见物、见精神"。可见，要真正建设一种可持续发展的国家文化公园的社会实践机制，既有的历史、考古、管理学等学科还不够，更需要对其有超越固有学科界限的科学认识与思维方式，通过新学科的加入和新理论的产生，支撑国家

[①] 郭凯倩：《广西桂林："红色文化+"带动乡村振兴》，《中国文化报》2022年7月19日。

文化公园进行跨学科交叉发展的范式，建构起历史与国家遗产之间更加丰富全面的信息链和更具有整合性的价值体系。[1]

第二，地方政府、公园管理者和社区居民共谋具有创新性和前瞻性的参与方案。开展"红军烈士进社区"等活动，发挥红军后代"红色记忆守护人"身份在社区中的感召力，凝聚集体意识，形成合作信任、互惠互助的社区网络。就解说需求而言，长征国家文化公园更应该培养当地村民做乡土解说员和导游员，从不同年龄段中挑选出意愿强烈且具备正能量的村民进行知识培训。譬如，社区中的中老年女性居民，虽然其学历和知识水平不高，但掌握许多传统生活技能和文艺技能，有能力成为在地记忆传播者、社区教育的传授者。当她们带着浓浓的当地俚语进行解说时，地方知识更具真实性和趣味性，也提升了其使命感和自豪感。社区成员在这一过程中实现身体和情感的双重嵌入，与其他主体共同探索具有创新性和前瞻性的参与方案，为参观者提供沉浸式体验，发挥长征国家文化公园在保护传承、文化传播、产业带动等方面的多重作用。

第三，将重视和强调社区居民的生计可持续作为长征国家文化公园可持续发展的基础和根本。红色旅游地可持续发展必须建立在当地居民的生计可持续基础上，而不仅仅是在某种程度上的旅游参与问题。首先，政府应引导居民直接参与红色经典主题民宿、红色革命主题营地的建设，将红色文化和乡土文化融入贵州国际一流山地旅游目的地的建设中，将市场拓宽至山地爱好者、体育旅游爱好者，让更多的本地居民在旅游业中获得优先从业权和收益分配权。其次，长征遗迹和红色文化氛围保存较好的、具备一定旅游发展

---

[1] 参见李渌、谭阳阳《历史名人之遗产识别：乾隆朝赴琉球册封使周煌的个案论述》，《贵州大学学报（社会科学版）》2021年第6期。

潜力的村落，是"红色资源＋绿色产业"助跑振兴路上不可或缺的重要节点，打造以"红色传承＋绿色反哺"为主题的乡村旅游，赋予绿色产品以红色记忆和红色文化的内涵，推动地方绿色农产品销售的同时，延伸红旅游产业链。最后，以"红色资源"擦亮乡村振兴的"绿色底片"，实现长征国家文化公园与当地社区的共融共建共享。

（四）研究局限与展望

作为一项探索性研究，本文存在着一定的局限。首先，受客观条件的限制，此次调查仅涉及贵州省域内的长征国家文化公园，这在某种程度上制约了本文结论的广泛适用性，对于贵州省外的长征国家文化公园还有待进行后续的调查。其次，本文所选取的定性研究方法本身的特征也造成了一些局限，如由于定性研究没有事先设定的、可量化操作的检验指标，并较多地依赖研究者的主观判断，编码结果具有主观性，其可靠性、可重复性常常受到考验。未来研究中应采用其他实证方法对研究结论进行检验和完善。

（原载《旅游科学》2022年第3期）

大运河国家文化公园旅游开发和文化传承研究*

吴殿廷　刘　锋　卢　亚　刘宏红　王　欣

中国大运河（简称"大运河"）由京杭大运河、隋唐大运河、浙东运河3个部分构成，全长近3200千米，开凿至今已有2500多年，是中国古代创造的一项伟大工程，是世界上距离最长、规模最大的运河，展现出我国劳动人民的伟大智慧和勇气，传承着中华民族的悠久历史和文明，是一部书写在华夏大地上的宏伟诗篇。大运河地跨北京、天津、河北、山东、河南、安徽、江苏、浙江8个省市，纵贯中国东部，连通海河、黄河、淮河、长江、钱塘江五大水系，是中国古代南北交通的大动脉，至今仍发挥着重要作用，是活着的遗产，流淌的文化①，2014年被列入《世界遗产名录》。建设大运河国家文化公园是树立和彰显文化自信的重要途径，意义重大。

2019年2月，中共中央办公厅、国务院办公厅印发了《大运河文化保护传承利用规划纲要》（以下简称《纲要》），2019年7月24日，中央全面深

---

* 本文系国家社科基金艺术学重大项目"国家文化公园政策的国际比较研究（2020—2023）"（20ZD02）、国家自然科学基金项目（41771128）、原国家旅游局课题"京杭大运河市场推广规划"成果。
① 参见王云、李泉主编《中国大运河历史文献集成1》，国家图书馆出版社2014年版，第3页。

化改革委员会第九次会议审议通过了《长城、大运河、长征国家文化公园建设方案》(以下简称《方案》),要求 2023 年基本完成建设任务,大运河重要河段江苏段要在 2021 年完成。2021 年 8 月,国家文化公园建设工作领导小组印发《大运河国家文化公园建设保护规划》(以下简称《规划》)。大运河国家文化公园建设时间紧、任务重。① 为此,国家发展改革委正在牵头编制《大运河国家文化公园建设实施方案》(以下简称《实施方案》)。一些学者也从不同角度提出了大运河国家文化公园建设的思考和建议,包括《大运河国家文化公园建设的四大转换》②《建设国家文化公园 促进沿运城市协调发展》③《从公共文化空间到国家文化公园 公共文化空间既要"好看"也要"好用"》④。大运河国家文化公园既是文化记忆载体,也是空间生产载体,要依托文化表征性空间进行集体记忆建构,建设记忆之场,推进空间生产实践。⑤ 我们还针对国家公园存在的现实误区提出了具体的改进建议,包括"上下结合、虚实结合、段长制"⑥ 等。

目前面临的问题是:国家文化公园世界鲜有,我们的大运河国家文化公园保护利用应该遵循什么原则?要达到什么目标?特别是,中国大运河属于世界文化遗产,旅游开发势必会对遗产保护点造成冲击,怎样处理好遗产保护和资源利用之间的关系?大运河遗产地分属于不同地区、不同城市、不

---

① 参见王健等《大运河国家文化公园建设的理论与实践》,《江南大学学报(人文社会科学版)》2019 年第 5 期。
② 王健、彭安玉:《大运河国家文化公园建设的四大转换》,《唯实》2019 年第 12 期。
③ 夏锦文:《建设国家文化公园 促进沿运城市协调发展》,《群众》2020 年第 1 期。
④ 程惠哲:《从公共文化空间到国家文化公园 公共文化空间既要"好看"也要"好用"》,《人民论坛》2017 年第 29 期。
⑤ 参见王秀伟、白栎影《大运河国家文化公园建设的逻辑遵循与路径探索——文化记忆与空间生产的双重理论视角》,《浙江社会科学》2021 年第 10 期。
⑥ 吴殿廷等:《国家文化公园建设中的现实误区及改进途径》,《新华文摘》2021 年第 21 期。

同文保单位，在这样的背景下，怎样才能建成统一高效、富含质量的国家文化公园？本文将根据《保护世界文化和自然遗产公约》和《纲要》《方案》《规划》《实施方案》的要求，参照国外遗产保护利用经验、教训[①]和原国家旅游局"京杭大运河市场推广规划"项目成果，从不同角度讨论和回答上述问题。

一、基本思路和主要原则

中国大运河是世界上开凿较早的运河。中国大运河遗产分布在中国2个直辖市、6个省的27座城市，包括河道遗产27段，相关遗产共计58处。[②]《方案》要求坚持保护优先、强化传承，文化引领、彰显特色，总体设计、统筹规划，积极稳妥、改革创新，因地制宜、分类指导。根据文物和文化资源的整体布局、禀赋差异及周边人居环境、自然条件、配套设施等情况，重点建设管控保护、主题展示、文旅融合、传统利用四类主体功能区。《纲要》明确，要按照"河为线，城为珠，线串珠，珠带面"的思路，构建一条主轴带动整体发展、五大片区重塑大运河实体、六大高地凸显文化引领、多点联动形成发展合力的空间格局框架，并根据大运河文化影响力，以大运河现有和历史上最近使用的主河道为基础，统筹考虑遗产资源分布，合理划分大运河文化带的核心区、拓展区和辐射区，清晰构建大运河文化保护传承利用的

---

① J.L. Adams, "Interrogating the Equity Principle: the Rhetoric and Reality of Management Planning for Sustainable Archaeological Heritage Tourism", *Journal of Heritage Tourism*, Vol.5, 2010, pp.103-123; R. Plummer, D.A. Fennell, "Managing Protected Areas for Sustainable Tourism: Prospects for Adaptive Comanagement", *Journal of Sustainable Tourism*, Vol.2, 2009, pp.149-168.
② 参见俞孔坚等《京杭大运河国家遗产与生态廊道》，北京大学出版社2012年版，第73—74页。

空间布局和规划分区。依据这些原则性要求，本文从旅游开发和文化传承的角度提出如下大运河国家文化公园建设的基本思路和主要原则。

（一）基本思路

大运河与长城一起被列为世界最宏伟的四大古代工程，是中国人民征服自然、改造自然的伟大创造，是中华民族不朽的历史文化。建设大运河国家文化公园，是深入贯彻落实习近平总书记关于发掘好、利用好丰富文物和文化资源，让文物说话、让历史说话、让文化说话，推动中华优秀传统文化创造性转化、创新性发展，传承革命文化，发展先进文化等一系列重要指示精神的重要举措。[①] 大运河国家文化公园建设的指导思想是：以习近平新时代中国特色社会主义思想和《方案》《纲要》为指导，深刻贯彻"创新、绿色、协调、开放和共享"五大发展理念，有效保护大运河遗产资源，统筹开发沿运文旅融合产品，加快沿线城市区域旅游协调发展，共同推广"千年运河"旅游品牌，努力打造全新的世界级精品旅游产品，不断提高中国文化的话语权和中国旅游的国际知名度与竞争力，使之成为著名的世界旅游目的地和中国文化公园建设的样板。

（二）主要原则

《方案》提出国家文化公园建设的五个原则，核心是"保护、利用、传承"六个字，《纲要》《规划》和《实施方案》要求大运河国家文化公园要坚持科学保护、世代传承、合理利用、有机融合等理念，增加了"融合"的要

---

① 参见吴若山《建设好国家文化公园》，《人民日报》2019年12月16日。

求。结合大运河遗产及沿线情况，提出如下大运河国家文化公园旅游开发与文化传承的原则。

1. 保护优先，绿色发展

严格按照《大运河遗产保护与管理总体规划（2012—2030）》《实施方案》《纲要》和《规划》的要求，在大运河旅游开发中坚持保护为主、利用为辅，确保文化遗产的原真性，维护历史风貌的真实性，保持历史文化的完整性。要以运河遗产保护为出发点，以彰显文化遗产价值、激活历史文化生命为落脚点，凸显各区段的历史遗产的唯一性和地域文化的独特性。要注重遗产的真实性、完整性保护，不搞无遗产价值的"假古董"，坚决摒弃一切对大运河遗产造成破坏或干扰的开发项目。

要坚持绿色低碳发展，避免伪生态。在大运河旅游开发中，要充分利用现代生物技术和循环经济技术，建设低碳景区，推行低碳消费。包括在景区的规划设计上提倡原生态，不做过度开发；景区设施上不追求奢华，提倡简便、实用、安全，满足消费功能；在施工上崇尚节约、不浪费，选用环保、节能、耐用建材；在景区标识上提倡简单明了，竖立低碳消费标识牌，使"低碳"无处不在；在交通上推行电瓶车、自行车，提倡步行，减少使用化石燃料的交通工具；在景区监管上推行数字化，运用现代信息技术，集视频监控、电子防控、高效应急处理于一体，降低景区管理的碳排放量。以此打造低碳景区，实现人水和谐、古典景观与现代功能相融合的文化公园，坚决杜绝高能耗的"伪生态"[1]。

---

[1] G. Mattei, A. Rizzo, G. Anfuso, et al., "Enhancing the Protection of Archaeological Sites as an Integrated Coastal Management Strategy: The Case of the Posillipo Hill (Naples, Italy)", *Rendiconti Lincei-scienze Fisiche E Naturali*, Vol.31, No.1, 2020, pp.139 – 152.

2. 地区联动，协同发展

建设和运营好大运河国家文化公园，就必须按照《纲要》"河为线，城为珠，线串珠，珠带面"的要求，保持地缘文化特色，塑造统一品牌形象；突破地理区划限制，构建统一管理机制；尊重地域发展差异，力求统一服务标准。[①] 为此，必须打破地区界线，成立省部级协调机构，建立具体河段和主要文保、旅游单位参与的"大运河国家文化公园"联合体，统一标准，共同营销，实现基础共联、产业共兴、市场共筑、融合发展。不妨参照水利部河长制而采取段长制，即在国家层面针对各文化公园设立"总段长"，由国家文旅部主要负责同志担任；各省（自治区、直辖市）行政区域内重要区段设立"段长"，由省级负责同志担任；各区段所在市、县分级分段设立"段长"，由同级负责同志担任（县以下行政单元不再分解）。县级及以上设置相应的"段长制"办公室，具体组成由各地根据实际情况确定。[②]

要进一步整合旅游资源，以运河为纽带，以遗产资源为依托，以历史文化为主线，针对国内外市场特点，推出系列化、精品化、特色化的旅游产品与线路。[③] 加强运河沿线城市间的旅游开发与服务协作。沿线各城市应加强城际协调，结成文化主题型战略联盟，依据各城市自身优势，建立合理的分工体系。以运河的文化线路特征和遗产廊道属性为基础，建立沿线城市与运河的有效联系，塑造鲜明的整体形象，提升品牌知名度和吸引力；深化旅游营销合作，互相推介产品，交流信息，分享客源；实现平台共建，市场共育，品牌共塑，营销共行，联手打造以"流动的世界文化遗产"为核心的运

[①] 参见王金伟、余得光《国家文化公园建设要做到"三个统一"》，《中国旅游报》2019年12月27日。
[②] 参见吴殿廷《国家文化公园管理不妨采取"段长制"》，《中国旅游报》2021年11月4日。
[③] 参见安宇、沈山《运河文化景观与经济带建设》，中国社会科学出版社2014年版，第28—30页。

河品牌；提升旅游服务品质，加强旅游开发合作，制定并完善统一的区域旅游服务标准，建立市场监督、管理的联动呼应机制。

3. 活化产品，创新发展

文旅融合打造文化旅游产品是大运河国家文化公园建设的主要努力方向。[①] 根据资源特点和市场需求确定旅游开发内容和时序，合理组织旅游线路，丰富旅游产品内容，开展各类运河专项旅游和特色旅游。如在具备开通水系条件的前提下，开发大、中、小不同尺度的水上游览路线，将古运河与沿线的古典园林、江南水乡、古建景观、风俗民情等自然、人文旅游资源有机整合，将古运河沿线的自然风光与历史文脉融为一体；结合遗产、旅游、文化、休闲、景观等多种要素，立足遗产观光，打造精品游览线，如苏州市的"吴风、水韵、天堂"——姑苏繁华游览线，"惠山寺—寄畅园—祠堂群—黄埠墩"——无锡古运河风情游览线等；立足城市特色，开发主题旅游线路，如古城扬州被称为"运河城"，历史上的繁荣与兴盛都与运河紧密相连，旅游观光线路可将乾隆皇帝的游览线路作为主线，开发"两堤花柳全依水，一路楼台直到山"的乾隆水上游览线；结合目前的旅游者需求热点和旅游市场发展趋势开发富有创意、深受市场欢迎的新型旅游产品，如空中看运河（借助直升机、热气球、滑翔伞等低空俯瞰运河）特色观光项目，漂流、划水、水上摩托、帆艇等水上娱乐项目，开发运河主题演艺项目，运河人家民俗风情体验项目等。

4. 产城融合，开放发展

《实施方案》要求国家文化公园重点建设四类主体功能区，即管控保护

[①] 参见刘思敏《建设国家文化公园，为文化旅游提供新载体》，《中国旅游报》2017年6月2日。

区、主题展示区、文旅融合区和传统利用区；《纲要》要求以大运河现有和历史上最近使用的主河道为基础，统筹考虑遗产资源分布，合理划分大运河国家文化公园的核心区、拓展区和辐射区。考虑到大运河沿线地区的特殊性——运河遗产与沿线城市相伴相依，运河旅游要与所在城市融合互动。特别是，在国家文旅部强力推进全域旅游的大背景下，运河旅游开发已经与所在城市的旅游发展融为一体。同时，运河旅游开发需要依托其沿线城市的旅游、餐饮、住宿等基础设施来进行，推进产城融合互动，加强运河景区景点与所在城镇的协作和一体化。要在"大旅游""全域旅游"概念的指导下，充分发掘运河的历史和文化价值，保护运河沿岸生态环境，吸纳沿岸各区域文化特征，突出并优化运河沿线的自然景观与文化特质，将景点有机串联，注重深度开发，发挥景点合力，增强景点之间的集聚效应。这是第一层含义。

"产城融合、开放发展"第二层含义是依托运河景区景点，融合旅游新老六要素即吃、住、行、游、购、娱和商、养、学、闲、情、奇，参照旅游小镇、特色小镇模式，通过"旅游+"建设旅游综合体，以土地综合开发为基础，以观光、娱乐、休闲、度假等综合性服务功能为导向，以酒店、景区、商业、休闲娱乐、地产等多种业态为载体，优化配置资源，整合相关空间和产业，建设综合性旅游产业集聚区。

二、功能定位和目标诉求

有了基本思路和主要原则，还要明确具有中国特色的、在世界文化遗产基础上建成的大运河国家文化公园应该是什么样，其功能地位是什么。邹统钎等认为，要从国家层面提炼与传承国家文化公园的精神文化IP，恢复中华民族的历史文化记忆,打造华夏儿女的共有精神家园,延续中华文明的千年神韵。[1] 这里从旅游开发和文化传承的角度提出其功能定位和目标诉求。

(一)大运河国家文化公园的功能定位

大运河国家文化公园只有成为世界内河旅游的一张王牌,主打文化牌,才能成为世界江河旅游的新热点、新典范。大运河之美不仅在于江河风光,更在于底蕴深厚的南北方的文化交流,这是大运河有别于地球上任何一条运河的主要特点。建设大运河国家文化公园,就是要向世人展示其"南北融通、巧夺天工"的中国智慧和中国奇迹。为此,确定大运河的总体功能定位为:国内最具知名度和美誉度、国际上很有影响力和号召力的线性旅游目的地。

具体功能包括世界运河旅游的标杆,与长城比肩的中国经典线性旅游目的地(其品牌比丝绸之路旅游产品更有现实性),中国文化公园建设的典范,以及开放型遗产地保护与旅游开发创新发展试验区,沿运地区旅游发展的新空间。

(二)大运河国家文化公园建设不同方面的目标诉求

在上述总体功能的基础上还要细化大运河国家文化公园的不同方面的目标诉求。结合京杭大运河城市联盟[2]提出的"整合运河城市资源,共同构建大运河整体旅游品牌形象,打造世界级的旅游产品;按照资源共享、品牌共创、市场共拓的原则,共同打造京杭运河旅游经济带,使之成为国内最具知

---

[1] 参见邹统钎、韩全《国家文化公园建设与管理初探》,《中国旅游报》2019年12月3日。
[2] 该联盟于2014年6月26日在杭州成立,包括京杭大运河18个沿线城市,秘书处挂靠杭州市文旅局。

名度和美誉度、国际最具号召力和影响力的区域旅游目的地；强化联盟城市项目合作，区域优势互补，促进区域旅游经济协调发展，实现共赢"三大要求，本文提出如下不同方面的发展目标。（1）遗产资源得到有效保护，并通过旅游开发进一步发现新的遗产资源点，扩大遗产保护范围。（2）运河生态环境得到有效改善。通过旅游开发，反过来促进运河河道疏浚、水环境治理和周边环境整治，运河通航航道比现在提高30%，通航能力提高50%。（3）运河文化得到很好的展示和传承，大运河旅游成为海内外游客最重要的旅游目的地。（4）运河文旅产业得到全面发展。以运河沿线区域产业发展和城市提升为导向，理顺管理机制和运行机制，充分发挥运河沿线文化、旅游、休闲产业资源聚集优势，对接运河沿线区域内各行政主体的产业发展需求，解决其产业发展中的重点、难点，落实产业项目，实现优势互补、要素联动、一体化发展的目标。到2023年，运河遗产点及其毗连地域再培育6—8个5A级景区，30个以上4A级景区；2—3个国家级旅游度假区；7—9个全域旅游示范区。

三、主要任务和策略

有了基本思路、原则及功能和目标定位，还要确定与之相关的任务和策略，以解决"怎样建设文化公园"问题。《方案》提出国家文化公园建设的主要任务是修订制定法律法规、编制建设保护规划、实施文物和文化资源保护传承利用协调推进基础工程、完善国家文化公园建设管理体制机制。本文从实操的角度提出如下大运河国家文化公园建设的主要任务和策略。

（一）保护世界遗产

要全面建立大运河遗产保护体系，改善遗产生存环境，有效保护大运河的历史真实性与完整性。妥善处理遗产保护与城市开发的矛盾，促进遗产功能延续与合理利用，增强遗产展示与宣传，促进遗产保护与城市发展的协调统一。

1. 严格保护遗址遗迹

大运河规划已经颁布实施，沿线各城市、各河段要进一步强化遗产保护单位的责任，落实具体保护与传承工作。在此基础上合理组织遗产游览路线，通过完善讲解牌、导游讲解等方式，突出古遗址、古建筑与大运河的联系，加强对遗产的展示。

2. 强化对非物质文化遗产的保护利用

关注非物质文化遗产与运河物质文化遗产的密切联系，关注其内涵的物化表达，关注其在当代条件下的延续和拓展。全面收集遗产相关的实物、资料，并登记、整理、建档，建立大运河非物质文化遗产数据库。对地名类遗产进行挂牌，确定传说、风俗类遗产的代表性传承人。为遗产的传承及相关活动提供必要条件，有效保护相关的文化场所。在确定遗产展示场所基础上，积极开展遗产的展示活动。鼓励、支持通过节庆活动、展览、培训、教育、大众传媒等手段，宣传、普及大运河非物质文化遗产知识。

3. 加强对河道、岸线和水体的保护

《实施方案》将大运河主轴和具备条件的其他有水河段两岸各 2000 米内的范围划定为核心监控区。《大运河浙江段遗产保护规划》中，根据河道岸线的遗产分布和价值、保存状况、目前主要功能等，把 3200 千米河道岸线分为三个类别，分类开展针对性的保护。

一是河道岸线为沿岸分布有运河遗产或者沿岸景观风貌较好，基本保

持原有历史风貌的河道岸线段落，长约 1100 千米。如浙江省嘉兴环城河段、塘栖镇区段、杭州城区段、绍兴城区段、宁波西塘河段、浙东运河中有纤道一侧的河岸等。此类河道岸线原则上禁止拓宽、开挖等改造活动。

二是河道岸线没有运河遗产分布，但沿岸景观风貌较好的河道岸线段落。如位于浙江省的硖塘北岸、浙东运河大部分河岸、上塘河、奉口河、余杭塘河、虞余运河、慈江、刹子港的郊野段落等。此类河道岸线不宜进行大规模的拓宽、开挖等改造活动，应尽量保持原有风貌。要充分利用现代生物、生态方面的绿色技术，进行生态修复。[1]

三是河道岸线没有运河遗产分布，已经大幅拓宽改造，目前正在承担繁重的航运功能和重要水利功能，未来还有进一步改造要求的主干河道岸线段落。如位于浙江省内的硖塘南岸、江南运河的中线和东线的主干河段、四十里河等。此类河道岸线允许改造，以使大运河的航运水利功能得到延续。

（二）传承运河文化

在历史上，大运河架起了南北沟通的桥梁，中国南北重要地域的文化传播和交融就是沿着大运河进行的，南方人的精致生活、北方强大的政治影响力，都是沿着运河在文化等方面交融着、碰撞着，又共同发展着。[2] 保护运河遗产，就是保护中华民族的基因；传承运河文化，就是传承中华民族的血脉。大运河历史的更迭累积了厚重而灿烂的运河文化，包括科学技术、文学艺术、建筑艺术、工艺美术、风情习俗、饮食文化、遗物遗迹等。从地域角度来看，运河文化包括吴越文化、齐鲁文化、中原文化、燕赵文化、京津文

---

[1] 参见董哲仁等《生态—生物方法水体修复技术》，《中国水利》2002 年第 3 期。
[2] 参见朱偰编著《大运河的变迁》，江苏人民出版社 2017 年版，第 12—13 页。

化等。其中，漕运文化与城市文化是运河文化的集中体现，但就其本质而言，运河文化是一种商业文化。[①]因河而商，因河兴市，人口也逐渐集中到运河沿线来，各行业逐渐繁荣，城市经济得以发展。

要通过大运河旅游唤起国民的文化自觉。[②]悠悠大运河，在历史的进程中留下了许多物质文化遗产和非物质文化遗产。千年古镇、特色民居、佛教禅宗、历史遗迹等都是其中的精髓。要完整体现运河历史文化，"城市，集镇，村落"三种各自体现运河独特文化的空间单元一个也不能少，城市有城市的运河文化，集镇有集镇的运河文化，运河沿岸的村落也有其独特的历史文化。要充分考虑运河文化在不同空间单元上的独特性，彼此之间的互补性，以及总体上的完整性。

具体的传承方式包括建博物馆，增加标识和解说，举办运河文化论坛，出版运河旅游丛书，拍摄运河人家电影、电视剧、微电影、自媒体等。要加强智慧旅游，采取App传播等方式，加强与文化创意产业结合。要紧紧围绕运河文化主题，以旅游、影视制作、出版、发行、数字音频等为重点，策划运河主题公园、会展中心、商贸服务场所、影视创作基地的大型旅游文化产业项目，通过丰富多彩的文化活动促进运河文化产业和旅游业又好又快发展。与此同时，以各城市文脉为背景，以运河遗产为基底，充分整合具有地域性特色的资源，在不同城市间形成差异化、主题化的古运河旅游产品。

1. 充分利用运河空间做足水文章

一般运河城市都可打造水上观光、地方美食、民宿和夜演四个产品系

---

① 参见汪芳、廉华《线型旅游空间研究——以京杭大运河为例》，《华中建筑》2007年第8期。
② 参见胡一峰《充分发掘三大国家文化公园建设的艺术价值和精神内涵》，《中国艺术报》2019年12月9日。

列。无锡古运河在这方面做了很好的探索[1],值得其他河段和城市借鉴学习。

2. 创新理念,建设"活态博物馆"

"活态博物馆"是一种活化的、动态的、无围墙的城市博物馆形式,在实现保护的前提下对该地段的旅游产品进行整体包装。[2] 将文化遗产在其原地按原状保护和保存,开发与保护结合;强调文化遗产、人文景观、人物活动、传统风俗等一系列文化因素均具有其特定的价值和意义,一切有关的文化记忆(如古街古弄、老厂房、老字号等)要在原始地加以保留,作为文化延续和继承的见证,以避免破坏街区记忆的完整性、原真性;强调当地居民亲自参与和管理,居民不应分离出去;人物活动的泛化展示是"活态"的主要内容,包括居民生活、工厂生产、游客参与、活动表演、水上渡船,以及一切正在发生或即将发生的事件。

3. 用现代黑科技和光电技术打造梦幻运河

参照杭州"流金天堂,闪耀东方"中国运河灯光节活动[3],充分利用现代光电技术,打造声、光、电与运河古韵融合互动的梦幻世界。[4]

(三)共同打造世界级旅游品牌

大运河的历史遗存是研究中国古代政治、经济、文化、社会等方面的绝好实物资料,是中国悠久历史文明的最好见证。站在保护人类文明的高度

---

[1] 参见汪芳《用"活态博物馆"解读历史街区——以无锡古运河历史文化街区为例》,《建筑学报》2007年第12期。
[2] 参见汪芳等《聊城市历史地段保护更新的"活态博物馆"理念探讨:以山东临清中州运河古城区为例》,《华中建筑》2010年第5期。
[3] 参见戴燕子《杭州"夜十景"品牌形象传播策划案》,硕士学位论文,浙江大学,2017年。
[4] 参见陶峻琳《光之乐章——京杭大运河夜景照明项目》,《时代建筑》2010年第1期。

看，大运河不仅在中国是独一无二的，其对人类历史发展的作用也为世界所公认。同时，大运河是活的文化景观，大运河两岸人口众多，部分河段仍然是繁忙的运输通道。从不同时期所起的作用来看，它可以被划为一种文化线路，反映多种文化和观念的交流、迁徙及演进；它又是一条近现代工业遗产廊道，对中国现代民族工业的发展起到过重要的作用。要努力打造"千年运河"的不朽品牌。

要采取联合营销的方式，以一种"集体声音"出现在国内乃至国际旅游市场上。通过大运河旅游联盟等形式的统筹协调，延长旅游线路，融通各种地域文化，建立起一条以运河为线索的城市旅游线。通过建立统一的网络宣传体系，让旅游者只需在一个网络实名下便可浏览大运河的整体风貌，也可进入各个城市的网络旅游空间。也就是说，以大运河为旅游目的地，建立完善的旅游目的地营销系统。此外，运河城市要积极主动参与联合旅游推介会等各种营销活动，形成合力，打造"大运河"的统一品牌。

要推进沿线城市旅游信息体系化建设。通过对运河旅游整体形象的包装、策划和宣传，利用电视、广播、报纸、期刊、互联网等多种传播媒介加强宣传；用5G技术建设智慧城市和智慧景区，构建沿线城市的旅游网站体系，强化网站功能，实现旅游在线服务、网络营销、网络预订和网上支付，增加信息量和提高服务效率，提高宣传覆盖面和服务便捷性；运河沿线城市以整体营销、资源共享为原则，以市场为导向，构建统一促销体系，打造无障碍旅游区创新促销方式，统一组团参加国内外旅游交易会，通过旅游节庆活动、整体形象广告、产品推介会、户外展销活动等方式实现促销手段的多样化和现代化，建立完整有效的促销体系，提升运河品牌的影响力，把大运河建设成为和长城一样脍炙人口、令人向往的世界级旅游目的地。

（四）实施保障和行动部署

文旅融合是大运河国家文化公园建设的主要方向，应在吸收现代文旅开发理念和信息技术的基础上，通过"智慧旅游+节庆活动"的方式，扩大知名度，提高美誉度。为此，提出近期三个领域不同方面的行动部署，提高大运河国家文化公园建设措施的可操作性。

1.完善机制体制，强化人才队伍建设

（1）建立和完善一个机制体制

大运河国家文化公园建设必须在中央政府统筹管理的基础上，构建不同的管理架构，提高政策实施的适应性与有效性。[1] 为此建议，在大运河国家文化公园联合体的基础上，建立若干个运营联盟，如旅游景区联盟、运河企业联盟、运河文保单位联盟、运河美食联盟（已有）等二级联盟组织等。

（2）设立一个大运河国家文化公园营销推广基金会，统一对外营销

建设国家文化公园后的最大优势就是可以统一打造品牌。但要整体营销就要有整体营销资金，这需要长期、稳定的投入和运转。因此，需要设立运河联盟推广基金。在积极争取国家支持的基础上，各联盟城市要分头贡献一些，再从运河保护与旅游开发活动盈利中按比例抽取一部分，还要面向社会，特别是有关企业征集一部分。

（3）培育和塑造一批骨干旅游企业

运河旅游开发虽然要靠政府，尤其是联盟城市政府推动，但最终还是要靠企业运营的。为此，应着力培育和打造一批骨干企业，以社会、市场的力量实现运河旅游的大发展和可持续发展，最好通过整合、众筹的方式培育几

---

[1] 参见邹统钎、韩全《国家文化公园建设与管理初探》，《中国旅游报》2019年12月3日。

个上市公司。

（4）引进和培训一大批旅游专业人员

运河旅游需要大量基本的服务人员，包括旅游讲解、景区接待、饭店厨师和服务员等。"联合体"要利用旅游淡季时间，集中培训旅游运河城市的相关专业人才，为运河旅游的和谐、持续发展提供基本的保障。

2. 以智慧旅游为突破口，完善基础设施

（1）印制一套手绘游览图

大运河面积大，涉及的地方、地点多，手绘地图让游客感觉很温馨，甚至可以作为纪念品珍藏。可聘请工艺美术人员手绘一套运河地图，也可以向社会征集手绘地图，通过征集过程提高游客参与度和社会关注度。然后统一印制，免费放在相关车站、机场、码头和景区，供游客自行取阅。

（2）设立运河旅游一卡通

制作"运河旅游一卡通"，向海内外广大游客出售。游客只要在运河本身的文保单位和封闭管理的景区景点内旅游，就可使用该一卡通，实现联合促销、相互促销。对于一年内走过运河景点达到一定数量（如20个或30个）的，给予奖励（第二年获得减免套票优惠）。

（3）拍摄一系列视频和新媒体产品

采用直升机、无人机等现代拍摄手段，拍摄一部纪录片电影《发现：中国大运河》，聘请著名影视明星作为形象代言人参与拍摄和解说。

以乾隆下江南为切入点，策划、拍摄一部史诗般的历史故事片《运河传奇》。

以普通市民的视角，拍摄一部现代题材电视剧《运河人家》，讲述现代市井生活，展示运河文化、运河美食和运河爱情故事。

鼓励游客自拍微电影或抖音小视频，并在适当的时候举办大运河微电影、微视频展,评选最佳微电影(视频),包括最佳编剧、最佳影片、最佳男女演员等。

(4)建设并提升一批精品旅游目的地

一级中心地、二级中心地的相关景点应该有至少达到4A级的景区景点;其他沿运城市应该有至少达到3A级的景区景点。各沿运城市都要努力开辟水上游览线路体系。其中,枣庄以南尽量联通,四季运行;枣庄以北以中心城市为核心,争取每个运河城市都有一段水上运营路线,开辟季节性游览活动。

还要特别强调夜游:力争每个城市至少开辟一个夜游产品。北方城市可以是季节性的产品,长江以南争取全年开放夜游线路。要努力用现代声光电技术打造梦幻运河。

其他措施还有很多,包括编辑出版一套丛书,建设一个房车—汽车营地系统,每年举办一届运河知识大赛,开发一个统一、专用的App等。

四、结论和讨论

文化建设是文化自信的主要途径,而文化建设不是空洞的说教,要有载体和路径。就目前情况看,国家文化公园建设当是文化建设的理想途径,也是树立文化自信的直接手段。[①] 应该说,《方案》提出了国家文化公园建设的总体要求,《纲要》《规划》和《实施方案》提出了大运河国家文化公园建设的系统部署。本文从旅游开发和文化传承的角度提出了相应的发展对策和

---

① 参见李珍晖《建设国家文化公园 提升中国文化传播力》,《中国文化报》2018年6月26日。

行动计划，由此得出以下结论。

第一，国家文化公园建设是文旅融合的最佳方式，通过国家文化公园建设，把中国文化的精髓用喜闻乐见的方式表现出来，让游客在游览娱乐中受到思想和精神上的洗礼，是活化利用文物、文化资源的有效途径。要让游客在大运河上游览时能够体会出中华民族南北融合、巧夺天工的智慧，从而激发出满腔的爱国热情。

第二，大运河国家文化公园建设要注意文化内涵的挖掘与时代精神的结合，努力用灵活多样、繁简结合的方式展现大运河国家文化公园特有的精神实质，打造既丰富多彩又灵活多样的旅游产品，使大运河国家文化公园和长城国家文化公园一样，成为中国旅游的一张亮丽名片和世界级旅游目的地。

第三，大运河国家文化公园建设既要尊重历史，又要注重实效，避免"假大空"和劳民伤财的形象工程；要虚实结合，量力而行，尊重历史，有序推进；要严格进行点状保护，适当进行带状控制，分类施策。

第四，以现代黑科技、绿色技术为突破口，注重区域协同，创新机制体制，丰富产品业态，在保护遗产、传承文化的基础上，把大运河国家文化公园建设成为世界旅游目的地和国家文化公园建设的标杆。

（原载《中国软科学》2021 年第 12 期）

国家文化公园管理体制机制建设成效分析*

吴丽云　邹统钎　王　欣　阎芷歆　李　颖　李　艳

一、引言

国家文化公园属于新生概念[①]，是根植于我国政治、文化、社会现实环境的大型遗产保护、利用与传承的创新思想[②]，也是彰显中华民族文化精神和价值观的重要文化载体[③]，具有促进保护传承、宣传教育、科研、游憩和社区发展等多种功能[④]。

国家文化公园的概念最早出现于我国2017年1月发布的《关于实施中华优秀传统文化传承发展工程的意见》中。自国家文化公园概念提出以来，学者们对此话题的探讨开始逐渐升温，主要研究涉及三个方面：一是对国家

---

* 本文系国家社会科学基金艺术学重大项目"国家文化公园政策的国际比较研究（2020—2023）"（20ZD02）、国家社会科学基金艺术学一般项目"国家文化公园遗产保护与旅游利用的协调机制研究"（21BH157）成果。
① 参见王克岭《国家文化公园的理论探索与实践思考》，《企业经济》2021年第4期。
② 参见李飞、邹统钎《论国家文化公园：逻辑、源流、意蕴》，《旅游学刊》2021年第1期。
③ 参见吴丽云《国家文化公园建设要突出"四个统一"》，《中国旅游报》2019年10月23日。
④ 参见李树信《国家文化公园的功能、价值及实现途径》，《中国经贸导刊（中）》2021年第3期。

文化公园遴选、管理和运营等内容的国际经验借鉴。国外国家公园的遴选有成熟的体系，美国的国家公园主要从国家重要性、适宜性、可行性和管理的不可替代性四个方面作为遴选标准。[①]国外国家公园在建设中，在法律制度、管理体制、保护体制、财政体制等方面已经构建了完善的制度，并通过特许授权、商业使用授权、租赁授权等方式为游客提供商业服务。[②]二是探究国家文化公园的属性和价值的研究。国家文化公园的本质属性是大众性，其建设和管理应以此为出发点。[③]国家文化公园应形成有效的文化遗产保护体系，并从核心遗产价值、公园整体价值和品牌价值三个维度构建国家文化公园的价值体系。[④]三是对国家文化公园建设和管理的制度探讨。国家文化公园的遴选应结合我国国情，从国家代表性、全民公益性和完整性三大维度统筹确定。[⑤]国家文化公园建设中尚存在概念不清、对其复杂性和独特性的认识不够、文化内涵挖掘不足、有效的多方协作及专业人才缺乏等多重问题[⑥]，在未来建设中应坚持统筹规划，打造独有品牌，推动区域合作，协调多方利益关系，并以文化为中心构建国家文化公园生态链条。[⑦]由于我国国家文化公园出现时间较晚，国内对这一主题的研究才刚刚开始，对于国家文化公园的

---

① 参见吴丽云、常梦倩《国家文化公园遴选标准的国际经验借鉴》，《环境经济》2020年第Z2期。
② 参见朱民阳《借鉴国际经验 建好大运河国家文化公园》，《群众》2019年第24期；吴丽云、高珊、阎芷歆《美国"公园+"利用模式的启示》，《环境经济》2021年第5期；邹统钎、常梦倩、赖梦丽《国家文化公园管理模式的国际经验借鉴》，《中国旅游报》2019年11月5日。
③ 参见李飞、邹统钎《论国家文化公园：逻辑、源流、意蕴》，《旅游学刊》2021年第1期。
④ 参见赵云、赵荣《中国国家文化公园价值研究：实现过程与评估框架》，《东南文化》2020年第4期。
⑤ 参见吴丽云、蔡晟《国家文化公园建设应坚持三大原则》，《环境经济》2020年第16期。
⑥ 参见王健等《大运河国家文化公园建设的理论与实践》，《江南大学学报（人文社会科学版）》2019年第5期；刘禄山、王强《关于长征国家文化公园建设路径的思考——以长征国家文化公园四川段建设为例》，《毛泽东思想研究》2021年第1期。
⑦ 参见窦文章《长城国家文化公园怎么建》，《经济》2020年第11期；付瑞红《国家文化公园建设的"文化+"产业融合政策创新研究》，《经济问题》2021年第4期。

建设缺乏系统、全面的调研和深入研究。

本研究以我国现有国家文化公园相关政策文件为研究基础，课题组于 2020 年 11 月至 2021 年 2 月赴河北、贵州两省，2021 年 7 月赴河南省开展实地调研和座谈交流，并在 2021 年 2 月以电话调研形式对我国国家文化公园建设所涉及的 28 个省（自治区、直辖市）的国家文化公园管理机构负责同志进行访谈，在此基础上系统总结我国国家文化公园管理体制机制建设取得的成效，梳理存在的问题，并据此提出针对性建议，以期全面展现我国国家文化公园管理体制机制探索的最新进展，为我国及各地国家文化公园管理体制机制建设与创新提供参考。

二、国家文化公园管理体制机制建设基本情况

（一）国家文化公园概况

2017 年，《关于实施中华优秀传统文化传承发展工程的意见》首次提出要"规划建设一批国家文化公园，成为中华文化重要标识"。此后，我国相继出台了一系列政策，全面勾勒国家文化公园的建设目标、建设重点、空间格局、管理体制、发展规划等。（表 1）其中，《长城、大运河、长征国家文化公园建设方案》的印发开启了我国国家文化公园建设的序幕，为国家文化公园建设提供了方向和路径。截至 2021 年，我国共有长城、大运河、长征和黄河四大国家文化公园，全部为线性文化遗产，分布在全国 28 个省（自治区、直辖市）（表 2），其中河南省为唯一一个集聚了四大国家文化公园的省份。

表 1　国家文化公园相关重要政策文件

发布时间	政策文件	印发机构	主要内容
2017.01	《关于实施中华优秀传统文化传承发展工程的意见》	中共中央办公厅、国务院办公厅	首次提出"规划建设一批国家文化公园，成为中华文化重要标识"
2017.05	《国家"十三五"时期文化发展改革规划纲要》	中共中央办公厅、国务院办公厅	依托长城、大运河、黄帝陵、孔府、卢沟桥等重大历史文化遗产，规划建设一批国家文化公园，形成中华文化重要标识
2019.12	《长城、大运河、长征国家文化公园建设方案》	中共中央办公厅、国务院办公厅	提出"构建中央统筹、省负总责、分级管理、分段负责的工作格局。强化顶层设计、跨区域统筹协调，在政策、资金等方面为地方创造条件"，"用4年左右时间，到2023年底基本完成，其中长城河北段、大运河江苏段、长征贵州段作为重点建设区于2021年底前完成"
2020.10	《中共中央关于制定国民经济和社会发展第十四个五年规划和二〇三五年远景目标的建议》	中共中央	提出"建设长城、大运河、长征、黄河等国家文化公园"
2020.11	《黄河国家文化公园建设实施方案》	国家文化公园建设工作领导小组	提出到2025年完成黄河国家文化公园建设任务，重点建设青海、甘肃、内蒙古、河南、山东五个区域
2020.11	《长征国家文化公园建设实施方案》	国家文化公园建设工作领导小组	提出到2023年完成长征国家文化公园建设任务，重点建设贵州、江西、福建、陕西、甘肃五个区域

（续表）

发布时间	政策文件	印发机构	主要内容
2020.11	《大运河国家文化公园建设实施方案》	国家文化公园建设工作领导小组	提出到2025年完成大运河国家文化公园建设任务，并将大运河国家文化公园涉及的空间区域设置为核心区、拓展区和辐射区，明确各区涉及的县市
2020.12	《长城国家文化公园建设实施方案》	国家文化公园建设工作领导小组	"到2021年，长城国家文化公园建设管理机制初步建立，规划部署的重点任务、重大工程、重要项目初步落实，河北段、青海段两个重点建设区建设任务基本完成"，"到2023年，长城沿线文物和文化资源保护传承利用协调推进局面初步形成，权责明确、运营高效、监督规范、管理模式初具雏形"
2021.04	《文化保护传承利用工程实施方案》	发改委、中宣部等七部门	到2025年，大运河、长城、长征、黄河等国家文化公园建设基本完成，打造形成一批中华文化重要标识，相关重要文化遗产得到有效保护利用，一批重大标志性项目综合效益有效发挥，承载的中华优秀传统文化传承发展水平显著提高

表2　各地国家文化公园分布

地区	国家文化公园类型	地区	国家文化公园类型
北京	长城、大运河国家文化公园	河南	长城、大运河、长征、黄河★国家文化公园
天津	长城、大运河国家文化公园	湖北	长征国家文化公园
河北	长城★、大运河国家文化公园	湖南	长征国家文化公园
山西	长城、黄河国家文化公园	广东	长征国家文化公园
内蒙古	长城、黄河★国家文化公园	广西	长征国家文化公园

（续表）

地区	国家文化公园类型	地区	国家文化公园类型
辽宁	长城国家文化公园	重庆	长征国家文化公园
吉林	长城国家文化公园	四川	长征、黄河国家文化公园
黑龙江	长城国家文化公园	贵州	长征★国家文化公园
江苏	大运河★国家文化公园	云南	长征国家文化公园
浙江	大运河国家文化公园	陕西	长城、长征★、黄河国家文化公园
安徽	大运河国家文化公园	甘肃	长城、长征★、黄河★国家文化公园
福建	长征★国家文化公园	青海	长城★、长征、黄河★国家文化公园
江西	长征★国家文化公园	宁夏	长城、长征、黄河国家文化公园
山东	长城、大运河、黄河★国家文化公园	新疆	长城国家文化公园

注：★代表国家文化公园重点建设区。

（二）国家文化公园管理体制建设情况

《长城、大运河、长征国家文化公园建设方案》确立了"中央统筹、省负总责、分级管理、分段负责"的国家文化公园总体管理格局，并形成了"领导小组—办公室—专班"的顶层设计，成为各地国家文化公园管理体制建设的重要参考。目前，中央层面成立了由中央宣传部部长任组长，中央宣传部、国家发展改革委、文化和旅游部负责同志任副组长的国家文化公园建设工作领导小组，领导小组办公室设在文化和旅游部。同时，在文化和旅游部设置国家文化公园工作专班，作为统筹、协调、推进国家文化公园建设的核心执行部门，专班成员主要由文化和旅游部内部及地方抽调人员组成。

随着国家文化公园建设的推进，全国初步形成了以"中央—省—市

（县）"为特征的分级管理体制，其中市（县）一级为建设实施的主体，多通过项目建设的方式予以推进。省一级基本沿用了"领导小组＋办公室"的管理架构，四大国家文化公园所涉及的28个省（自治区、直辖市）均已设立省级国家文化公园建设工作领导小组及办公室。其中，江苏、江西、贵州三省的领导小组组长由省委书记担任，天津、山西、新疆、青海、湖南、四川、重庆、安徽8个省（自治区、直辖市）的领导小组组长由副书记/副省长/副市长担任，其余省（自治区、直辖市）的领导小组组长由宣传部部长担任。青海、湖南、四川、重庆等地实行了双组长制，由副省长/副市长和宣传部部长共同担任。作为领导小组意见落实部门的领导小组办公室设立，则根据本省建设推进的需要而各有差异，18个省（自治区、直辖市）的办公室设于文旅厅，7个省（直辖市）设于宣传部，3个省（直辖市）设于发改委，1个省设于文物局，山西省有黄河和长城国家文化公园领导小组双办公室，分别设于发改委和文旅厅。（表3）在"领导小组＋办公室"的基础上，河北、河南、青海、福建4省另设立了专班，作为推进本省国家文化公园统筹协调和建设工作的具体部门。

表3 各地领导小组办公室设立情况

地区	办公室设置所在单位	主任所在单位	地区	办公室设置所在单位	主任所在单位
北京	宣传部	宣传部	新疆	文旅厅	宣传部、文旅厅
天津	发改委	发改委	江苏	宣传部	宣传部
河北	文旅厅	文旅厅	浙江	发改委	宣传部
山西	文旅厅（长城）发改委（黄河）	文旅厅	安徽	宣传部	宣传部

（续表）

地区	办公室设置所在单位	主任所在单位	地区	办公室设置所在单位	主任所在单位
内蒙古	文旅厅	文旅厅	江西	文旅厅	文旅厅
辽宁	文旅厅	宣传部	湖北	文旅厅	宣传部
吉林	文旅厅	宣传部	湖南	文旅厅	宣传部
黑龙江	宣传部	宣传部	广东	文旅厅	宣传部
山东	文旅厅	文旅厅	广西	文旅厅	文旅厅
河南	文旅厅	宣传部	福建	宣传部	宣传部
陕西	文旅厅	文旅厅	重庆	文旅委	宣传部
甘肃	宣传部	宣传部	四川	文物局	宣传部
青海	文旅厅	文旅厅	贵州	宣传部	宣传部
宁夏	文旅厅	宣传部	云南	文旅厅	文物局

三、国家文化公园管理体制机制建设成效

（一）四种管理体制不断完善

国家文化公园的建设中，各地依托本地实际，在"领导小组＋办公室"基本管理架构的基础上，形成了临时性协调机构、临时性专门机构、政府组成部门和事业单位四种管理体制（表4），作为各地推动国家文化公园建设和管理的基本机构。办公室是服务于国家文化公园领导小组的工作机构，是临时性协调机构，主要协调本省相关部门共同推进国家文化公园的建设，这一机构不牵涉专有人员和专属场所，办公室人员仍属原工作岗位，多以会议、文件等方式推进国家文化公园的各项建设工作。专班是以部委内部及地

方相关部门抽调人员形式组成的临时性专门机构，在一定时间内专门服务于本地国家文化公园建设的推进工作，其人员为临时抽调人员，除核心负责人外，人员的流动性较强，人员多同时兼负有原工作岗位的任务。同时，各地在国家文化公园建设中，创新性地建立了国家文化公园专门性管理机构，以政府组成部门或者事业单位形式，全面推进本地国家文化公园的建设。作为政府组成部门的国家文化公园管理机构，有专门编制和人员，责权清晰且有行政管理权，工作推进力度大；事业单位性质的国家文化公园管理机构，有编制、人员和资金，但因事业单位性质所限，不具有管理职能，涉及多部门的工作需要由政府部门来协调。

表4　国家文化公园管理体制创新情况

管理体制	管理机构	主要做法	应用情况
临时性协调机构	办公室	国家文化公园建设工作领导小组办公室负责推进各地国家文化公园的建设，其所有涉及人员均保持原工作岗位不变，但按领导小组的要求协助督促推进各相关部门国家文化公园的相应建设工作	国家文化公园涉及的28个省（自治区、直辖市）均设有此类性质的国家文化公园领导小组办公室
临时性专门机构	专班	在国家文化公园建设工作领导小组办公室的基础之上，从相关处室或地方抽调人员，组成专班，在规定时间内主要负责统筹协调本省的国家文化公园建设的推进、建设和管理工作	河北、河南、青海、福建等省均设立专班

（续表）

管理体制	管理机构	主要做法	应用情况
政府组成部门	管理局、处室、办公室等	作为政府组成部门的国家文化公园管理机构，通过在省、市级政府部门中设立国家文化公园管理相关部门、增加编制和加挂牌子等方式，使新设机构成为有相应责权的国家文化公园建设常态化推进机构	贵州省在宣传部增设了长征国家文化公园指导协调处，计划在省文物局加挂长征国家文化公园管理局牌子；江苏省计划在宣传部文化产业处加挂大运河国家文化公园协调指导处牌子；河南省将设于文化和旅游厅的国家文化公园建设工作领导小组办公室转变为实体性机构，增加专门编制；河北省沧州市设立了大运河文化发展带建设办公室，是有固定编制的政府组成部门；贵州省遵义市和铜仁市在市委宣传部下增设了长征国家文化公园指导协调处，并计划在市文物局加挂长征国家文化管理局牌子
事业单位	办公室、管理中心等	以事业单位形式存在的国家文化公园建设管理机构是以实体机构的形式推进地方国家文化公园建设。借助专门机构、人员、预算等，使得国家文化公园的建设和管理更加系统、规范和可持续	江苏省淮安市成立了大运河文化带规划建设管理办公室，有44个事业编制；河北省迁安市设立长城国家文化公园管理中心，有16个事业编制

（二）"拨款+专项+债券+基金"的复合资金机制初步形成

适当的资金模式在短期和长期运营和管理中起着至关重要的作用。[①] 国家文化公园在建设中，初步形成了"拨款+专项+债券+基金"四种主要的资金来源机制。

---

① 参见王正早等《国家公园资金模式的国际经验及其对中国的启示》，《生态经济》2019年第9期。

作为政府组成部门和事业单位的国家文化公园实体管理机构，其经费来源主要为"财政拨款"，以满足其日常管理和运营。2020年，沧州市大运河办的预算收入共3377.55万元，其中3100万元主要用于大运河的保护和利用，相对充裕的资金切实保障了大运河国家文化公园的建设。国家文化公园建设中的"专项资金"主要包括两大类：一类是涉及国家文化公园内各类资源保护利用等方面的原有专项资金，如文物保护经费等；另一类是专为国家文化公园保护利用和建设而设的专项资金，国家发改委对于全国国家文化公园重点建设项目给予2000万—8000万元不等的资金补助。现有国家文化公园建设涉及28个省（自治区、直辖市），单纯依靠政府财政拨款或少量建设补助资金难以适应大规模建设所需，需要充分调动社会资金积极参与建设。"专项债券"和"发展基金"是国家文化公园建设中充分调动社会资本的积极探索。2020年5月，江苏省率先发行了大运河文化带建设专项债券，以23.34亿元的资金规模用于大运河遗产遗迹保护修缮、文化旅游融合发展、环境整治、生态修复、水利建设、乡村发展等多个方面，成为国家文化公园建设资金拓展的有益探索。"发展基金"更是充分撬动社会资本参与国家文化公园建设的重要方式。2019年1月，江苏省设立全国首只、初始规模200亿元的大运河文化旅游发展基金，重点支持大运河国家文化公园建设和文旅融合发展。发展基金的设置为解决国家文化公园保护和建设资金不足问题提供了全新解决方案。

（三）法律保障体系建设取得进展

完善的法律体系是维护国家公园良好运行的重要保障。[1] 国家文化公园的建设，也需要完善的法律法规体系支持。在国家文化公园建设中，各地通过制定地方性法律法规和修订已有法律法规的方式，不断完善国家文化公园建设的法律保障体系。江苏、浙江、山西、河北、广东、贵州等省份相继出台了与国家文化公园相关的法律法规和文件（表5），将国家文化公园的保护、利用以法律形式予以保障。其他省（自治区、直辖市）也在加速推进国家文化公园相关法律法规的制定，如广西拟出台《长征文化资源管理办法》，河南拟起草《黄河国家文化公园保护条例》等，各地法律法规的制定保障了国家文化公园的建设与管理有法可依、有法可循。

表5 国家文化公园相关法律政策文件

发布省份	发布时间	政策文件	主要内容
江苏	2019.11	《江苏省人民代表大会常务委员会关于促进大运河文化带建设的决定》	包括大运河文化带的管理机构、规划制定和实施、保护范围和要求、空间范围、利用形式、社会参与、资金制度等相关内容
浙江	2020.09	《浙江省大运河世界文化遗产保护条例》	规定浙江省和相关设区的市、县（市、区）人民政府负责本行政区域内大运河遗产保护工作，建立健全保护综合协调机制，保障工作力量，将大运河遗产保护纳入国民经济和社会发展规划、国土空间规划，所需必要经费纳入财政预算

---

[1] 参见赵西君《中国国家公园管理体制建设》，《社会科学家》2019年第7期。

（续表）

发布省份	发布时间	政策文件	主要内容
山西	2021.01	《山西省长城保护办法》	主要对长城的保护原则、保护责任、保护范围、保护机构、工程建设、禁止行为、科学研究、参观游览、处罚规定等核心内容进行界定
河北	2021.03	《河北省长城保护条例》	对保护原则、责任主体、经费保障、保护范围和建设控制地带、保护机构、利用原则、参观游览、禁止行为、工程建设、法律责任等核心内容有明确阐述，并有国家文化公园专门内容
广东	2021.03	《广东省革命遗址保护条例（送审稿）》	主要界定了革命遗址范围，明确了党委领导、政府主导、部门协作、多元参与、协同共治的保护格局，以及财政保障等其他保障措施
贵州	2021.03（二次提请审议）	《贵州省长征国家文化公园条例（草案）》	主要包括总则性内容，涉及立法目的、适用范围、基本原则、总体要求、组织领导、规划引领；实体性规定，涉及长征文物调查定级建档、长征文物和文化资源的安全保护、长征史实的征集调查、长征文化展陈、长征文化体验游和研学旅行、长征国家文化公园的运营等；保障性规定，涉及资金投入、政策支持、监督管理、大数据运用、考核评价等

四、国家文化公园管理体制机制建设中存在的问题

国家文化公园的建设是一个长期任务。由于建设刚刚开始，国家文化公园管理体制机制的创新性探索还处于起步阶段，还存在很多有待解决的问题和困难。

（一）缺乏长期稳定的管理机构

国家文化公园建设及建成后的运营是一项长期工程。作为中华文化重要标识，国家文化公园的建设对于中华文化的保护、传承意义重大。但现有国家文化公园管理机构的设置以临时性机构为主，缺乏稳定的管理机构。目前各地设立的国家文化公园建设工作领导小组和办公室，以及少数省设立的专班，都属于临时机构，既无专门经费，又无固定人员，现有人员多在完成本职工作的同时兼理国家文化公园相关事务，难以保证国家文化公园保护和利用工作的系统性和延续性。目前全国省一级只有贵州成立了国家文化公园管理的专门处室，其他27个省（自治区、直辖市）尚无固定管理机构，管理机构设置远滞后于国家文化公园的建设要求。

（二）人权分离的管理模式导致管理效率不高

全国国家文化公园所涉及的28个省（自治区、直辖市）均设有国家文化公园建设工作领导小组以及领导小组办公室，但作为临时性协调机构的办公室所在单位及办公室主任所在单位的不一致，导致管理不畅，效率不高。在中央层面，国家文化公园建设工作领导小组办公室设在文化和旅游部，但办公室主任由中央宣传部领导担任，文旅部有关领导担任办公室副主任，相关具体工作主要由文旅部承担。省级办公室的设置中，有14个省份的办公室主任与办公室所在单位不一致。这种一把手与办公室不属于同一机构的管理制度设计阻碍了作为临时性协调机构的办公室协调功能的发挥，也使得其责权划分混乱，导致两种现象出现：一是办公室主任出于效率考虑，直接安排自己所在机构的同志完成具体工作，办公室形同虚设；二是办公室主任不插手具体事务，由办公室所在部门在副主任的领导下直接完成工作，主任形同虚设。

（三）资金长效保障机制尚未形成

财政资金对国家文化公园建设的支持不足，难以匹配国家文化公园作为全民公益性资源的保护责任。现有四个国家文化公园均为线性遗产，涉及省份和城市众多，建设所需要的资金缺口非常大。目前国家文化公园建设中，来自中央和地方财政的资金只占一小部分。以河南省国家文化公园为例，中央、省、市三级财政投资占其国家文化公园项目总投资额的 26.6%。

现有国家文化公园涉及 28 个省（自治区、直辖市），各地财政状况不一，部分省份财政困难，难以实现以地方财政投入支持国家文化公园保护、利用等的建设，也难以支持国家文化公园建成后持续维护的费用。同时，国家文化公园的初期建设多集中于展示园、基础设施等内容，公益性强，企业参与的盈利模式并不清晰，也导致企业参与国家文化公园建设的积极性不高。

（四）跨部门、跨地域协调机制不完善

我国四大国家文化公园均有跨度大、差异显著、权属复杂的特点，它们分别涉及 8—15 个省级地区，具有文化遗址分布广、土地产权复杂、区域发展不均衡、利益相关者多等属性，其保护管理涉及众多地区和部门，但在国内外均尚无类似形态和规模的成功案例经验可循。现有的国家文化公园建设工作领导小组和办公室主要是工作层面的任务推进，缺乏跨部门、跨省域协调的战略功能。目前，国家文化公园范围内的各类资源，如文物、文化遗产、风景名胜区等，与国家文化公园之间的关系将如何处理尚无清晰界定；省域之间的遗产关系也缺乏有效的解决机制，如北京与河北之间的部分长城地段，同属于两地，如何实现对两地共有的长城遗产的统一性保护与利用，目前尚无有效的路径，两地间关于长城遗产的矛盾依然尖锐。

（五）法律法规不健全

《国家文化公园法》等上位法尚未出台，国家文化公园的范围、管理机构等并无清晰界定，四类主体功能区内的允许、禁止行为要求并不明确。法律制度的不健全，导致快速推进的国家文化公园建设缺乏明确的法律指引，各地在建设中都是摸着石头过河，多以建项目的方式推进建设，缺乏统一、清晰的定位和建设路径。各地多参照现有的《中华人民共和国文物保护法》《长城保护条例》《大运河遗产保护管理办法》等法律条例进行管理。虽然多地已陆续出台国家文化公园管理的相关法律法规，但由于缺乏上位法的指导仍存在一定的局限性。

四大国家文化公园保护与利用的相关法律法规缺失。国家文化公园作为线性遗产，空间跨度大，各地的资源特征、发展基础、经济条件等各不相同，迫切需要针对性的法律法规予以明确和建设引导。四大国家文化公园的规划已在进行中，但规划多关注宏观建设思路，四大国家文化公园因沿线各地的经济条件、土地权属、资源属性等不同，迫切需要相应法律法规予以明确建设指引。

（六）管理人才队伍建设滞后

缺乏高质量的、稳定的管理人才队伍是国家文化公园建设面临的问题之一。国家文化公园是全新的文化遗产保护形式，也是我国遗产保护的一大创新举措，并无太多现成经验可以借鉴，更需要有专门性管理人才聚焦管理创新。现有国家文化公园管理人员中，多以各地普遍存在的国家文化公园建设工作领导小组办公室成员的形式存在，但办公室人员并非专设岗位，只是在完成固定工作岗位任务的同时，临时性兼任国家文化公园相关会议的组织和工作的推进等事务，管理人员并无专门时间用于系统研究国家文化公园管理中的问题，难从系统性、科学性管理的角度提出优化管理的设想。国内有4个省份设有国家文化公园专班，但专班组成人员多是抽调人员，人员不稳定，流动性强，同时抽调人员大多需要兼顾原有岗位工作任务，导致管理工作的持续性、系统性难以实现。总体来看，我国国家文化公园管理人才队伍建设严重滞后于国家文化公园建设的实践，难以对国家文化公园的管理形成有力的人才支持。

五、国家文化公园管理体制机制建设的建议

（一）完善管理机构设置

顶层设计上，笔者建议继续保留国家文化公园建设工作领导小组，并将其功能调整为战略协调机构，在原有相关部委成员的基础上，增加国家文化公园相关省份作为成员，领导小组负责统筹协调国家文化公园发展宏观的战略性问题，以及国家文化公园建设和运营中跨部门、跨省域的重要事务。建议设置国家文化公园管理局，成为有专门编制和相应权责的专门机构，作为国家文化公园规划引领、立法起草、专项资金投入、项目建设、新国家文化公园审定、日常管理等的综合性统筹部门，更好地指导国家文化公园建设。

省级层面，应参照中央模式，并根据各省国家文化公园建设的实际情况，灵活设立有专门编制和固定人员的省级国家文化公园管理局、国家文化公园协调处，或实体化办公室，尚无国家文化公园的省份，可暂不设国家文化公园管理机构。省级国家文化公园管理机构主要负责地方立法、省内国家文化公园规划、土地统筹、资金投入、项目建设指导、资源保护和利用、日常管理等。

市级层面，可构建更加灵活的以政府组成部门、事业单位以及"小机关

大事业"的行政单位或事业单位相结合的管理机构，形成以执行和完成日常保护、建设、管理、运营工作为主要职能的地市级管理机构。

县级层面，可根据县境内国家文化公园的资源情况，灵活设立管理机构，不做专设要求。重点资源县可参照上级市国家文化公园管理机构的设置形式设立。

（二）构建统一管理机制

国家文化公园内现有考古遗址公园、风景名胜区、历史文化名村、重点文物保护单位、烈士纪念设施保护单位等多个类别，管理体系复杂。建议未来应在明确国家文化公园核心区域的基础上，整合上述机构和名类，将国家文化公园内涉及的上述遗产名类统一为国家文化公园一块牌子，相应的各名类管理要求及日常管理工作直接由各地国家文化公园管理机构对接，原管理机构并入各地国家文化公园管理机构。

（三）探索多元化资金保障机制

建议进一步加大中央财政投入力度，明确资金使用的重点方向。国家文化公园作为国家公园的一种，具有国家主导性和基本公共服务性，因此其资金投入应由中央主导。建议中央财政设置国家文化公园专项资金，重点投向国家文化公园的基础设施、公共服务建设以及重大标志性项目建设，充分考虑国家文化公园沿线省份的经济发展水平，对经济欠发达省份予以资金倾斜。

建议形成省、市国家文化公园专项建设资金。各省（自治区、直辖市）应设置省级国家文化公园建设专项资金，并按一定比例形成中央财政投入的配套资金，针对省内区域经济发展的不平衡现象，省级专项建设资金应向基础设施和公共服务相对落后的市县重点倾斜。同时，应注重资金的整合利用，充分整合国家文化公园相关的文物保护、利用等资金。

构建"债券+基金"的社会资本投入机制。建议财政部和国家发改委在地方专项债券中增设国家文化公园细类，以专项债券支持各地的国家文化公园建设。各地可通过增设国家文化公园发展基金，或在原有相关发展基金的基础上增加国家文化公园建设方向，以政府资金最大限度地撬动社会资本参与国家文化公园建设。

壮大社会捐赠资金规模。开展国家文化公园建设的捐赠机制，由国家文化公园管理机构专设部门，广泛吸纳社会资金，接受国内外政府、民间组织、企业和个人的资助与捐款，不断壮大各地国家文化公园建设资金规模。

（四）健全法律法规体系

建议出台《国家文化公园法》，形成国家文化公园建设、保护、利用的系统性法律保障体系。出台四大国家文化公园的管理条例，明确不同国家文化公园的边界、管理部门的权责，不同功能区的管控重点以及禁止和鼓励行为等内容，为国家文化公园的科学和可持续建设及运营提供有效的法律保障。鼓励各地结合本地资源情况，探索性地制定适合本地实际的法律、法规、条例等，为各地国家文化公园建设提供保障。

（五）优化跨地域、跨部门协调机制

充分发挥国家文化公园建设工作领导小组的跨区域、跨部门协调职能，建议在领导小组基础上，形成国家文化公园省、部际联席会议制度，定期召开协调会议，解决国家文化公园建设和管理中存在的跨行业、跨省域问题。强化跨区域协调机制，建议现有四大国家文化公园设置全国性"专门委员

会",负责跨区域的调研、规划、协调、宣传、检查等工作,重要关联省份应建立省际协调组织统筹管理工作,并充分利用专家咨询委员会和高校、科研院所等智库力量,以进一步明确和细化各地工作任务的要求,包括内容、重点、标准、期限等。

(六)形成科学的推进机制

国家文化公园的建设是一项全新工程,需要不断地探索和创新,以探求最适合我国的国家文化公园管理体制和机制。建议各地在推进国家文化公园建设和后续的管理中,探索建立合理、有效的推进机制。可采取以国家文化公园建设工作领导小组为统领,以国家文化公园管理局、协调处或实体办公室为具体管理机构,以国家文化公园研究院为智库支持,文化和旅游企业为建设主要实施部门的"组—办/局—院—企"推进机制,形成国家文化公园保护与利用兼容的建设局面。充分发挥国家文化公园文旅融合区、传统利用区的发展带动功能,改善社区民生,提供就业机会,带动社区经济、社会发展。[①]

(原载《开发研究》2022年第1期)

[①] 参见刘锋、苏杨《建立中国国家公园体制的五点建议》,《中国园林》2014年第8期。

国家文化公园的"国家性"建构研究*

冷志明

国家文化公园是国家文化标识建构与文化空间生产的过程。19 世纪后期,为对抗"现代主义"对传统文化的破坏,欧洲国家开始寻找社会发展中失去的"民族身份",以延续文化血脉。两次世界大战后,为重塑民族精神、寻求国家身份认同,各国对国家遗产和民族遗产倍加珍视,遗产保护也从单体遗产向集群式遗产、文化线路等逐步扩大。[①] 进入 21 世纪,以芝加哥大学终身教授特里·克拉克(Terry Clark)为代表的研究团队提出"场景理论"(the theory of scenes),把对城市空间的研究拓展到区位文化消费实践层面。[②] 这一理论认为,一定设施、活动和人群的组合构成一地的"场景","场景"可通过国家历史文化遗产、组织机构、文化标识、节庆活动、国家标识色彩等的组合来体现。哥伦比亚大学安德烈亚斯·威默(Andreas Wimmer)教授在其《国家建构:聚合与崩溃》中认为,政治整合(political integration)和

---

* 本文系国家社会科学基金项目(21XJY022)成果。
① 参见李飞、邹统钎《论国家文化公园:逻辑、源流、意蕴》,《旅游学刊》2021 年第 1 期。
② 参见吴军、夏建中、特里·克拉克《场景理论与城市发展——芝加哥学派城市研究新理论范式》,《中国名城》2013 年第 12 期。

国家认同（national identification）是国家建构的两面。国家建构重要的是建立公民与国家间的跨越族群分界线的政治联系，将各族群整合进一种包容性的权力安排之中。[1] 近年来，随着欧洲文化线路（cultural route）和美国遗产廊道（heri-tagecorridor）保护理念的引入，我国高度重视跨区域、跨文化、跨古今大型线性遗产的多元化功能。2017年1月，国家发布的《关于实施中华优秀传统文化传承发展工程的意见》中明确提出"规划建设一批国家文化公园，成为中华文化重要标识"[2]。2019年7月24日，习近平总书记主持召开中央深改委第九次会议，审议通过了《长城、大运河、长征国家文化公园建设方案》。2020年1月3日，习近平总书记主持召开中央财经委第六次会议，指示谋划建设黄河国家文化公园。2022年1月，国家文化公园建设工作领导小组启动长江国家文化公园建设。至此，长城、大运河、长征、黄河、长江五大国家文化公园整体布局初步确立。

国内相关学者对国家这一战略行动及时研究跟进。钟晟认为，在大范围、大跨度时空纵横中建设国家文化公园，能集中体现中华民族文化共同体的空间载体、价值载体和符号载体，彰显共同体价值的国家文化空间体系。[3] 程遂营等认为，国家文化公园是我国高质量发展进程中的重要文化空间。[4] 程惠哲认为，建设国家文化公园，要把"好看"与"好用"结合起来，使其成为建设文化强国、美丽中国的样本。[5] 付瑞红认为，国家文化公园建

---

[1] 参见文孟君《国家文化公园的"国家性"建构》，《中国文化报》2020年9月12日。
[2] 李飞、邹统钎：《论国家文化公园：逻辑、源流、意蕴》，《旅游学刊》2021年第1期。
[3] 参见钟晟《文化共同体、文化认同与国家文化公园建设》，《江汉论坛》2022年第3期。
[4] 参见程遂营、张野《国家文化公园高质量发展的关键》，《旅游学刊》2022年第2期。
[5] 参见程惠哲《从公共文化空间到国家文化公园 公共文化空间既要"好看"也要"好用"》，《人民论坛》2017年第29期。

设应重视发展不均衡、文化资源挖掘不充分、产品同质化等问题[1];此外,她还认为要从"命运共同体"角度诠释和展示长城文化价值。[2] 张祝平认为建设黄河国家文化公园应强化顶层设计,构建文化体系、展示文化魅力。[3] 秦宗财认为应从生态优先的人文生态、文化引领的文化意义、产业支撑的文旅产业、社会共享的文化传播、制度保障的制度规范五个方面,推动大运河国家文化公园的发展格局。[4] 王庆生等认为,长征国家文化公园建设应遵循"旅游体验—旅游情感—文化认同"的路径。[5] 梅长青等认为要把红色文化、民族文化、地域文化等以不同的文化产品、文化服务形态进行表达,进而推动长江国家文化公园差异化发展,形成"美美与共"的长江文化大繁荣局面,以彰显中华文化自信。[6]

相关学者的研究提供了诸多有益观点和思路,但目前,相关研究还处于起步阶段,若干基础理论以及深层次、根本性问题如国家文化公园"国家性"及其构建的研究还有待深入。以习近平同志为核心的党中央决策部署建设国家文化公园,并以此作为国家重大文化工程来推动新时代文化繁荣发展、推进文化强国建设。当前,高质量推进这一重大文化工程,"国家性"建构显得尤为迫切,因为国家文化公园的建设过程本质上是国家文化标识建构与文化空间生产的过程,"国家性"在其整体定位、建构意义与实现路径

---

[1] 参见付瑞红《国家文化公园建设的"文化+"产业融合政策创新研究》,《经济问题》2021年第4期。
[2] 参见付瑞红《长城文化价值的"命运共同体"意涵与展示路径》,《河北地质大学学报》2021年第5期。
[3] 参见张祝平《黄河国家文化公园建设:时代价值、基本原则与实现路径》,《南京社会科学》2022年第3期。
[4] 参见秦宗财《大运河国家文化公园系统性建设的五个维度》,《南京社会科学》2022年第3期。
[5] 参见王庆生、明蕊《长征国家文化公园建设及其国家认同研究:基于文旅融合视角》,《中国软科学》2021年第S1期。
[6] 参见梅长青等《基于产品差异化视角的长江国家文化公园建设研究》,《文化软实力研究》2022年第1期。

三个方面贯彻始终，并指导着国家文化公园的建设。可以说，"国家性"是国家文化公园建设的基石。基于此，本研究把"国家性"建构作为国家文化公园建设的重要着力点。

一、国家文化公园的"国家性"定位

与国内外建构完备的国家公园体系不同，国家文化公园是我国在遗产话语与遗产保护领域的创新。国家文化公园依托国家深厚的历史积淀、磅礴的文化载体和不屈的民族精神，着力构建和强化国家象征，对内强调民族化和本土化，服务于实现中华民族伟大复兴；对外适应国际化和普遍化，促进世界文化之间的交往和文化多样性的保有与存续。国家文化公园需永葆"国家"底色，始终立足国家高度。[1]

（一）建设目标上凸显"国家认同"和"文化自信"

利用国家资源主要是利用历史文化资源和自然资源，激发公民对国家的认同感和归属感，这已成为现代主权国家的共识。[2]2019年12月，国家印发《长城、大运河、长征国家文化公园建设方案》。该方案明确指出国家文化公园建设保护对象是具有突出意义、重要影响、重大主题的文物和文化资源。2020年11月27日，黄坤明同志在国家文化公园建设工作领导小组第一次会议上强调："国家文化公园最鲜明的特色在于其文化特色，最突出的

---

[1] 参见王学斌《什么是"国家文化公园"》，《学习时报》2021年8月16日。
[2] 参见殷冬水《国家认同建构的文化逻辑——基于国家象征视角的政治学分析》，《学习与探索》2016年第8期。

功能在于其文化功能。要坚持以文为魂、强化文化引领，要彰显文化内涵、弘扬文化精神。"长城、大运河、长征、黄河、长江在众多承载中华文明的文化意象中具有极强的代表性，生动呈现了中华文化的独特创造、价值理念和鲜明特色，是中华优秀传统文化、革命文化和社会主义先进文化的精华，是最能代表中国的文化符号、文化标识，是中华民族的精神象征和增进国家认同的情感枢纽。要通过国家文化公园建设，使长城、大运河、长征、黄河、长江沿线的文物古迹、历史遗存、革命遗址在当下鲜活起来，把蕴含其中的思想理念、人文精神、革命传统等生动形象地展现在人们面前。要着眼打造主题鲜明、风格一致的展览展示体系，建设好爱国主义教育基地和博物馆、纪念馆等服务设施，切实增强辨识度、标识度。要整理挖掘长城、大运河、长征、黄河、长江沿线文物和文化资源背后的重大事件、重要人物、重头故事，创作生产富有地域风情、文化特色的文创产品。要深入阐释好长城、大运河、长征、黄河、长江沿线文物和文化资源的文化意蕴、历史意义和时代价值，讲好中华民族、中华文明的故事，讲好中国共产党的故事、新时代的中国故事。因此，建设国家文化公园，既是对国家文化的保护传承，也是做大做强中华文化重要标志的重大举措，是新时代推动文化事业繁荣发展、增强文化自信、推进文化强国建设的一种新形态、新载体。为此，建设中要坚持科学定位，把国家文化公园建设成为保护传承中华民族灿烂文明的历史文化长廊，构筑成为凝聚中国力量的共同精神家园，进一步强化全体人民的"国家认同"和"文化自信"。

（二）建设标准上彰显"国家品质"和"国家形象"

建设国家文化公园，要坚持国家站位，突出国家标准。要传承发展好长城、大运河、长征、黄河、长江所承载的历史文化，所滋养的中国人独特的精神、品质和气质，所蕴含的中华民族生生不息、坚韧不拔的根和魂，坚持守正创新、固本培元，深入思考"生产什么样的文化产品""建设什么样的精神家园"，高扬主流价值，丰富高品质文化供给，以文化事业、文化产业的统筹发展，构筑新时代中国文化建设的新高地。从规划设计、施工建设到运营管理，国家文化公园建设都要坚持高标准、高质量，使之成为代表国家水准、展示国家形象的亮丽名片。在建设中，一是要坚持保护为主、抢救第一的方针。要在深入勘查、系统摸底的基础上，划定管控保护区，实施文化遗产保护工程，视文物现有情况有针对性地开展抢救性保护、预防性保护、主动性保护。要完善集中连片保护措施，对文物及周边环境进行一体保护，坚持尊重历史、修旧如旧，更多采用"微改造"的"绣花"功夫，科学合理地修复、保护传统文化生态，不搞大拆大建、贪大求洋，杜绝过度开发和过度商业化。二是坚持合理利用，加强管理的方针。国家文化公园建设中，要明确建设、管理、服务的统一要求，推动各地根据实际补短板、强弱项。三是坚持与人民群众精神文化生活深度融合、开放共享的方针。要统筹考虑建设与运营、文化与旅游、事业与产业的协调发展，将长城、大运河、长征、黄河、长江沿线的历史文化、山水文化与城乡发展相融合，综合打造国家文化公园的社会、文化、生态、经济等效益，使社会公众充分享受国家文化公园的福利，彰显中国特色社会主义制度优势，即"国家品质"和"国家形象"。

（三）运营管理上体现"国家意志"和"国家在场"

国家文化公园建设是党和国家决策部署的国家重大文化工程，是国家行为，具有特殊政治地位，彰显"国家意志"。国家文化公园涵盖的文物和文化遗产点多、线长、面广，长城以及长征国家文化公园均涉及15个省、自治区、直辖市，长江国家文化公园涉及13个省、自治区、直辖市，黄河国家文化公园涉及9个省、自治区，大运河国家文化公园涉及8个省、直辖市，建设过程中如何体现"国家意志"，强化系统观念，加强整体统筹，整合好沿线各类文化资源，把相关历史名城、文化遗存、革命旧址等有机贯通起来，完整保护、有序开发，形成浑然一体的整体效果，面临十分艰巨的任务和挑战。因此，国家文化公园建设中，一方面必须突出国家主体，由国家统一谋划，统筹全国力量对代表性文物和文化资源进行整合，构建"中央统筹、省负总责、分级管理、分段负责"的管理体制，强化顶层设计、跨区域统筹协调，健全工作协同与信息共享机制等，体现"国家在场"。另一方面，要在国家文化公园领导小组的统一领导下，用好分省管理区制度，充分调动地方积极性，鼓励各地在总体框架下结合自身特点进行积极探索，着眼进入新发展阶段、贯彻新发展理念、构建新发展格局，适应社会主义市场经济发展要求，把握文化事业发展的特点和规律，着力探索国家文化公园可持续发展的运营模式，正确处理政府主体与市场参与的关系、国有与民营的关系、文化产品社会价值与市场价值的关系，不断推动国家文化公园建设理念、内容形式、体制机制、方式方法等方面的创新，以更大的力度、更强的自觉推动国家文化公园建设。

二、国家文化公园"国家性"建构的意义

"国家性"是国家文化公园建设的基石。文运与国运相牵、文脉与国脉相连，坚持守正创新、固本培元，科学构建国家文化公园"国家性"，对于保护利用优秀传统文化、做大做强中华文化重要标志，对于传承弘扬伟大的民族精神、铸牢中华民族共同体意识，对于共享公平发展机会、实现物质生

活与精神生活共同富裕，对于展示中国智慧、彰显世界情怀等具有十分重要的意义。

（一）有利于保护利用优秀传统文化，做大做强中华文化重要标志

《长城、大运河、长征国家文化公园建设方案》明确指出，国家文化公园建设应遵循"保护优先、强化传承"的建设原则，严格落实"保护为主、抢救第一、合理利用、加强管理"的方针。以长城、大运河、长征、黄河、长江等为代表的中华文明在漫长的历史演进中，孕育了灿烂深厚的中华文化。如长江是我国第一以及世界第三大长河，与黄河一起并称为中华民族的母亲河。长江造就了从巴山蜀水到江南水乡的千年文脉，是中华文明多元一体格局的标志性象征，是中华民族延绵发展的重要战略支撑，是中华民族对外开放交流的重要平台，是中国社会近现代革命进程的先声。长江与黄河两大流域在上中下游之间频繁联系互动，清晰地揭示了长江流域融入并促进中华文明一体化的历史进程，很大程度上丰富了中华文明的文化多样性、包容性和开放性，"江河互济"构建了中华民族共有的精神家园。[1] 又如万里长城是中华民族团结统一、众志成城、坚韧不屈、自强不息的精神象征，同时承载了中华民族守望和平、开放包容的时代精神。这些是中华民族最深层次精神追求的文化基因，是中华民族独特的精神标志。建设国家文化公园，实施文物和文化资源保护传承利用协调推进基础工程，一方面要做好"保护"这篇文章，对国家文化公园范围内文物和文化资源进行全面调查、摸底，统筹抢救性与预防性保护、本体与周边保护、单点与集群保护，补齐文化遗产

---

[1] 参见《长江国家文化公园建设正式启动》，《人民日报》2022年1月4日。

资源保护的短板和弱项；另一方面，要阐释好文物和文化资源的内涵，深入挖掘其思想精髓、价值追求、道德观念、审美规范，使之彰显中华文化的永恒魅力和时代价值，有利于保护好文物和文化资源，传承好文化根脉，进一步做大做强中华文化重要标志。

（二）有利于传承弘扬伟大的民族精神，铸牢中华民族共同体意识

我国有着五千年辉煌灿烂文明史，是一个典型的以文化认同为基础的国家。中华民族历经几千年发展，各民族形成了你中有我、我中有你、血脉相连、不可分割的有机整体。中华民族共同体意识是国家层面最高的社会归属感、面向世界的文化归属感，是国家认同、民族交融的情感纽带，是祖国统一、民族团结的思想基石，是中华民族绵延不衰、永续发展的力量源泉。[①]长城、大运河、长征、黄河、长江国家文化公园在时空上的大尺度前所未有，在世界上所有类型的"国家公园"中独一无二，对于多元一体、海纳百川、源远流长的中华文化具有最广泛的代表性。[②]长城、大运河、长征、黄河、长江国家文化公园承载的中华民族伟大创造精神、伟大奋斗精神、伟大团结精神、伟大梦想精神，将中华优秀传统文化、中国共产党革命文化以及社会主义先进文化集于一体，是各民族优秀文化的集大成。在国家文化公园建设中，突出各民族共有共享的中华文化符号和形象，构建中华文化特征、中华文化精神、中国形象表达体系，通过强化宣传与推广，融入各民族群众日常生活，有利于引导各族人民牢固树立休戚与共、荣辱与共、生死与共、命运与共的共同体理念，传承弘扬伟大民族精神，坚定文化自信，使各民族

---

① 参见蒋连华《论铸牢中华民族共同体意识的内在逻辑》，《上海市社会主义学院学报》2021年第6期。
② 参见程遂营、张野《国家文化公园高质量发展的关键》，《旅游学刊》2022年第2期。

人心归聚、精神相依，使中华民族共同体意识植根各族群众心灵深处，国家意识、公民意识显著增强，共同构筑中华民族共有精神家园，用共同理想信念凝心聚魂。

（三）有利于共享公平发展机会，实现物质生活与精神生活共同富裕

国家文化公园建设为社会大众提供了公共福利和公平发展机会，有利于广大人民群众实现物质生活与精神生活共同富裕。其一，公共福利方面，国家文化公园体现了空间布局、文化标志、文化功能等方面的公共性。空间布局公共性主要体现为其建设内容根据文物和文化资源的整体布局、资源禀赋以及自然条件情况，基于人居环境、设施配套等方面因素，结合国土空间规划，重点建设四类主体功能区[①]，包括管控保护区、主题展示区、文旅融合区和传统利用区。文化标志的公共性主要体现为长城、大运河、长征、黄河、长江沿线文物和文化资源蕴含的文化价值及抽象出来的文化标志是各民族共享的中华文化标志，是体现民族精神和国家形象的标志和文化符号。文化功能的公共性主要体现为国家文化公园采用公园化管理运营模式，以满足社会大众对文化教育、旅游观光、公共服务、科学研究、休闲娱乐等需要。其二，公平发展机会方面，长城、大运河、长征、黄河、长江沿线有不少的区域是我国欠发达地区，如长征经过15个省、自治区、直辖市，其文物及革命遗址等分散在"二万五千里长征"沿线，这些区域大多是少数民族聚居区、西部地区，经济社会发展相对滞后。建设国家文化公园，对长征沿线单

[①] 参见《探索新时代文物和文化资源保护传承利用新路——中央有关部门负责人就〈长城、大运河、长征国家文化公园建设方案〉答记者问》，《人民日报》2019年12月6日。

点的文物和文化资源串点成珠，避免了单点孤立的文化遗产在时空片段上无法完整体现其全部价值的局限。国家文化公园将单体遗产和地方性文化纳入拥有统一主题的国家遗产体系，将地方文化纳入国家文化公园宏观格局中，形成利益相关性、价值整体性，有利于地方文化多样化发展，"各美其美，美美与共"。另外，国家文化公园在制度安排上坚持全民属性和公益性，建设目标上建成具有特定开放空间的公共文化载体，并与人民群众精神文化生活深度融合，将有利于广大人民群众获得心物俱丰、心物统一，达成物质和精神生活的共同富裕。

（四）有利于展示国家文化公园所蕴含的中国智慧，彰显世界情怀

长城、大运河、长征、黄河、长江国家文化公园文化遗产的特点是跨区域、跨文化、跨古今的线性文化遗产，是包罗了文化遗产、自然遗产和非物质文化遗产的文化遗产聚落。如长城始建于春秋战国时期，距今2600多年，最早的长城是齐长城、楚长城，因国家之间频繁的战事而修建。其后，历经战国、秦汉、南北朝、隋、唐、五代、宋、西夏、辽、金和明等2000余年的修建，最终呈现如今的规模。这项人间奇迹，东起大海，穿越森林、草原、沙漠，横卧平原、山脉、高原，是世界上延续时间最长、分布范围最广、军防体系最复杂、规模最庞大的文化遗产。[①] 国家文化公园建设站稳中华文化立场，坚持创造性转化、创新性发展，创新遗产保护模式和文化展示方式，向人们传递"万里长城""千年运河""二万五千里长征""九曲黄河"等宏大的空间意象，它串联起众多跨越不同地理与行政区域、跨越不同历史

---

① 参见冷志明《国家文化公园：线性文化遗产保护传承利用的创新性探索》，《中国旅游报》2021年6月2日。

时空的文化与自然资源，将传统文化与现代文明相连接，使中华优秀传统文化同当代社会相适应，生动呈现、彰显中华文化永恒魅力和时代价值的大型画卷，相较于单体遗产的地方性格局，国家文化公园为我们营造了一种"天下"意境，让国民意识到中华文化在形式上"多元一体""和而不同"，在气度上"汲古慧今""兼收并蓄"。立足中华文化之根基，向世人展示"中国印象"，有利于提升文化软实力，有利于传递"人类命运共同体"的中国智慧与世界情怀。[1]

三、国家文化公园"国家性"建构的路径

长城、大运河、长征、黄河、长江承载了中国人的独特精神，蕴含着中华民族生生不息、坚韧不拔的"根"和"魂"。习近平总书记指出："文化自信"是"一个国家、一个民族发展中最基本、最深沉、最持久的力量"。我们要实施好文化遗产保护传承利用工程，延续好中华历史文脉，传承好中华文化基因，以大格局、大视野、大境界抓好国家文化公园建设，彰显中国特色、中国风格、中国气派[2]，集中打造中华文化重要标志，生动呈现中华文化的独特创造、价值理念和鲜明特色。

（一）加强理论研究，提炼标志性的文化主题，构建"国家性"内容体系

国家文化公园是我国新时代的重大文化治理体系和文化话语体系创

---

[1] 参见李飞、邹统钎《论国家文化公园：逻辑、源流、意蕴》，《旅游学刊》2021年第1期。
[2] 参见黄坤明《弘扬民族精神　坚定文化自信　高质量推进国家文化公园建设》，《光明日报》2020年11月26日。

新。[①] 加强理论研究，提炼标志性的文化主题，构建"国家性"内容体系是科学构建国家文化公园"国家性"题中应有之义，也是基本路径所在。一是加强基础理论研究。要全面、深入阐释国家文化公园概念的缘起、科学内涵、本质特征、功能定位等基本理论问题，系统构建符合中国国情、具有中国特色的国家文化公园建设理论框架体系。二是提炼标志性文化主题。深入挖掘长城、大运河、黄河、长江文化以及长征精神的当代价值、鲜明特色、精神内核、多元形态，把长城、大运河、长征、黄河、长江文化放在文化自信建构中进行理论升华，放在中华民族共同体建构中进行理论升华，放在中国共产党红色精神谱系建构中进行理论升华，放在中华民族伟大复兴不可逆转的内在逻辑中进行理论升华，梳理中华优秀传统文化、革命文化和社会主义先进文化的脉络，提炼最具代表性、形象最鲜明的文化主题，突出其整体辨识度和国家代表性。三是深化国家文化公园多层次、全方位"国家性"建构认知。在建设目标、建设标准、管理体制、运营模式、政策保障、民生福祉等"国家性"建构基础上，进一步构建与国家文化公园建设相适应的"国家性"内容体系，锚定使命任务，凝聚发展共识，汇聚奋进力量，推进价值共创。

（二）加强制度创新，统筹央地协同运行模式，建立"国家性"工作机制

国家文化公园是我国在国家公园体系、制度上的大胆衍生和发展。一方面，它是我国文化遗产管理理念更新的一次重要尝试，是我国文化管理体制

[①] 参见钟晟《文化共同体、文化认同与国家文化公园建设》，《江汉论坛》2022年第3期。

的一项重要创新[1]；另一方面，国家文化公园建设及可持续发展的运营与管理，国内外均没有现成的经验可以复制。国内国家层面虽然成立了国家文化公园建设工作领导小组，经过了较为周密的顶层设计，但在具体的实施过程中必然会遇到这样或那样的问题。为此，要强化创新，统筹央地协同运行模式，建立"国家性"工作机制。一是从立法的角度确定"国家文化公园"的法定地位，对国家文化公园的管理体制、权责体系、机构设置等予以明确，加快国家文化公园建设配套制度、规范和相关政策的制定，建立专家委员会制度、第三方评估制度、志愿者服务制度等，实现国家文化公园建设的制度化、规范化和标准化；二是建立中央统筹、上下联动、多部门协同、跨区域协作的工作机制，形成"全国一盘棋"的工作格局，确保"中央统筹、省负总责、分级管理、分段负责"管理体制和"有统有分、有主有次、分级管理、地方为主"管理机制有效、有序、有力落实；三是探索全民共建共享的建设模式，以人民为中心，全面提升公众在国家文化公园建设中的参与度，探索各类组织、团体和个人广泛参与的模式，确保共享建设成果，使广大人民群众成为国家文化公园的建设者和受益者，进一步加深人民认同感，增强人民获得感，从而激励广大人民群众担当作为、创新创造。

（三）培育文化认同，科学设计文化时空场景，建设"国家性"品质标准

文化认同培育是在一定时空场景之中，通过个人文化身份建构与国家民族身份建构同频共振完成的。[2] 国家文化公园建设中，一要强化顶层设计，

---

[1] 参见龚道德《国家文化公园概念的缘起与特质解读》，《中国园林》2021年第6期。
[2] 参见钟晟《文化共同体、文化认同与国家文化公园建设》，《江汉论坛》2022年第3期。

按标准建设好管控保护区、主题展示区、文旅融合区和传统利用区四大主体功能区。管控保护区要打造传承优先样板区；主题展示区为满足社会大众多样化文化体验和参观游览需要，重点打造特色展示点、集中展示带和核心展示园；文旅融合区重点打造文旅融合发展示范区；传统利用区重点打造具有历史记忆标识的传统文化生态区。二要从政治、历史、文化的高度打造一批国字号或国家级文化载体，如在长城、大运河、长征、黄河、长江沿线建设具有悠久历史、深厚文化底蕴的宏大时空场景，如大运河国家博物馆、中国工农红军长征纪念馆等。三要组建相关文化组织和机构，组织和承担大型文化活动和宣传教育活动，如举办长城、大运河、长征、黄河、长江国家文化公园国家性论坛和节庆活动；又如找准传统文化与现代生活的连接点，结合大众特别是青少年的欣赏习惯，运用现代科技手段，加大国家文化公园文化创意产品开发力度，推动人们从"看热闹"到"品内涵"、从"旁观点赞"到"参与传承"。四要秉持对长城、大运河、长征、黄河、长江文化的敬畏之心，健全国家文化公园建设的质量标准，避免浅表化、标签化、同质化，务求守住精神之源、文化之根，做大做强中华文化重要标志，增强文化认同，让中华优秀文化焕发活力。

（四）优化服务供给，拓展高质量多元化服务，夯实"国家性"条件保障

建设国家文化公园要坚持以人民为中心的发展思想，大力推进各类文化遗产深度融入人们日常生产生活，实现活态传承，加大公共文化服务体系建设的投入力度，不断丰富优质文化产品和服务供给。为此，要全面夯实国家文化公园"国家性"条件保障。一是环境条件建设方面，要统筹考虑资源禀赋、人文历史、区位特点、公众需求，整体提升环境水平，打通断头路，改

善旅游路，贯通重要节点，强化与机场、车站、码头等衔接，推进步道、自行车道和风景道等建设。完善游客游览与集散、休憩与健身以及旅游厕所等公共设施，科研与会展等公益设施，安全与消防、医疗与救援等应急设施。二是文化产品供给方面，要坚持以文化人、以文育人，聚焦服务群体，消除文化供给堵点、痛点。对青少年群体要结合他们的认知特点，生产更多既传承中华优秀传统文化，又汲取长城、大运河、长征、黄河、长江文化精华；既体现时代特征，又顺应未来潮流大势的优秀文化产品。要坚持以文塑旅、以旅彰文，创新旅游产品，优化旅游服务，用文化提升旅游的内涵和品质，推出参观游览联程联运经典线路，推动组建文旅联盟，开展整体品牌塑造和营销推介。[1] 三是创新公共服务供给模式方面，要怀远服人、海纳百川，改变政府单一供给的模式，积极发挥社会力量以及志愿者服务的力量，拓展国家文化公园高质量多元化服务，将国家文化公园建设成真正"为百姓所享，展中国风采，承中华精神"的国家标志性文化工程。

（五）强化对外宣传，构建可共通的话语体系，塑造"国家性"品牌形象

塑造"国家性"品牌形象，要强化对外宣传，构建可共通的话语体系，把国家文化公园的核心价值理念传播出去，让世界从精神和价值层面认识一个可信、可爱、可敬的中国。一是深化价值阐释，把国家文化公园所承载的中华优秀传统文化的精神标识提炼与展示出来，把中华优秀传统文化中具有当代价值以及世界意义的文化精髓提炼并展示出来，让世界领略中国讲仁

---

[1] 参见《探索新时代文物和文化资源保护传承利用新路——中央有关部门负责人就〈长城、大运河、长征国家文化公园建设方案〉答记者问》，《人民日报》2019年12月6日。

爱、重民本、守诚信、崇正义、尚和合、求大同的价值追求。二是加强内容建设。构建以展览展示为基础、数字业态为重点、IP开发为支撑的多样化内容供给体系。要丰富文旅融合的故事、场景和体验，从柔性传播、国际社会易于接受的视角，多推出一些体现中华文化内核、引发国外受众共情共鸣的内容产品，展示当代中国对全人类共同价值的不懈追求和生动实践。三是创新转化手段。做好话语转换，创新构建通俗易懂的中国遗产当代话语、国际表达体系。加强现代科技的集成应用和跨界融合，推进遗产内容数字化和传播智慧化，用现代对外传播技术支撑助力，充分展现中华文明形象，塑造中国"文化想象"。四是拓展渠道平台。用好全媒体传播平台，发挥中央媒体主力作用，借助海外文化阵地，体现内容优势、推介深度，提升国家文化公园及其文化遗产传播能力。面向国内外受众建设国家文化公园官方网站和数字云平台，对文化遗产、文化资源以及文化线路等进行数字化展示，实现线上可学、可研、可听、可感、可赏与可游，打造永不落幕的国家文化公园网上空间。建设"一带一路"国家文化公园文化遗产长廊，加强与沿线国家的展览推介、联合考古和遗产保护，促进与文化遗产国际组织的交流合作，深度参与文化遗产国际治理。

[原载《吉首大学学报（社会科学版）》2022年第5期]

国家文化公园建设应处理好五对关系

周庆富

"国家公园"这一概念最早在美国提出，世界上最早的国家公园是1872年建成的美国黄石国家公园，而"国家文化公园"的概念则是我国首创。2019年7月，中央全面深化改革委员会审议通过《长城、大运河、长征国家文化公园建设方案》，为国家文化公园建设确定了实施路径。2020年10月，《中共中央关于制定国民经济和社会发展第十四个五年规划和二〇三五年远景目标的建议》也明确提出，要建设长城、大运河、长征、黄河等国家文化公园。2022年1月，国家文化公园建设工作领导小组印发通知，长江国家文化公园建设正式启动，国家文化公园的数量从4个上升为5个。国家文化公园是国家推进实施的重大文化工程，在建设过程中应处理好以下五对关系。

一、处理好"点"和"线"的关系

"求木之长者，必固其根本；欲流之远者，必浚其泉源。"国家文化公园作为国家级的文化公园，其关注点不能只局限于一个景点、一个场所甚至一个区域，而应注意在"浚源"中"固本"——不仅要由点到线、以线串点，还要看到纵横交叉的线所形成的更多内涵丰富的点。

以黄河国家文化公园为例，黄河流域在历史上有3000多年是全国的政治、经济、文化中心，孕育了河湟文化、河洛文化、关中文化、齐鲁文化。河湟谷地是黄河流域人类活动最早的地区之一，文化极其丰富，发生过一系列对中华文化有重大影响的历史事件。同时，因其地处中原通往中亚的通道上，也成为中原文化、印度文化、阿拉伯文明的交汇点。从青海东大门民和县一路往西，经西宁直至青海湖畔，这条长达300多千米的风景长廊之内，有塔尔寺传颂着藏传佛教格鲁派创始人宗喀巴的故事，有王洛宾音乐艺术馆诉说中国歌王的传奇人生，有原子城纪念馆讲述我国第一颗原子弹、氢弹的诞生，有张承志的小说《北方的河》写过的彩陶……把这些点串联起来，就是一条不可多得的文旅融合精品线路。

再如长城国家文化公园。以辽宁为例，要建好长城国家文化公园，就不能只讲辽宁那一段，而应关内关外"一盘棋"：从嘉峪关讲到山海关，再讲到虎山长城、葫芦岛九门口水上长城；从1644年"一片石之战"讲到郭沫若的《甲申三百年祭》；从1924年直奉军阀混战讲到1948年辽沈战役葫芦岛增兵……

又如建设长征文化公园。"血战湘江"段，可以围绕易荡平、陈树湘的牺牲等故事打造一条自驾游线路；"四渡赤水"段，可以打造成一条旅游环线，让游客了解整个决策过程；"遵义会议"段，可以把前面的通道会议、苟坝会议等一系列会议串联起来，打造一条体验红军命运转折的旅游线路。

还有大运河国家文化公园，不仅可以把运河沿线的点串联起来，而且可以与长江、黄河、长征沿线串起来，从而又形成很多的点。总之，既要有点，还要有线，"串珠成链"，把这些点和线的关系都摆布好、处理好。

二、处理好"古"和"今"的关系

鲁迅在《花边文学·又是"莎士比亚"》里写道,"真的,'发思古之幽情',往往为了现在",深刻揭示了"古"和"今"的辩证联系。在国家文化公园建设中注意处理好"古"和"今"的关系:一方面,不能"为古而古",保护古迹、爱护文物、继承传统、传承文化不是简单仿古,更不能去人为"造古";另一方面,要注意"今"的内容,即关注沿线或流经区域在新中国成立后、改革开放以来,尤其是党的十八大以来,发生了哪些天翻地覆的变化,涌现出哪些可歌可泣的故事,铸造了哪些必将载入中华民族史册的伟大精神,要把这些"今"的内容也融入国家文化公园建设中去。

长征国家文化公园建设中的"古"与"今"。贵州省习水县的土城镇是一个因航运而兴、因四渡赤水而闻名的古镇,其历史可以上溯到汉武帝元鼎六年(前111),距今2100余年,自古为兵家必争之地,而且四方商贾云集,形成了浓郁的商埠文化底蕴。如今,这个只有几万人的小镇拥有四渡赤水纪念馆、中国女红军纪念馆、红军医院纪念馆、红九军团陈列馆、贵州航运博物馆、赤水河盐运文化陈列馆等9座博物馆,还有古老神秘的鳛鱼图腾,有多姿多彩的"十八帮"文化……这些"古"与"今"的内容都可以和长征国家文化公园建设结合起来。

长城国家文化公园建设中的"古"与"今"。宁夏自古就是中原农耕民族与游牧民族相交融的区域,境内几乎可以找到历史上各个朝代修筑的、技术迥异的长城遗迹,被誉为"中国长城博物馆"。在建设长城国家文化公园时,从"古"的方面看,可以从霍去病"封狼居胥"讲到陈汤"明犯强汉者,虽远必诛",从窦宪"燕然勒功"讲到李昂《从军行》中"田畴不卖卢龙策,窦宪思勒燕然石";从"今"的方面看,电视剧《山海情》中20世纪 90 年代宁夏西海固易地搬迁、脱贫致富的故事，尤其是吊庄移民、对口帮扶更是时代的典范，也应该把这些具有教育意义的"新名片"宣传好、打造好，融入长城国家文化公园建设之中。

习近平总书记指出："文化产业和旅游产业密不可分，要坚持以文塑旅、以旅彰文，推动文化和旅游融合发展，让人们在领略自然之美中感悟文化之美、陶冶心灵之美。"建设国家文化公园，需要精心打造出更多体现文化内涵、人文精神的特色精品项目，既要能留得住人，还要让人舍不得走，要让历史文化之"古"与现代文明之"今"双向融入国家文化公园建设之中。

三、处理好"形"和"魂"的关系

国家文化公园建设还应注意做到"形""魂"兼备，就是要关注核心精神与文化底蕴的凝练——不是"风刮过来就完"，而是像军歌《风花雪月》所唱的，风是"铁马秋风"、花是"战地黄花"、雪是"楼船夜雪"、月是"边关冷月"。要通过文化和旅游的真正融合，避免有"形"无"魂"、"形"大"魂"散、无"形"造"魂"。

还是以黄河国家文化公园建设为例。美国汉学家比尔·波特《黄河之旅》的第二十章"青铜峡：黄河边的一百零八种烦恼"写到，黄河西岸的一百零八塔寓意一百零八种烦恼，这就是对"形"与"魂"关系最生动的阐释。"塔"对应的即是"形"，"烦恼"对应的即是"魂"。"天下黄河富宁夏"，宁夏建设黄河国家文化公园，就一定要围绕"富"展开。无论是建中华黄河楼，还是中华黄河坛、青铜古镇等，都不能脱离开这个"富"字。河南是受黄河水患影响最大的省份，因此河南建设黄河国家文化公园就一定要围绕"治"做文章。2014年,习近平总书记到兰考考察,在位于东坝头的黄河岸边细细询问黄河防汛和滩区群众生产生活情况。武陟县的黄河第一观——嘉应观,供奉着从西汉到清朝的10位治河功臣,是清代治理黄河的指挥中心,也是新中国引黄灌溉第一渠——人民胜利渠的建设指挥部,所以河南建黄河国家文化公园就一定要突出"治"的精神,而不能和宁夏一样去建楼筑坛。

同一类型的国家文化公园,在不同地区也可能有不同的核心文化精神与意义表达,同时还伴随着不同的物质载体与意义呈现形式,绝不能僵化同质,这就是把握处理"形""魂"关系的关键。

四、处理好"人"和"物"的关系

1986年电视纪录片《话说运河》中有这样一段描述:"长城与运河所组成的图形是非常有意思的,它正好是中国汉字里一个最重要的字眼'人',人类的人,中国人的人。你看,这长城是阳刚、雄健的一撇,这运河不正是阴柔、深沉的一捺吗?"国家文化公园建设中处理"人"与"物"的关系,就要做到"见人见物见生活",就是要把可移动的文物、不可移动的文物、非物质文化遗产,以及文化遗产的守护者、传承者、相关者的个体生命与当下生活,都整合进整个规划设计建设中去,使相关要素在国家文化公园体系中实现一种有机共存与共生。

从"见人"的层面看,比如长城国家文化公园建设,可以挖掘秦朝率领30万大军北击匈奴、监修万里长城和九州直道、在河套地区主持移民屯垦的蒙恬的故事;可以挖掘汉朝凿空西域、开辟"丝绸之路"的张骞的故事;甚至可以挖掘历时六个月从洛阳走到山丹县附近的焉支山下,举办著名的万国博览会的隋炀帝的故事……

从"见物"的层面看，比如长江国家文化公园建设，可以从"桥""楼""渡"等几个微观"物"的视角去切入。以"桥"为例，从武汉长江大桥到南京长江大桥、重庆长江索道、1573长江大桥、赤水河红军大桥等，这些"桥"是从一穷二白到实现历史性跨越的见证，蕴含着一种自强、自信、连通、发展的文化。抓住了以"桥"为代表的这些"物"，就抓住了长江国家文化公园建设的重要切入点和生长点。

当然，"见人""见物"也不是相互剥离而是相辅相成的，最终还要统一到"见生活"中去。比如丽江有入选《世界遗产名录》、保存和再现了古朴风貌的古城，有被列入《世界记忆名录》的纳西族东巴古籍，有被列入《世界遗产名录》的"三江并流"自然景观。更重要的是，关于丽江木氏土司姓氏的来历，《东巴经》里的《人类迁徙记》，还有今天仍在繁衍生息的纳西族人民丰富多彩的生活，这些历史上的和现实中发生的"生活"故事，也都很有意思，值得挖掘并融入国家文化公园建设中。

五、处理好"动"和"静"的关系

"风樯动，龟蛇静，起宏图。"（毛泽东《水调歌头·游泳》）"动与静"也是国家文化公园建设中不容忽视的一对关系。具体来说，建设国家文化公园既有一个如何让文化资源"动起来"、让文物说话、讲好讲活国家文化的问题，又有一个如何让非物质文化遗产、口头文学遗产等"静下来"、相对固化传承的问题。

2021年，《唐宫夜宴》火遍全国，这些从博物馆中走出来的唐宫少女，不仅带来了大唐盛世的霓裳羽衣，还将唐三彩、妇好鸮尊、贾湖骨笛、莲鹤方壶等这些原本"静"的国宝元素，都搬到了春晚T台上"走秀"。还有央视虎年春晚"火出圈"的舞蹈诗剧《只此青绿》，把《千里江山图》这一静态的画卷转换为动态的舞蹈。这些都是让静态的文化文物资源"动起来""活起来""火起来"的成功案例。

长江上首部漂移式多维体验剧《知音号》，是一部以知音文化为灵魂、以大汉口长江文化为背景的实景大剧。导演团队在武汉市两江四岸核心区打造了一艘具有20世纪风格的蒸汽轮船和一座大汉口码头作为漂移剧场，用漂移式情景剧的方式活现"大武汉"文化，打造"知音"文化和服务双IP，已经成为武汉文旅的新名片和中国文旅产业的新地标。还有2021年首演的舞台剧《重庆·1949》，为这部剧专门建了一个重庆1949大剧院。这些都是把一些变动不居的文化体验、文化生活、文化精神以一种相对静态的方式呈现出来、固化下来。这些成功的模式与经验，都值得深入思考并积极运用到国家文化公园建设中去。

六、结语

要把国家文化公园真正建设好，要依托国家文化公园把沿线区域的文化和旅游真正搞活，还有很广阔的发展空间，还有很多需要深入思考的东西。要坚持立足系统性，把故事铺垫好、讲完整，把后续的故事发掘好；坚持立足整体性，做到全国地方"一盘棋"、党史四史"一盘棋"、红色绿色"一盘棋"；坚持立足时代性，深入发掘历史文化资源，讲好中国人民铁血抗争、不畏强暴的故事，讲好中国人民奋进新时代的故事，并在此基础上，正确处理好"点和线""古和今""形和魂""人和物""静和动"这五对重要关系。这样就能更高质量推进国家文化公园建设，使其在不断彰显中华优秀传统文化持久影响力与革命文化强大感召力中，为坚定文化自信、开创中国特色社会主义文化和旅游伟大实践发挥更为重要的作用。

（原载《人文天下》2022年第4期）

文化数字化战略背景下国家文化公园的发展向度和建设思考*

范 周

当今世界，文化和科技融合成为文化发展的主要趋势。党的二十大报告描绘了未来五年我国发展的政策蓝图，在文化建设领域提出了许多新思想、新论断。国家文化公园作为我国正在推进实施的重大文化工程，是增强中华文明传播力影响力的重要举措。党的二十大报告在文化建设领域明确提出"实施国家文化数字化战略""建好用好国家文化公园"等具体发展要求，为进一步高质量建设国家文化公园指明了方向。当前，在5G、人工智能、云计算等数字技术快速迭代发展、数字经济成为全球经济主要推动力的背景下，数字化成为高质量建设国家文化公园的关键一环，是全景呈现国家文化公园文化资源信息、推动各类资源安全创新转化的必要手段。基于此，当前亟须充分理解国家文化数字化战略的目标导向和重点建设任务，继而站在国家战略高度审视国家文化公园在数字化建设方面的紧迫性和必要性，以融合思维和系统思维做好数字化建设的顶层设计，指导国家文化公园沿线各省

---

* 本文系研究阐释党的十九届四中全会精神国家社会科学基金重点项目"推动现代文化产业体系高质量发展的制度研究"（20AZD066）的阶段性成果。

（自治区、直辖市）探索并丰富数字化创新实践。

一、国家文化数字化战略的内涵与演进特征

（一）文化数字化上升为国家战略的发展背景

其一，信息技术深刻影响社会生产和文化生活。回顾历史，每一次技术飞跃都会引起社会生产的深刻变革。在文化方面，印刷术促进出版业的繁荣，摄影技术推动电影的诞生，移动终端的出现逐渐开启多屏互动时代，继而在多种技术集成条件下催生出短视频、网络直播等数字文化新型业态。正如法兰克福学派代表人物霍克海默等学者所言，文化与科技融合形成的产业体系将会释放巨大能量，而技术创新始终是加速产业内部自我淘汰与更新的主要推动力。当前，人类已进入信息革命引领下的数字时代，以移动互联网、5G、大数据、AI、VR、云计算为代表的一系列前沿技术深刻影响着社会生活的各个领域，文化感知空间和消费场所正在无限延伸，就像尼葛洛庞帝在其著作《数字化生存》中提到的，"我们无法否定数字化时代的存在，也无法阻止数字化时代的前进，就像我们无法对抗大自然的力量一样"[1]。人与数字技术已经实现全时空的融合。据IBM估计，数字内容的生产速度约为每天20万亿比特[2]，这意味着人类社会已经抑或即将步入创造比特同时被其影响控制的时代。

其二，文化与科技的全方位融合是建设文化强国的战略需要。从2011

---

[1] ［美］尼古拉·尼葛洛庞帝：《数字化生存》，胡泳、范海燕译，电子工业出版社2017年版，第229页。
[2] 参见《"信息灾难"即将来临？ 150年内数字比特数量将超过地球原子数量》，2020年8月12日，前瞻网（https://t.qianzhan.com/caijing/detail/200812-eef2b3a0.html）。

年党的十七届六中全会正式提出建设社会主义文化强国的战略目标，到2020年《中共中央关于制定国民经济和社会发展第十四个五年规划和二〇三五年远景目标的建议》明确文化强国建设时间表，经历了十年探索，有关文化科技融合的认知伴随着产业变革演进不断深化，文化科技融合发展的制度保障体系逐渐形成。2011年，党的十七届六中全会通过的《中共中央关于深化文化体制改革推动社会主义文化大发展大繁荣若干重大问题的决定》首次明确提出要发挥文化和科技相互促进的作用，并且要求"深入实施科技带动战略"，推动文化科技融合进入起步阶段。2012年出台的《国家"十二五"时期文化改革发展规划纲要》将"文化数字化建设工程"列为专栏，要求推动文化资源、文化生产、文化传播的全面数字化；同年，"促进文化和科技融合"写入党的十八大报告，自此开启了文化科技加速融合发展阶段；党的十八大以来，《文化部关于推动数字文化产业创新发展的指导意见》《文化部"十三五"时期文化科技创新规划》《国家"十三五"时期文化发展改革规划纲要》《关于促进文化和科技深度融合的指导意见》等政策连续出台。与此同时，多部门协同保障机制推动文化科技融合向纵深发展。2022年5月，中共中央办公厅、国务院办公厅印发《关于推进实施国家文化数字化战略的意见》，将文化数字化上升到国家战略高度。

（二）深刻理解文化数字化的内涵与范围

前文从政策演进视角梳理了文化数字化成为国家战略的变迁过程，但理解其内涵还需对相似概念进行辨析，以此明确当前文化数字化的范围及特征。文化数字化在实践中是一个动态发展的过程，其概念在学界和业界并未达成共识，在不同语境下也有混用现象，比如与文化产业数字化、数字文化产业、文化科技等概念的内涵均有交叉，本文主要以文化数字化与文化产业数字化两个概念为重点辨析对象。

首先,文化数字化相较文化产业数字化而言视角更加广阔。《国家"十二五"时期文化改革发展规划纲要》提出文化数字化是文化资源、文化生产、文化传播的数字化,但随着移动终端的普及及其带来的消费方式和场景变化,研究者对文化数字化概念的理解也更加深入。高书生提出,文化数字化是文化资源、文化生产、文化传播和文化消费各环节的数字化。[①] 文化产业数字化是"产业数字化"在文化产业领域的具体实践,其内涵是通过包括网络通信技术、智能算法技术、数字版权技术、影音编码技术等在内的广义的数字技术对文化产业的生态体系进行更新再造,并最终促成社会效益和经济效益最大化的过程。[②] 从政策表述上看,《关于推进实施国家文化数字化战略的意见》中提出,到"十四五"时期末,"基本完成文化产业数字化布局,公共文化数字化建设跃上新台阶"的目标,表明文化数字化与文化产业数字化是包含与被包含的关系,文化数字化以"大文化"的视角包含了公共文化和文化产业的数字化。

其次,视角差异导致两大战略的建设目标侧重点不同。文化产业数字化战略侧重培育文化产业新兴业态,而文化数字化战略侧重以数字技术激发文化发展要素,推动实现文化生产力、消费力、传播力的全面提升。文化数字化和文化产业数字化都需要打通供需两端,系统化看待战略背后的内涵。张铮提出了实施文化产业数字化战略的五个层次,即文化产品和服务的数字化,文化企业的管理流程数字化再造与商业模式的数字化升级,文化消费者的消费行为和精神体验的数字化,文化产业内部及外部各产业通过数字技术

---

① 参见高书生《文化数字化与文化建设 2.0 时代》,《文化软实力》2016 年第 4 期。
② 参见张铮《文化产业数字化战略的内涵与关键》,《人民论坛》2021 年第 26 期。

精益分工、重塑价值链、结构升级、动能转化的过程，文化管理部门和整体社会公共服务部门的协同治理与公民文化权益通过数字化得到更好的保障的过程。① 文化数字化战略应在此基础上破除产业、行业壁垒，实现各类文化资源和产品服务的数字化存储、开发和可持续利用；同时包括文化机构和市场主体的管理数字化和商业模式数字化，以及文化消费体验和传播的数字化。

二、国家文化数字化战略下国家文化公园的建设动力与发展向度

（一）国家文化公园的时代价值、概念与特征

1. 时代价值

第一，建设国家文化公园是提升中华文明影响力的重大文化工程，是打破我国缺乏世界级文化标识困境的重要手段。21世纪以来，文化软实力成为综合国力的重要内容，我国已经成长为世界第二大经济体，迫切需要塑造与经济实力相匹配的文化优势。提到美国时，人们可以迅速联想到自由女神雕像、好莱坞电影等内容，这些都是较为直观的、凝练的、具有世界影响力的艺术形象和精神标志。中华文明历史悠久，文化遗产丰厚，曾在人类文明史上创造了无数奇迹，形成了一批丰富多样、具有深厚文化根基的中华文化符号，但文化传播力、影响力和表现力相较其他国家仍有进步空间。

第二，国家文化公园是保护传承中华优秀传统文化、革命文化和社会主

---

① 参见张铮《文化产业数字化战略的内涵与关键》，《人民论坛》2021年第26期。

义先进文化的空间载体，是延续中华文化精神的重要抓手。文化兴则国家兴，文化强则民族强。一个国家的发展不仅需要物质经济的基础保障，更需要强大的文化精神作为支撑力量。中国共产党始终重视文化保护传承工作，特别是党的十八大以来，以习近平同志为核心的党中央高度重视文化建设，将文化自信纳入四个自信的框架体系，凝聚了社会共识，激发了文化创新创造活力。国家文化公园的建设覆盖范围广、涉及省（自治区、直辖市）多，有利于进一步摸清我国文化资源"家底"，提高文化遗产保护利用效能。

2. 概念辨析

从 2017 年《关于实施中华优秀传统文化传承发展工程的意见》首次提出规划建设一批国家文化公园，到 2022 年年初逐步形成大运河、长城、长征、长江、黄河五大国家文化公园总体建设布局，"国家文化公园"的概念不断明晰。"国家文化公园"是我国首创，易与国外的国家公园、历史公园等混淆。现有研究已就"国家文化公园"的概念展开探讨。李飞、邹统钎分析指出，国家文化公园和国家公园的相似之处在于突破了传统公园的空间局限，但二者又在功能等方面存在差异，国家文化公园寻求内部的文化关联性和主题一致性。[1]龚道德认为，国家文化公园是基于中西方文化保护价值观和文化遗产特性方面的差异而提出的符合中国国情的概念，是对西方国家公园概念的衍生和创造。[2]孙华则辨析了公园与私园、文化公园与自然公园、国家公园与其他公园的概念，在此基础上强调国家文化公园保护国家重要文化资源、展示国家文化精华的目的，并提出国家文化公园应由国家划定、国家管理并全部或部分向公众开放，提供历史研究、文化传承、公众教育、文

---

[1] 参见李飞、邹统钎《论国家文化公园：逻辑、源流、意蕴》，《旅游学刊》2021 年第 1 期。
[2] 参见龚道德《国家文化公园概念的缘起与特质解读》，《中国园林》2021 年第 6 期。

化休闲等服务。① 以上研究均是从国家、文化、公园三个词语的内涵出发探讨国家文化公园的概念，具有一定的参考价值。

3. 重要特征

党的二十大报告中强调"坚守中华文化立场，提炼展示中华文明的精神标识和文化精髓，加快构建中国话语和中国叙事体系"。国家文化公园概念的提出正是新时代语境下的中国话语体系创新。中央有关部门负责人在就《长城、大运河、长征国家文化公园建设方案》答记者问时指出，国家文化公园建设，就是要整合具有突出意义、重要影响、重大主题的文物和文化资源，实施公园化管理运营，实现保护传承利用、文化教育、公共服务、旅游观光、休闲娱乐、科学研究功能，形成具有特定开放空间的公共文化载体。② 这一阐释清晰指出了国家文化公园的六大功能和特性，综合目前学术研究已有的概念阐释，可以基本总结出：国家文化公园具有文化价值符号的典型性、公共文化的公益服务性及资源创新融合产生的产业带动性。

其一，文化价值符号的典型性。五年来，从《国家"十三五"时期文化发展改革规划纲要》提出"国家文化公园建设"时要求依托长城、大运河、黄帝陵、孔府、卢沟桥等重大历史文化遗产规划建设③，到具体落地建设方案分别选择了大运河、长征、长城（第一批，2019年），黄河（第二批，2020年），长江（第三批，2022年），可以看出：一是入选的建设载体时间跨度大，二是都属于线性大型遗产的概念范围。从中华文明的起源到新

---

① 参见孙华《国家文化公园初论——概念、类型、特征与建设》，《中国文化遗产》2021年第5期。
② 参见《探索新时代文物和文化资源保护传承利用新路——中央有关部门负责人就〈长城、大运河、长征国家文化公园建设方案〉答记者问》，《人民日报》2019年12月5日。
③ 参见《中共中央办公厅 国务院办公厅印发〈国家"十三五"时期文化发展改革规划纲要〉》，2017年5月7日，https://www.gov.cn/zhengce/2017-05/07/content_5191604.htm。

民主主义革命时期，在跨度几千年的物质载体中选取了五个最具代表性的文化符号，在这一意义层面，国家文化公园具有作为彰显共同体价值的国家文化空间体系和塑造中华民族文化共同体的功能载体的重要价值。[①] 其二，公共文化的公益服务性。国家文化公园是开放的公共文化载体，必然要满足公共文化的公益服务属性这一本质特征。其三，文化资源的创新融合产生的产业带动性。前文所述国家文化公园的六大功能将进一步促进包括"文化＋旅游""文化＋教育""文化＋创意""文化＋体育"等多个领域深度融合。

（二）国家文化数字化战略下国家文化公园的发展机遇与发展向度

基于国家文化数字化的战略目标和具体任务要求，国家文化公园正在迎来新的发展机遇。

第一，国家文化公园数据资源是中华文化数据库必不可少的组成部分，资源数据化是构建国家文化大数据资源体系的必然要求。关联形成中华文化数据库是实施文化数字化战略的重点任务之一，是国家文化大数据体系供给端口的数据依托。目前在建的五大国家文化公园数据资源类型丰富，是中华优秀传统文化、革命文化和社会主义先进文化的精华所在，更需要科学保护、完整传承。

第二，国家文化公园作为国家重大文化工程，也是文化和旅游高质量融合发展的重要工程，应通过技术创新、服务创新等多个维度推动国家文化公园高质量发展。一方面，从概念上来看，国家文化公园天然具有文化和旅游的基本属性；另一方面，在目前已出台的国家文化公园建设方案中，文化旅

---

① 参见钟晟《文化共同体、文化认同与国家文化公园建设》，《江汉论坛》2022 年第 3 期。

游融合被纳入主体功能区和基础工程。当前,我国文旅融合在部分项目建设过程中仍然存在着"两张皮"的现象。党的二十大报告明确提出要"推进文化和旅游深度融合发展",实现这一目标意味着产品、服务、资源、产业发展等多方面的深度融合。科技在文旅融合中起到了助推器的关键作用,数字化对文化和旅游行业变革的影响表现在需求端、供给侧与公共服务等多个方面。[①]

第三,国家文化公园需要通过数字化建设推动国家文化资源服务实现均衡供给。长期以来,我国文化资源、产品和服务存在着类型多样、分布不均与利用不足的问题。党的十六届五中全会通过的《中共中央关于制定国民经济和社会发展第十一个五年规划的建议》中创新性地提出了"公共文化服务体系"的概念,党的十八届三中全会明确提出"构建现代公共文化服务体系"的目标。国家文化公园的公共性特征要求其必须发挥文化惠民作用,保障人民群众的基本文化权益。

数字变革时代已然来临,国家文化公园的建设理应顺应时代发展,立足区域现状,其未来主要有四个发展方向。

第一,资源上"云"形成文化数据并广泛关联其他文化数据源和文化实体,为深度挖掘数据价值奠定基础。国家文化数字化战略在目标和重点任务中都体现了"关联"的重要性和价值,五大国家文化公园的各类资源"云"丰富了文化保护手段。同时,其中涉及的信息并不是单一孤立存在的,未来还需要进一步与其他相关信息资源和文化实体进行链接。

第二,以技术创新引领虚实融合服务生态。现代信息技术的不断迭代加

---

① 参见戴斌《数字时代文旅融合新格局的塑造与建构》,《人民论坛》2020年第Z1期。

快了不同产业的融合发展，同时促进了其与实体经济的互融共生，2021年开始爆火的关于"元宇宙"的探讨即是一个佐证。数字时代以"强通用性、强交互性、高集智性和高增值性"[1]为特征，数字时代的国家文化公园既拥有文化实物空间载体，同时将在数字技术的带动作用下进一步创新产品和服务生态，成为虚实融合的典型案例。

第三，以文化资源激发产业创新活力。国家文化公园若失去文化本真，就丧失了它的价值。国家文化数字化战略中明确提出推动文化资源转化为生产要素。国家文化公园建设应以"文化"为核心价值，以文化要素推动产品创新、园区产业创新，进而发展新型文化业态和文化消费模式。

第四，以数字化实现线性文化遗产的保护治理现代化。截至2021年年底，全国共有国有可移动文物1.08亿件（套），不可移动文物76.7万处，全国重点文物保护单位5058处，备案博物馆6183家；国家珍贵古籍名录13026部，全国古籍重点保护单位203家；世界遗产56项，位列世界第二。[2]当前，我国大型线性文化遗产及文化与自然双重遗产大多处在文物、文旅、国土、林业等多部门管理的模式之中[3]，国家文化公园数字化建设一方面可以推动实现线性文化遗产的数字化保护，另一方面也可以建立新的监督管理机制，推进区域文化治理的现代化。

---

[1] 夏杰长等：《数字化：文旅产业融合发展的新方向》，《黑龙江社会科学》2020年第2期。
[2] 参见王珏《满足人民文化需求　增强人民精神力量》，《人民日报》2022年8月25日。
[3] 参见邹统钎等《国家文化公园：理论溯源、现实问题与制度探索》，《东南文化》2022年第1期。

三、国家文化公园数字化建设现状、问题和相关思考

（一）国家文化公园数字化理论研究与建设现状

在理论研究层面，我国文化数字化和国家文化公园建设速度快，但由于实践起步晚，形成的系统性经验总结成果较少，具体体现在两个方面。一是对国家文化公园数字化建设路径的探讨仍需进一步深入。例如，邹统钎指出，当前国家文化公园数字化发展主要包含数字化存储、展示、管理几大板块，围绕加强文化公园数字化改造的目标，发力数字基础设施建设，推动文物和文化资源数字化存储、展示和管理目标落地。[1]然而，在国家文化公园系统性数字化建设的具体路径方面，研究成果相对缺乏，尤其是对国家文化公园数字化资源如何接入国家文化大数据体系等问题，仍然需要进一步研究。二是国家文化公园数字化建设尚未形成专题研究，学术成果比较零散。例如，张义对国家文化公园数字化水平评价体系进行了研究[2]，刘鲁等撰写的研讨会议综述介绍了国家文化公园保护传承与数字再现工程，列举了再现技术在国家文化公园建设中的创新实践案例。[3]整体来看，目前针对国家文化公园的研究主要仍集中在概念辨识、理论解释层面，也有少量研究关注五大国家文化公园的实践经验，关于大运河国家文化公园的研究成果相对较为丰富。例如，秦宗财在探讨大运河国家文化公园的系统性建设时提出，"在保护的前提下，依托现代展示技术和体验技术，适当地开发高水平的文创项目"，"线上借助于数字文化创意、数字技术、融媒体技术等，实施博物馆数

---

[1] 参见邹统钎主编《国家文化公园管理总论》，中国旅游出版社 2021 年版，第 16 页。
[2] 参见张义《国家文化公园数字化水平的多维评价及提升策略》，《探索与争鸣》2022 年第 6 期。
[3] 参见刘鲁等《立足新时代，探索新路径——"国家文化公园建设与遗产活化"专题研讨会综述》，《旅游学刊》2022 年第 8 期。

字化战略"。① 尽管这些都是行之有效的建设路径，但综观国家文化公园的整体建设，数字化发展不能仅局限在博物馆层面或实施某种单一数字化战略，还要统筹考虑全局与区域、物质遗产与非物质遗产等多维度的数字化。

政策层面上，在五大国家文化公园建设中，长江国家文化公园建设启动较晚，目前尚未出台正式规划，黄河、长城、大运河、长征四大国家文化公园已公布相应建设方案，且在重点推进工程中明确了数字化建设方向。涉及国家文化公园建设的省份也出台了相应的配套政策，例如，《江苏省关于贯彻落实国家文化数字化战略的实施意见》提出，"建强大运河和长江国家文化公园数字云平台"，这是在落实国家文化数字化战略要求的基础之上，明确国家文化公园数字化建设的目标。可以看到，从国家部委到所涉及的省（自治区、直辖市），对国家文化公园建设相关工作的重视程度不断提高，未来，各省（自治区、直辖市）还需要从多维度系统规划国家文化公园的数字化建设。

实践层面上，主要形成了四类建设方式。一是国家文化公园沿线点状文化资源的数字化保护和展示。例如，在长征文化公园广西段建设过程中，广西全州的红军长征湘江战役纪念馆在2021年7月进行了场馆设施升级，引入"5G+VR"技术打造云展览；又如，地处长江中游的湖南岳阳通过"云旅游"方式，将本市文化旅游资源全面"上云"。二是文化资源的数字化传播。例如，山东省作为黄河国家文化公园的重要建设区域，注重发挥新技术优势，创新开展"云旅游""线上展销"等工作，拓宽黄河文化的传播、传承渠道。三是综合性数字化平台建设。例如，江苏省建设的大运河国家文化

---

① 秦宗财：《大运河国家文化公园系统性建设的五个维度》，《南京社会科学》2022年第3期。

公园数字云平台，突破传统线下展示和体验的时空局限，打造了一条线上数字运河，以全新方式全方位、立体化展示大运河历史文化。四是超级文化IP的形成及产业开发。例如，中国文化传媒集团与三七互娱联合推出国家文化公园主题数字藏品。又如，以打造文化IP的思路建设长城国家文化公园，成为近期国家文化公园建设实践的一大亮点。超级文化IP是一个国家的代表性符号，同时也是国家号召力与凝聚力的象征[①]，长城国家文化公园的数字化建设已经形成了"云游长城""数字长城"等多种数字化文化体验产品，形成了社会效益和经济效益的双效统一。总结来看，在五大国家文化公园建设中，大运河、长城、长征国家文化公园建设方案出台早，建设时间相对较长，形成了一系列建设经验，可为后续国家文化公园建设提供参考。

（二）国家文化公园数字化建设中的问题与相关思考

从问题层面来看，国家文化公园的数字化建设既有当前我国文化数字化战略实施过程中普遍存在的问题，如数据生产力不均衡不充分、对文化资源的认识不清晰等，也存在三个特殊问题。

第一，文化资源类型的复杂性导致数据关联不紧密，"信息孤岛"仍然存在。产生信息孤岛的原因在于：一方面，文化资源的数字信息管理权在各省（自治区、直辖市），缺乏信息共享和业务协同的机制，导致线下存在的条块分割问题在数字空间重现；另一方面，数据库本身的建设标准不统一，难以发挥"关联"作用。此外，公开数据资源的制度不健全，使得文化资源是否公开共享由地方自主选择，对管理人员的数字素养要求较高。

---

① 参见傅才武、程玉梅《"文化长江"超级IP的文化旅游建构逻辑——基于长江国家文化公园的视角》，《福建论坛（人文社会科学版）》2022年第8期。

第二，公众的"身份缺位"与国家文化公园的人民共享属性存在矛盾。国家文化公园的数字化建设应形成可持续的"生产—消费—生产"闭环，当前在数字化建设项目中，政府主导力量强，但公众的参与感、认知感、体验感相对较弱。国家文化公园既需要政府主导，也需要公众与市场的多方联合共建共享，在这一方面，需要吸收其他国家在国家公园建设中形成社会参与机制的先进经验。例如，德国公众参与体系中的系统培训（诸如志愿护林员活动等），既可以帮助那些愿意贡献自身时间和精力的人们提升服务技能和经验，又可以实现国家公园在教育公众、保护自然方面的使命。[1]

第三，集成技术群在国家文化公园文化资源开发、保护、利用、传承方面应用程度不深。目前，国家文化公园数字化建设的大部分实践集中在数字化传播方向，即利用互联网、5G、AI等新兴技术进行图文、视频等资料的传播分享。从近两年火爆的"元宇宙"、区块链等技术发展趋势来看，单一技术在经历了长时间的发展后将逐渐完善，形成越发集中应用的趋势。集成技术群在国家文化公园的整体利用还未完全实现，这也将成为未来的重点发力方向。

针对以上问题，顺应数字化发展趋势，国家文化公园应该从四个方面加速数字化建设进程。

第一，形成文化融合新思维。融合新思维要求从"大文化"的角度理解文化，打破文化产业与文化事业的区隔、打破文化产业的单一发展路径，推动"文化科技+旅游""文化科技+教育"等深度融合，创新产品与服务。同时，文化融合新思维需要新人才，国家文化公园建设涉及的行政范围广

---

[1] 参见王克岭《国家文化公园的理论探索与实践思考》，《企业经济》2021年第4期。

阔，既有较为发达的东部地区，也有生产力仍需提高的中西部地区；既有城市，也覆盖广大的乡村地区。因此要大力提升政府机构管理人员的数字素养，使其掌握前沿技术的最新动态，以数字化设施为基础工具打造管理新机制，全面提升文化治理水平。

第二，发力数字新基建。2020年3月，十九届中共中央政治局常务委员会召开会议提出，加快5G网络、数据中心等新型基础设施建设进度。新冠疫情加速了传统行业的数字化转型，同时也进一步促进了数字经济的发展。我国的新基建目前包括5G网络、人工智能、工业互联网、物联网、数据中心、融合算力等数字化、网络化、智能化基础设施，它们将成为国家文化公园数字化建设的重要基础。在国家、省（自治区、直辖市）统筹规划建设新基建的同时，也要注重多元主体分级开源，形成共建共享合力。

第三，创新产业新业态。产业新业态主要是指依靠数字技术变革而产生的新组织形态和商业模式，数字文化产业新业态主要包括沉浸式产业、数字文旅、电子竞技等方面。推进国家文化公园的数字化建设就是以数字科技要素为文化和旅游的深度融合提供新的动力源。一方面要做好数字产品供给，另一方面要激活数字文旅消费的潜力，推动文化和旅游两大产业在国家文化公园这一空间载体中实现更高水平、更深层次的融合。

第四，把握传播新思路。党的二十大报告在文化建设部分针对国际传播战略提出新要求。国家文化公园是区域创新发展的引领者，更是中华文化的传播者。我国国家文化公园建设正在先行探索并为其他国家提供一种全新的大型文化遗产发展模式，传递"共同体"理念、履行"达则兼济天下"的大国使命。[1] 做好国家文化公园的数字化传播工作，要通过制作专题纪录片、

---

[1] 参见李飞、邹统钎《论国家文化公园：逻辑、源流、意蕴》，《旅游学刊》2021年第1期。

影视剧、动漫游戏等群众喜闻乐见的各类数字文化产品,推动国家文化公园从"幕后"走向"舞台中央"。

(原载《人民论坛·学术前沿》2022年第23期)

文化共同体、文化认同与国家文化公园建设*

钟 晟

党的十八大以来,在实现中华民族伟大复兴的历史征程中,面对百年未有之大变局的国内国际新环境、新问题和新挑战,铸牢中华民族共同体意识、大力培育中华民族文化共同体认同是历史的必然选择。从2017年中办、国办印发的《国家"十三五"时期文化发展改革规划纲要》明确提出"规划建设一批国家文化公园,形成中华文化重要标识",2019年中办、国办发布《长城、大运河、长征国家文化公园建设方案》,到2020年党的十九届五中全会决议提出"建设长城、大运河、长征、黄河等国家文化公园",我国国家文化公园建设逐步从政策变成现实。

国家文化公园是在新时代中国语境下提出的一个特有概念,是一次重大的文化治理体系和文化话语体系创新。国家文化公园是我国在民族复兴、文化强国和旅游发展的背景下提出的新概念,是"大型文化遗产保护的新模

---

* 本文系教育部人文社会科学研究项目"基于场景理论的城市创意街区空间生产机制与模式研究"(19YJC760167)、国家社会科学基金艺术学重大项目"促进文化和旅游融合政策创新研究"(20ZD01)成果。

式和优秀文化展示的新方式"[1]，其与联合国教科文组织提出的"世界遗产"、美国等西方国家的"国家公园"、我国建立的以自然保护区为主体的"国家公园"，以及我国其他诸多类型的各级文化文物保护体系都有着本质上的不同。有必要从文化共同体和文化认同的角度，对我国国家文化公园的性质、内涵和建设理念进行系统阐述，建构中国国家文化公园的理论体系和话语体系，不断夯实中华民族文化共同体。

一、国家文化公园概念内涵的中外比较

（一）国家文化公园是对我国现有文化文物保护体系的整合提升

国家文化公园是我国已经设立的其他类型的文物和文化资源保护体系的功能集成载体和必要的补充。《长城、大运河、长征国家文化公园建设方案》指出，设立国家文化公园是为了"整合具有突出意义、重要影响、重大主题的文物和文化资源，实施公园化管理运营，实现保护传承利用、文化教育、公共服务、旅游观光、休闲娱乐、科学研究功能，形成具有特定开放空间的公共文化载体"[2]。

国家文化公园对其他各类文物和文化资源的整合作用主要体现在：一是文化价值的整合。各级文物保护单位，历史文化名城、名镇、名村、街区，大遗址保护区，考古遗址公园，文化生态保护区等，往往侧重于对单体或单个地域的文化资源的保护；国家文化公园则通过大尺度、大范围、大跨度的时空纵横，将各类文物和文化资源整合于特定的文化价值体系之中，发挥出

---

[1] 李飞、邹统钎：《论国家文化公园：逻辑、源流、意蕴》，《旅游学刊》2021年第1期。
[2] 中共中央办公厅、国务院办公厅：《长城、大运河、长征国家文化公园建设方案》，2019年。

文化价值的集合放大效应，凸显文化共同体价值。二是文化功能的整合。其他各类文物和文化资源保护区往往侧重于保护传承的某一方面，各级各类旅游景区侧重于文化的开发与利用；国家文化公园则强调实现文化的综合价值，是文化保护传承弘扬的功能集成。

同时，对国家文化公园与我国已经设立的"国家公园"也应进行区分。国家文化公园既不是国家公园的某种类型，在性质和功能上也与之有很大的区别。2015 年，国家发改委等 13 部委联合印发《建立国家公园体制试点方案》，我国国家公园体制正式成形，迄今全国共批复设立了 11 家国家公园，由国家林业和草原局（国家公园管理局）统筹管理。国家公园是"以保护具有国家代表性的大面积自然生态系统为主要目的，实现自然资源科学保护和合理利用的特定陆地或海洋区域"[1]。显然，相较以自然保护为主、边界范围清晰的国家公园，国家文化公园是以特定文化价值为引领而形成的涉及多个文化资源保护区（点）的综合性的文化生态系统。

（二）国家文化公园与欧美国家的相关概念有本质区别

民族国家是一个晚近的、西方式的话语体系。民族国家的成形，学术界普遍认为始自 1648 年欧洲各国达成《威斯特伐利亚和约》，民族和民族认同是以欧洲为代表的诸多近代民族国家形成的基础。文化遗产在西方学术界的话语体系中具有建构民族国家身份认同的独特意义，欧美等西方国家在构建其文化遗产保护体系的过程中十分强调其塑造文化认同、国家认同的价值和作用。

---

[1] 中共中央办公厅、国务院办公厅：《建立国家公园体制总体方案》，2017 年。

美国作为一个移民国家，国家历史较短，也是世界上民族和文化最多元的国家之一，强化美国的国家认同受到高度重视。美国国家历史公园（National Historical Park）是美国实现对具有国家重大意义的文化遗产保护的重要平台，于 1933 年纳入美国国家公园管理体系。截至 2019 年，美国共设立国家历史公园 57 个，涵盖了在美国历史上具有重要意义的历史遗址遗迹。

欧盟委员会秉承"多元统一"的文化治理理念，将欧洲共享的文化遗产作为强化欧洲一体化战略的重要举措。欧盟于 1987 年正式发起命名"欧洲文化线路"的项目，通过体现欧洲价值的主题文化线路串联起散落分布于欧洲各国的文化遗产和遗迹，迄今已经命名了 32 条欧洲文化线路。

中国国家文化公园的设立与美国的国家历史公园、欧盟的欧洲文化线路等有类似之处，都十分强调对于共同的文化身份认同，即"文化共同体"的确立，但中国作为多民族统一的"文明型国家"[①]的国家性质决定了中国国家文化公园与美国的国家历史公园、欧盟的欧洲文化线路又有本质上的不同。美国作为一个移民国家，建国历史较短，其国家历史公园体系首先注重的是国家认同，在国家认同的基础上再来强化文化认同。欧盟是由 27 个成员国组成的具有"邦联"性质的国际组织，其设立欧洲文化线路的目的是培育欧洲各国共享的文化共同体，以此来强化欧洲价值和欧洲文化认同，属于区域文化认同的范畴，与国家和民族文化认同有着本质的区别。中国国家文化公园的设立，基于对文化保护、传承、弘扬、创新、利用等功能的整合，塑造并强化中国作为多民族文化认同型国家的文化认同和国家认同，不仅开创了一个全新的文化公园概念，同时也是一次重要的体现中国道路话语体系

---

① 参见张维为《文明型国家》，上海人民出版社 2017 年版。

的文化治理模式创新。

二、新时代彰显中华民族文化共同体认同的国家文化空间体系

（一）文化认同型国家建构中的中华民族文化共同体

我国是一个有着五千年辉煌灿烂文明史，各民族"多元一体"的文化认同型国家。与西方社会形成的以民族认同为基础、中东地区形成的以宗教认同为基础的国家形式不同，中国是一个典型的以文化认同为基础的国家[1]，文化认同在维护国家统一、民族团结的过程中扮演着灵魂和纽带作用。明末清初思想家顾炎武系统阐述了其"天下"理念，认为"是故知保天下，然后知保其国"[2]。顾炎武所说的"天下"是一个文化概念，指的是中华文化的道统传承，是中国各民族所共享的文化共同体，"保天下"即是国家的合法性来源。当代哲学家梁漱溟指出，"中国思想正宗……不是国家至上，不是种族至上，而是文化至上"[3]，文化认同在中国的国家建构中有着至关重要的地位。

近代以来，面对西方文明在政治、军事、经济、文化等领域的强势冲击，中国传统的国家和民族建构的"天下主义"和"华夷之辨"理论体系逐渐被西方现代民族国家理论取代，"天下主义转变为以西方为中心的近代文明论，夷夏之辨蜕变为以种族意识为基础的近代民族主义"[4]。在"亡国灭

---

[1] 参见傅才武《文化认同型国家属性与国家文化战略构架》，《人民论坛》2021年第4期。
[2] （明）顾炎武著，（清）黄汝成集释：《日知录》卷13《正始》，浙江古籍出版社2013年版，第190页。
[3] 梁漱溟：《中国文化要义》，上海人民出版社2005年版，第190页。
[4] 许纪霖：《"好的"文明与"我们的"文化》，《中国科学报》2015年9月25日。

种"的民族危机感面前,"中华民族"作为一个政治概念应运而生,成为中国作为现代国家建构的"国族"①。费孝通指出,"中华民族作为一个自觉的民族实体,是近百年来中国和西方列强对抗中出现的"②。

"共同体"(community)是指人类社会或自然界有机体在共同条件下结成的某种集体,广泛应用于社会学、政治学和生态学等领域之中。法国启蒙运动的代表人物卢梭最早将"community"用在了"共同体"这一意义上。德国社会学家滕尼斯认为人类的群体生活体现为两种类型:共同体与社会,共同体是有机地浑然生长在一起的整体,而社会是一种目的的联合体。③ 滕尼斯提出共同体的基本类型包括血缘共同体、地缘共同体和精神共同体等。文化共同体是人类社会共同体中的高级形式,属于精神共同体的一种表现形式,"是基于共同或者相似的价值观念和文化心理定式而形成的社会群体,是一种特定文化观念和精神追求反映在组织层面上的有机统一体"④。

民族文化认同在现代国家的形成过程中发挥了重要作用,民族学家本尼迪克特·安德森就提出了"民族是想象的共同体"⑤这一著名观点。如何理解中华民族文化共同体?费孝通提出了"中华民族的多元一体格局"的重要论断,这是对中华民族文化共同体之根本特质最恰当的表述。中华民族是由历史上多个不同民族在中华大地辽阔的地域空间之中,经过长时期冲突与融

---

① 许纪霖:《国族、民族与族群:作为国族的中华民族如何可能》,《西北民族研究》2017年第4期。
② 费孝通:《中华民族的多元一体格局》,《北京大学学报(哲学社会科学版)》1989年第4期。
③ 参见[德]斐迪南·滕尼斯《共同体与社会:纯粹社会学的基本概念》,林荣远译,商务印书馆1999年版,第iii页。
④ 傅才武、严星柔:《论建设21世纪中华民族文化共同体》,《华中师范大学学报(人文社会科学版)》2016年第5期。
⑤ [美]本尼迪克特·安德森:《想象的共同体——民族主义的起源与散布》,吴叡人译,世纪出版集团、上海人民出版社2005年版,第7页。

合形成的整体。中华民族文化共同体是"以共同的语言文字、历史记忆、传统价值观和共同心理特征等为纽带组成的民族文化有机体",它"与国家文化软实力战略目标连接在一起,日益成为国家重要战略资源和民族整体利益所在"。①

在新时代实现中华民族伟大复兴的历史征程中,中华民族的崛起不可避免地要不断应对和处理全球化和文明冲突的复杂关系。面临百年未有之大变局的国内国际新环境、新问题和新挑战,培育中华民族文化共同体认同、建构中国话语的国家和民族文化认同具有重要的历史意义,因此建设国家文化公园具有超越一般文化文物资源保护利用功能的更为深远的意义。

(二)国家文化公园是彰显共同体价值的国家文化空间体系

我国目前已经确立了长城、大运河、长征、黄河等四处国家文化公园,从时间上跨越了从中华文明起源、发展到近代新民主主义革命的较长历史时期,从空间上覆盖了我国大面积区域,其在时空上的大尺度前所未有,在世界上所有类型的"国家公园"相关概念中也是独一无二的,对于多元一体、海纳百川、源远流长的中华文化具有最广泛的代表性,是彰显共同体价值的国家文化空间体系。

所谓文化空间,是一种"具有文化意义或性质的物理空间、场所、地点"②,是富含"象征、符号、价值观、叙事行为、集体记忆与历史记忆"③的场所。文化空间具有明确的物质空间和象征意义系统,是两者的有机结

---

① 傅才武、严星柔:《论建设21世纪中华民族文化共同体》,《华中师范大学学报(人文社会科学版)》2016年第5期。
② 向云驹:《论"文化空间"》,《中央民族大学学报(哲学社会科学版)》2008年第3期。
③ 李玉臻:《非物质文化遗产视角下的文化空间研究》,《学术论坛》2008年第9期。

合。①国家文化空间体系在国家的形成和发展过程中发挥了关键性的作用，产生了深远的影响，留下了深刻的国家文化记忆，在国家范围内具有广泛的代表性，是培育国家文化认同和文化价值的重要场所。

习近平总书记在2019年全国民族团结进步表彰大会上的重要讲话中指出：要"树立和突出各民族共享的中华文化符号和中华民族形象，增强各族群众对中华文化的认同"。我国作为一个有着悠久文明史、多民族"多元一体"的文化认同型国家，国家文化公园应兼具深刻的国家性和最广泛的代表性，应是各民族广泛认同并共享的文化符号和文化纪念地，因而其往往不是一处单个的国家文化纪念场所，而是成体系地出现的。我国目前确立的长城、大运河、长征、黄河四处国家文化公园都在中国、中华民族、中华文明的形成、发展和演变过程中发挥了关键性作用，产生了深远影响，具有深刻的国家性、广泛的代表性。因而，我国国家文化公园是一种彰显中华民族文化共同体价值的国家文化空间体系，展示了中华文化的时空立体形象。

长城国家文化公园包括了从战国时期到明朝两千余年来我国历代修筑的具备长城特征的防御体系，广泛分布在华北、东北、西北15个省、自治区、直辖市的广阔地域。长城的修筑，是农耕文明时期我国农耕民族与游牧民族长期冲突融合的一条重要的文化"锋线"，对中国作为统一多民族国家的形成和发展发挥了至关重要的作用。大运河国家文化公园包括京杭大运河、隋唐大运河、浙东运河三个部分，跨越了从春秋吴国开凿邗沟始至今两千余年的时间，包括华东、华北、中南地区8个省市，沟通了钱塘江、长江、淮河、黄河、海河五大水系，将我国南方与北方、经济中心与政治中心联结成

---

① 参见傅才武《文化空间营造：突破城市主题文化与多元文化生态环境的"悖论"》，《山东社会科学》2021年第2期。

为一个整体,有力地促进了全国范围内的经济文化交流,巩固了国家统一。长征国家文化公园以中国工农红军一方面军(中央红军)长征线路为主,兼顾红二、四方面军和红二十五军长征线路,涉及华东、中南、西南到西北的15个省、自治区、直辖市。长征是一部伟大的革命英雄主义史诗,长征精神为中国革命不断走向胜利提供了强大精神动力,是重要的国家文化标志和符号。黄河国家文化公园以黄河流域为主体,横跨我国西北、西南、中南、华北、华东黄河沿线9个省区。黄河流域是中华文明的早期发源地,是中国历史长时期的政治、经济、文化重心,为中国和中华民族的孕育形成提供了最重要的肥沃土壤,更是中国和中华民族的精神文化符号象征。

因而,我国目前四处国家文化公园在空间上包括了我国大部分省、自治区、直辖市,在时间上跨越了从中华文明早期至今的所有历史时期,具有突出的国家性和最广泛的代表性,是一个具有明确空间载体、价值载体和符号载体的覆盖全国的国家文化空间体系,是中华民族文化共同体的国家想象,对于强化中国多民族统一的现代国家建构具有重要意义。

(三)国家文化公园是塑造中华民族文化共同体的功能载体

我国的国家文化公园是一种全新的、系统的国家公共文化空间形态,是培育塑造中华民族文化共同体的功能载体,兼具国家性、文化性、公共性三重特性。

一是国家性。文化遗产是一个国家或民族形成和发展过程中某个特定历史时期的政治、经济、科技和社会文化融合的产物,其对于现代国家的建构具有重要的文化认同价值、符号价值和象征意义,是一种对于国家公共资源的"象征财产"（symbolic estate）[①]。从现代国家建构的国家性角度来看，国家文化公园是国家形象特征和文化传统的标志与体现，包含了国家的历史起源、民族精神和国家价值观的渗透，也承载了国家对外文化交流的使命。我国国家文化公园的设立是在确立中华民族文化共同体的国家价值标准之下对现有文化遗产资源的整合，超越了某种单一地域、族群或历史时期的文化，体现了文化建设中的"国家在场"[②]，建构起国家价值认同的宏大时空叙事。

二是文化性。国家文化公园是以文化资源为支撑，保护利用文化遗产，传播国家优秀文化，满足国民精神文化需求的公共文化空间体系，其与以自然生态保护为主的国家公园有着本质的区别。国家文化公园的文化性一方面体现在文化价值上，即其体现并彰显了国家民族文化精神、文化符号和文化认同。长城、大运河本身便是世界文化遗产，黄河沿线包含了一大批世界文化遗产、重要的文物和遗址保护区，长征沿线则涵盖了大量的革命文物和遗址，它们都是中国和中华民族精神的符号和象征。另一方面体现在文化功能上，即国家文化公园具有"以文化之"的作用，实现了保护传承利用、文化教育、公共服务、旅游观光、休闲娱乐和科学研究等功能，通过其综合性文化功能培育着中华民族文化共同体。

三是公共性。所谓公园，指的是供公众游憩的场所，国家公园则是国家为保护自然生态或文化遗产而划定的特定区域，通常归代表公众利益的政府所有。国家文化公园和其他类型的公园一样，公共性是其最基本的特征。其一是空间的公共性。国家文化公园划定有特定的空间区域，包括重点建设管

[①] 魏爱棠、彭兆荣：《遗产运动中的政治与认同》，《厦门大学学报（哲学社会科学版）》2011年第5期。
[②] 文孟君：《国家文化公园的"国家性"建构》，《中国文化报》2020年9月12日。

控保护区、主题展示区、文旅融合区、传统利用区四类主体功能区[①]，这些区域是体现国家性和文化性的公共文化空间。其二是文化符号的公共性。国家文化公园所蕴含的文化价值及其所抽象出来的文化符号，体现出来的是各民族共享的中华文化符号，是体现国家形象和民族精神的文化符号，是代表国家向全世界进行展现和传播的文化符号，因而其文化符号具有公共性。其三是文化功能的公益性。国家文化公园具备文化保护、教育、观光、休闲、体验等功能，其主体部分是国家提供的公共文化产品，其根本宗旨是实现全民参与和全民受益，具有很强的社会公益性。

因此，我国设立的国家文化公园是一种全新的、系统的公共文化空间形态，是一种体现国家性、文化性和公共性的宏大时空叙事表达，是塑造中华民族文化共同体的重要功能载体。

三、建设国家文化公园、培育中华民族文化共同体认同的思路和举措

党的十九届五中全会确立了到2035年建成社会主义文化强国的战略目标，建设国家文化公园是其中的关键举措。在文化共同体视域下，建设国家文化公园的最终价值体现在培育中华民族文化共同体认同。就如何通过国家文化公园培育中华民族文化共同体认同，本文从文化时空场景、文化价值符号、文化叙事体系、文旅融合体验等四个方面提出相应的举措。

---

① 参见中共中央办公厅、国务院办公厅《长城、大运河、长征国家文化公园建设方案》，2019年。

（一）营造文化时空场景

文化认同的培育是在一定的时空场景之中，通过个人文化身份建构与国家民族身份建构同频共振而完成的。与世界上其他以单一民族或宗教认同为基础的国家不同，"我国幅员辽阔、历史悠久、文化多元一体，广阔的地理空间、悠久的历史时间、深厚的文化底蕴共同构成了一个宏大的时空场景，只有在这样的场景中跨越空间、跨越时间、体验文化，才能建立起对中华文化特质的深刻认识"[1]。我国国家文化公园在全国范围内大尺度、大范围、大跨度的时空纵横，构建起了一个宏大的国家文化空间体系，下一步要进一步将国家文化公园的文化时空场景化，通过文化时空场景的"国家性"表达，充分唤醒中华民族文化共同体认同。

美国芝加哥大学社会学系克拉克（Terry N.Clark）教授认为，"场景"是指具有某种符号意义的空间[2]，涉及符号、价值观、消费、体验与生活方式等文化内涵。[3] 国家文化公园在建设管控保护区、主题展示区、文旅融合区、传统利用区等四类主体功能区的过程中，要尤其注重通过文化空间营造体现"国家性"和中华民族"多元一体"的文化时空场景。例如在长城国家文化公园的建设中，通过体现长城内外"茶马互市"等民族交融场景的营造，可以充分体悟到农耕民族与游牧民族在中华民族形成过程中各自所扮演的重要角色。

---

[1] 钟晟、欧阳婷：《旅游是一种唤醒文化自觉的成长方式》，《中国旅游报》2021年4月21日。
[2] T.Clark, *The Theory of Scenes*, Chicago: University of Chicago Press, 2013.
[3] 参见特里·N.克拉克《场景理论的概念与分析：多国研究对中国的启示》，李鹭译，《东岳论丛》2017年第1期。

（二）确立文化价值符号

符号是一种高度凝练和抽象的某种特殊内涵、意义或价值的标识，是文化存在的呈现形式，是文化传播的媒介和桥梁。符号学的重要奠基人皮尔斯（Charles Sanders Peirce）提出了著名的"三元符号学"理论，将符号分为三种类型，即像似符号（icon）、指示符号（index）、象征符号（symbol），也指出了符号的三种基本特性，即"像似性"（iconicity）、"指示性"（indexicality）和"规约性"（conventionality）。[1] 国家文化公园所蕴含的中华民族文化共同体价值具有深刻的内涵和很强的抽象性，必须通过符号化才能更好地进行呈现与传播。

首先，长城、大运河、长征、黄河等国家文化公园本身便是重要的符号，要进一步突出和彰显其在中国和中华民族形成、发展、演变过程中的重要意义和价值，使之成为各民族共享的文化符号和中华民族精神的"象征符号"。其次，在国家文化公园的建设过程中，要确立一些具有文化标志性的重要节点，例如长城沿线的重要关隘和重点示范段，大运河沿线体现运河风情的历史文化名城、名镇、街区，长征沿线的重要历史节点纪念地和纪念物，黄河流域对中华文明形成、发展具有标志性意义的重要文物遗址和文化遗产等，通过标志性节点的"指示符号"强化对国家文化公园的认识。最后，要创新转化长城、大运河、长征、黄河等国家文化公园的文化内涵，将文化融入现代生活、产业和科技，创造出更多贴近生活、融入时代的生动活泼的中华文化符号。

---

[1] 参见赵毅衡《指示性是符号的第一性》，《上海大学学报（社会科学版）》2017年第6期。

（三）建构文化叙事体系

长城、大运河、长征、黄河拥有丰富的文化内涵和叙事文本，如何面向全国各族人民和全世界人民讲好中国故事是国家文化公园建设的重要任务，也是重大挑战。通过国家文化公园讲好中国故事，不是简单地进行文化解说或宣传，而是建构起一套国家文化公园的叙事体系。国家文化公园的叙事化表达，尤其要注重"元叙事"，打造"叙事空间"，推动文明交流互鉴。

所谓"元叙事"，是指"具有合法化功能的叙事"，"对一般性事物的总体叙事"，是一种具有优先权的话语。[1] 国家文化公园作为国家性的象征，首要任务是通过大跨度、大范围、长线条的文化遗产讲好中华民族文化共同体的"元叙事"基础理论话语。同时，要推动国家文化公园的语言叙事和空间叙事的交融统一，打造"叙事空间"。[2] 国家文化公园同时具有时间性和空间性，它是一个国家文化空间体系的空间实体，也是具有历时性的内涵丰富的时空文本，这样就构造了一个"叙事空间"体系。要在国家文化公园的叙事空间中，促进对中华民族文化共同体的场所记忆和历史空间交融统一，最大程度地实现文化叙事深入人心。最终，要通过具有中国价值的国际化、多元化表达方式，推动中华民族文化共同体认同在人类文明交流互鉴中不断得到强化。

（四）丰富文旅融合体验

2018年3月，原文化部和国家旅游局组建成新的文化和旅游部，文化和旅游从实践自发的融合转向由行政管理机构融合带动的全面深度融合。文

---

[1] 参见陈先红《"讲好中国故事"：五维"元叙事"传播战略》，《中国青年报》2016年7月18日。
[2] 参见杨莽华《国家文化公园历史空间的叙事结构》，《雕塑》2021年第2期。

化身份认同在文旅融合的过程中扮演着关键角色,是文旅融合的内生动力和根本归宿。在文旅融合的时代背景下,坚持"以文塑旅,以旅彰文",国家文化公园具有十分典型的文旅融合特征,其本身便是文旅融合的产物。在《长城、大运河、长征国家文化公园建设方案》中,"文旅融合区"是其中四类主体功能区之一,"推进文旅融合工程"是其中五个关键领域实施的基础工程之一。推进文旅融合,培育中华民族文化共同体认同,构筑中华民族精神家园,是国家文化公园设立的初衷和应有之义。

文化认同不会直接显现,在文旅融合的过程中是通过"体验"完成的。旅游过程中的文化认同体验是对自我身份的一种追问和确认的体验过程,是旅游体验的高级阶段。[1] 旅游者以"具身"体验全身心地融入国家文化公园所营造的时空场景之中,以"他者"的视角与历史对话、与遗产对话、与自我对话,主客交融沉浸于广阔的历史时空之中,方能够更好地理解"我是谁""从哪里来"等归属性问题,进而对自我文化身份和文化归属建立起深刻的文化自觉和文化认同。因而,丰富国家文化公园的文旅融合体验,培育中华民族文化共同体认同,一方面要营造广阔的宏观时空场景,通过大跨度、大范围的旅游线路,将国家文化公园的线性遗产进行旅游串联,这样才能在不同时空的场景转换和旅游体验中深刻领悟中华民族多元一体的特性,增进中华民族文化共同体认同理念。另一方面,在国家文化公园的微观尺度规划设计中,要在公园中划定文旅融合区,促进文化、旅游、科技、商业、体育、交通等相关业态融合创新,充分发挥旅游业的市场价值和商业价值,促进全民参与,在深度文旅体验中培育文化认同,繁荣文化旅游产业,反哺

---

[1] 参见傅才武、钟晟《文化认同体验视角下的区域文化旅游主题构建研究——以河西走廊为例》,《武汉大学学报(哲学社会科学版)》2014年第1期。

文化遗产保护事业可持续发展。同时，在文旅融合过程中，要将营造文化时空场景、确立文化价值符号、建构文化叙事体系进行有机整合，全面促进国家文化公园建设。

（原载《江汉论坛》2022年第3期）

大运河国家文化公园系统性建设的五个维度*

秦宗财

建设国家文化公园是新时代我国推进实施的重大文化工程之一，是发掘好、利用好丰富文物和文化资源，推动中华优秀传统文化创造性转化、创新性发展的重要举措。2019年12月，中共中央办公厅、国务院办公厅印发《长城、大运河、长征国家文化公园建设方案》，提出国家文化公园"是要整合具有突出意义、重要影响、重大主题的文物和文化资源，实施公园化管理运营，实现保护传承利用、文化教育、公共服务、旅游观光、休闲娱乐、科学研究功能，形成具有特定开放空间的公共文化载体，集中打造中华文化重要标志"。新时代下高质量建设国家文化公园，就是要满足人民群众精神文化需求的精准供给，在一定的物理空间内，展示最有辨识度、生命力和传播力的文化生态景观，有利于体现文物保护、资源利用和文化传承的统一，有助于将国家文化公园打造成国家形象和民族符号，成为提升国家文化软实力的重要途径。

---

* 本文系江苏省社科基金项目"长江文化研究"专项项目"长江文化与大运河文化、江南文化的关系研究"（21CBJ003）的阶段性成果。

因此，推进大运河国家文化公园高质量建设，就是通过高质量地整合大运河沿线具有突出意义、重要影响、重大主题的文物和文化资源，实施公园化管理运营，实现保护传承利用、文化教育、公共服务、旅游观光、休闲娱乐、科学研究功能，形成具有特定开放空间的公共文化载体，集中打造中华文化重要标志，进一步坚定文化自信，充分彰显中华优秀传统文化持久影响力和社会主义先进文化强大生命力。那么，国家文化公园到底建设哪些内容已成为一个亟待解决的学术问题。本文以大运河国家文化公园为研究对象，基于文化空间理论对其展开分析，具体探讨国家文化公园系统性建设问题，以求教于学界。

一、文化空间理论与国家文化公园建设维度

国家文化公园是国家公园引申而来的一种新概念，是我国推进国家文化治理创新而提出的一项"重大文化工程"。国家公园和国家文化公园作为公共文化空间的载体，需从文化空间理论的视角对其进行探源。1974年，法国马克思主义哲学家亨利·列斐伏尔（Henri Lefebvre）提出"空间转向"（the spatial turn），从空间视角重新审视社会。后现代地理学家爱德华·索雅（Edward W.Soja）提出"第三空间"（third space），将空间看作赋予深刻文化意义的文本。社会学家沙朗·佐京（Sharon Zukin）则深入发掘了空间的文化意义，指出文化是控制城市空间的有力手段，经济和政治精英们通过控制城市公共空间来塑造公共文化。[1]从人类学视角出发，"文化空间"是人的

---

[1] Sharon Zukin, *The Cultures of Cities*, Blackwell Publishers, 1996, p.21.

特定活动方式的空间和共同的文化氛围，兼具空间性、时间性、文化性[1]；是具有文化意义的物理空间、场所、地点[2]。在文化学或社会学视角下，国外学者将文化空间看作一种物质空间或社会空间[3]，是一种文化能够习得并得以传承的框架[4]，是各种形式的人类活动赖以实现的空间[5]。而国内学者则将文化空间看作文化在一定区域的空间表现，以及在这个区域进行文化交往的表达方式[6]；或是一种由意义符号、价值载体构成的体现意义、价值的场所、场景和景观[7]；是联系人们内心世界的纽带与精神性血脉的交织[8]。而文化地理学视角的文化空间主要表现为文化区——具有相似性的人类活动、传统和文化属性的空间地理区域，其研究目的在于通过空间文化特质重建文化结构及群际关系。[9]

国家文化公园是国家公园新的发展形势，是依托"遗址遗迹"和"建筑与设施"等人文旅游资源，具有代表性、延展性、非日常性主题，由国家主导生产的主客共享的国际化公共产品，是承载国家或国际意义文化资源的重

---

[1] 参见陈虹《试谈文化空间的概念与内涵》，《文物世界》2006年第1期。
[2] 参见向云驹《论"文化空间"》，《中央民族大学学报（哲学社会科学版）》2008年第3期。
[3] Jack P. Greene, *Imperatives, Behaviors, and Identities: Essays in Early American Cultural History*, University of Virginia Press, 1992, p.82.
[4] Robert M. Young, *Mental Space*, London: Process Press, 1994, p.43.
[5] Michael D.Higgins, *The Cultural Space - Not Just Location of the Arts, but the Basis of Creativity, Source of Innovation and the Vindication of Citizenship*, given at the ECCM Symposium Productivity of Culture in Athens, 18th October, 2007.
[6] 参见王少峰《公共政策与文化空间——以北京的人文奥运建设为例，兼论节假日与社会生活的公共性》，载中国民俗学会、北京民俗博物馆编《传统节日与文化空间："东岳论坛"国际学术研讨会专辑》，学苑出版社2007年版，第116页。
[7] 参见关昕《"文化空间：节日与社会生活的公共性"国际学术研讨会综述》，《民俗研究》2007年第2期。
[8] 参见詹福瑞等《转型时代文化空间的建构（专题讨论）》，《学术月刊》2021年第11期。
[9] 参见伍乐平、张晓萍《国内外"文化空间"研究的多维视角》，《西南民族大学学报（人文社会科学版）》2016年第3期。

要载体。① 已有研究认为，价值研究是中国国家文化公园基础理论研究中最紧迫且具有全局性的学术问题，国家文化公园的建设和运营共同构成其价值实现过程。② 同时，国家文化公园为提升公共文化空间的品质提供了一种全新的形态或模式。③

依据我国发布的一系列实施政策与建设规划来看，国家文化公园是为了集中打造新时代中华民族文化符号、弘扬民族精神而推出的重大文化工程，也是一种全新的国家公园建设模式。所以，从根本上以中华文化重要标志为导向，辨析大运河国家文化公园本质属性，是明确大运河国家文化公园高质量建设的定位和运行的必要前提。在本质上，中华文化重要标志是承载中华优秀文化基因，能够被民众通过视觉、行为等可感知的方式识别，并产生情感共鸣、群体归属和文化认同的具有较强规范性的标志性载体，包括自然地理标识、物质文化标识和精神文化标识三种类型。结合文化空间理论与我国国家文化公园建设目标可以看出，国家文化公园的本质是公共文化空间载体，而文化空间的核心结构由资源载体、意义表达、产业活力、文化传播、制度规范"五维系统"构成。因此，国家文化公园的建设核心，就是要打造其"五维系统"。

中国大运河是自然与文化双遗产，有着鲜明的自然生态系统和文化生态系统。其不仅是联结中国东部地区南北方地理的生态廊道，更是沟通融汇京津、燕赵、齐鲁、中原、淮扬、吴越六大文化高地的文化走廊，凸显了文化多样性的特色，呈现出中华文明的精髓，承载着民族记忆和文化认同。因

---

① 参见王克岭《国家文化公园的理论探索与实践思考》，《企业经济》2021 年第 4 期。
② 参见赵云、赵荣《中国国家文化公园价值研究：实现过程与评估框架》，《东南文化》2020 年第 4 期。
③ 参见程惠哲《从公共文化空间到国家文化公园　公共文化空间既要"好看"也要"好用"》，《人民论坛》2017 年第 29 期。

此，大运河国家文化公园建设不是打造一般意义上的文化地标，而是依托大运河文化带标志性的物质和非物质文化遗产，基于打造新时代中华民族文化符号、弘扬民族精神的战略目标，通过推进有效保护、传承与利用，形成新时代语境下独具特色的文化标识体系与民族话语表达体系的公共文化空间载体。因此，大运河国家文化公园建设内容至少包含物质依托的人文生态系统（生态优先的载体层）、具有多重价值的文化意义系统（文化引领的意义层）、激发文化活力的文旅产业系统（产业支撑的产业层）、促进信息流通与共享的文化传播系统（社会共享的传播层）、提供公共文化服务和管理的制度规范系统（制度保障的制度层）等具有国家性、开放性、体验性、综合性的公共文化空间。就其目的和功能而言，大运河国家文化公园是为了保护和利用好丰富的优秀传统文化资源，推动中华优秀传统文化创造性转化、创新性发展，形成新时代下独特的文化标识体系和公共文化空间载体，从而建构良好的国家文化形象。

作为集中打造中华文化重要标志的公共文化空间载体，大运河国家文化公园"五维系统"是相互作用、相互支撑的。一是人文生态系统建设。基于文化文物生态资源、遗产资源等有形资源，明确人文生态系统作为大运河国家文化公园等建设基础，即通过系统梳理、保护和修缮大运河文化带沿线的历史文化遗址遗存，形成"千年运河"独具人文特色和价值的物理性标志，也是其作为大运河国家文化公园的物质性呈现。二是文化意义系统建设。深挖大运河文化遗址遗存所内蕴的文化意义（精神、观念、审美等），并与新时代的价值取向与审美要求相结合，促进其当代的创造性转化与创新性发展，形成大运河国家文化公园的文化意义体系。三是文旅产业系统建设，即形成富有活力的文化生产体系和市场体系。四是文化传播系统建设，即大运河沿线文化文物资源的深层次精神、价值，借助于各种媒介符号或作品，使隐性的"千年运河"文化意义外显化,让受众可感知、可体验,从而促进大运河文化意义流通与价值共享,实现有效传播。五是制度规范系统建设,即大运河国家文化公园建设过程中保障与维护人文生态系统、文化意义系统、文旅产业系统、文化传播系统等有序建设的相关制度与规范体系。五大系统是一个有机的整体,共同构成了大运河国家文化公园的建设内容,具有整体性、系统性、逻辑性。人文生态系统为大运河国家文化公园建设提供了必要的物理空间和文化资源;文化意义系统依托人文生态系统而存在,是大运河国家文化公园建设的核心资源与实现保障;文旅产业系统为民众提供了体验的情境和消费渠道,是促使大运河国家文化公园可持续发展的动力;文化传播系统是促进文化意义流通与价值共享的重要途径;制度规范系统是确保大运河国家文化公园建设与运营的制度保证。(见下图)五大维度的系统建设

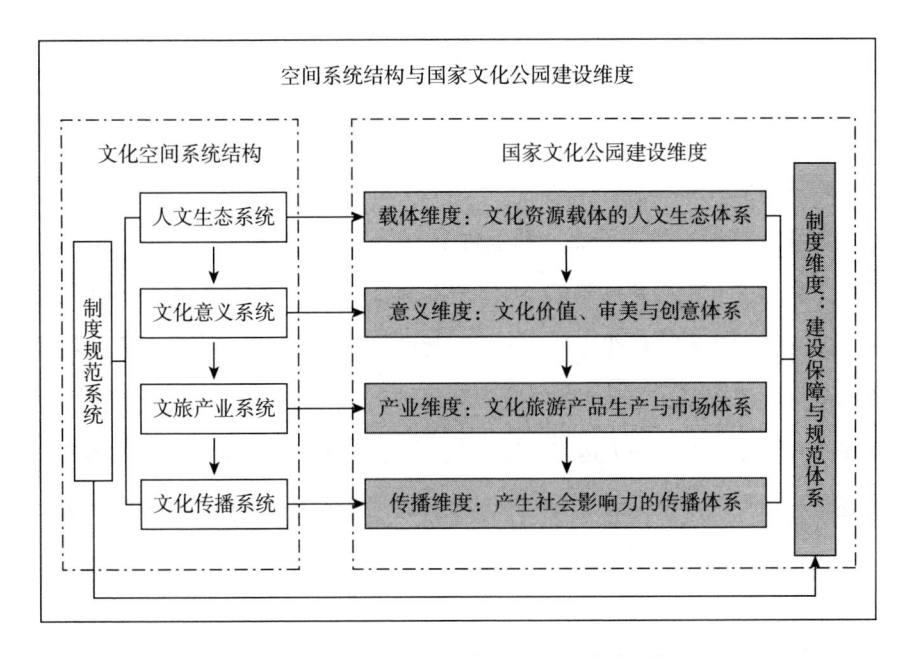

国家文化公园系统性建设的"五维系统"

要实现的终极目标，就是让人民群众能够有获得感、幸福感、归属感。这五大系统共同构成了大运河国家文化公园建设不可或缺的组成部分，成为互动共生的有机整体。

二、大运河国家文化公园人文生态系统建设

大运河国家文化公园人文生态系统侧重于国家文化公园的生态资源保护与物质载体建设，具体包括：一是构成大运河国家文化公园的自然生态空间，这是承载其他物质和非物质文化的场域；二是大运河国家文化公园的物理空间，以及在历史中形成的物质性文化资源（如古村落、城镇、文物等），对应传统利用类功能区域的生态建设；三是大运河国家文化公园物理空间中具有的丰富多彩的非物质文化遗产、传统民俗和文化事项，对应管控保护类区域的生态建设，还包括根据传统文化衍生和创意创新而来的符合现代消费者需要的消费文化所对应的主题展示和文旅融合类功能区域的生态建设。

民族文化符号是在一定的符号记忆的事实基础上，被人们在漫长的历史实践中不断赋予主观情感，其蕴含了一个民族特有的价值理念和精神气质，是民族文化的外化和载体。[①]"千年运河"作为中华民族重要的文化符号，其丰富的历史遗存遗迹则是中华文化的具体外化和独特载体的重要组成部分。大运河国家文化公园的文化资源保护利用及其作为中华文化重要标志的形成，需要系统梳理大运河国家文化公园具有中华文化重要标志的各类遗址遗迹，以此形成唤醒公众对中华文化集体记忆的重要载体。大运河国家文

---

① 参见姚文帅《文化基因：国家认同价值生成的逻辑》，《学术界》2016年第9期。

化公园形成中华文化重要标志的前提，是要有外显的、可触摸、可感知的"触发器"，有让广大受众能够"触景生情""睹物思怀"的物质载体。一方面，要从现有的大运河文物遗产中挖掘能够成为中华文化重要标志的水工遗存、运河故道、名城古镇及各类运河附属遗存等，使已有的文物资源能够成为中华文化的"触发器""标志物"，使得中华文化具有实实在在的、可供考证的、令人信服的丰富而系统性的实物载体；另一方面，以特定的主题、人物、故事为线索，将大运河沿线零散的遗址遗存有机地联系起来，使得各类文化遗产的保护与展示有时间或空间上的连续性、整体性，从而能够使其内蕴的中华文化基因赓续脉络得以清晰展示。

　　大运河国家文化公园人文生态系统建设以生态资源为基础。生态景观（ecoscape 或 ecological landscape）是对原有景观资源重新组合的结果，通常体现为景观生态规划的产物或目标。[1] 大运河国家文化公园是由众多生态景观构成的，因而其人文生态系统的建设必须强调人类、生物和环境之间的相互关系。从整体上，系统性、全方位地展示中华文化，需要构建大运河国家文化公园的生态景观系统，从而形成中华文化重要标志的整体性的、统一的公共文化空间载体。目前大运河两岸存在着绿化水平较低、树种结构单一、生态空间不足、岸线生态资源缺乏整体规划、河湖生态空间被城乡建设挤占等现象，大运河沿线区域人与自然和谐发展面临诸多挑战。大运河国家文化公园生态景观的建设既要满足生态运河建设的要求，也要唤醒人们的运河生态保护意识，从而有利于在物质资源形态上提升大运河国家文化公园人文生态系统的影响力，进一步促进大运河国家文化公园作为中华文化重要标志的

---

[1] 参见陈爽等《生态景观与城市形态整合研究》，《地理科学进展》2004 年第 5 期。

形成。因此，从突出大运河国家文化公园文化属性和综合功能的角度，要统筹"千年运河"文化遗产、河道水系、生态环境等空间布局，优化沿线城乡人居环境，重塑"千年运河"整体形象，打造成河湖岸线功能有序、生态空间山清水秀、生活环境绿色宜居、城乡建设特色突出、山水林田湖草生命共同体相得益彰的"美丽运河"。

另外，作为与自我相互界定的参照物，"他者"一直是我们衡量自己的价值、特征或共同人性的标尺。[①] 大运河国家文化公园所面向的受众还包含国外游客，但由于国外游客长期接受的教育、文化熏陶与国内有所不同，因而不可避免地会对具有中华民族特色的大运河国家文化公园的文化内涵与意义的理解有所偏差甚至不解。因此，保护和利用大运河国家文化公园生态资源以吸引外国游客，需要对外国游客的需求、特征进行分析，以民族性、文化性的特色展示空间形态做好跨文化阐释工作，以此吸引游客。

三、大运河国家文化公园文化意义系统建设

具有2500多年历史的大运河，沟通融汇京津文化、燕赵文化、齐鲁文化、中原文化、淮扬文化、吴越文化等，富集水利文化、漕运文化、船舶文化、商事文化、饮食文化、建筑文化、民俗文化等多种形态，承载了中华民族深厚的历史文化底蕴。建设大运河国家文化公园的文化意义系统，就是要充分展示"千年运河"承载的文化价值和精神内涵，擦亮中华文明亮丽名片。大运河国家文化公园文化意义系统侧重于国家文化公园文化内涵与时代

---

① 参见黄剑波《作为"他者"研究的人类学》，《广西民族研究》2002年第4期。

转化体系建设，主要包括：一是依托当地物质和非物质文化遗产而存在，能代表当地主流价值观、道德伦理观的价值意义系统；二是依托当地物质和非物质文化遗产而存在，能体现当地审美情趣和审美理想的象征意义系统；三是依托当地物质和非物质文化遗产，根据时代背景和当下需要，进行延伸和创新而来的价值与审美意义系统。文化意义系统的建设既有对源自传统意义体系的价值判断、优选和传承，也有根据时代需要进行的整合与创新，两者相辅相成，共同构成大运河国家文化公园的文化意义系统。

"千年运河"作为沟通我国东部地区南北文化的开放空间的公共文化载体（即大运河国家文化公园身份意义的附着物和旅游者追求价值认同的吸引物），需要形成宣传国家形象、展示中华文明、彰显民族文化自信的"亮丽名片"，从而建构大运河国家文化公园的身份认同与集体记忆。大运河文化的精神意义符号包括一系列历史文献、非遗、文学作品、民歌、纪念地、重要历史人物和重大历史事件、纪念仪式，以及凝结在其中的精神文化、民俗传统和价值理念等符号系统，符号通过传播渠道流向受众，受众接触，对其进行解读，最后形成认知，其概念和精神内涵就得到了传承。大运河国家文化公园内容建设的重中之重是"千年运河"内蕴的中华文化历史文脉梳理与国家形象文化基因的提取，以此唤醒旅游者的"集体记忆"，从而增进新时代下其对中华文化和国家形象的价值认同，由此增强其民族身份认同。这是大运河国家文化公园文化建设的基础性任务。加强精神阐释和价值阐释弘扬，是大运河国家文化公园建设的重要内容，在大运河国家文化公园建设中具有基础性和导向性作用。大运河国家文化公园精神文化体系建设，包括系统概括大运河文化的基本内容，建构大运河文化的价值体系，提炼大运河文化的核心价值与精神内涵，以文化为引领，以价值为导向，提高大运河文化保护传承利用质量，推动大运河文化创造性转化、创新性发展。大运河国家文化公园蕴含着奋发进取、创新协同、融合共生、使命担当的大运河精神，这些精神建构起大运河国家文化公园的精神文化体系，并能够对大运河精神文化进行提炼与弘扬，进一步推动中华文化重要标志的形成。

大运河国家文化公园的文化意义体系建设，除了传承弘扬中华优秀传统文化的价值内核之外，还要推动大运河文化与时代元素相结合，激活其新时代生机与活力，为新时代中华优秀传统文化传承与创新提供强大动力。既要有对源自传统意义体系的价值判断、优选和传承，也要根据时代需要进行整合与创新。因此，需要充分激发当代人的创意创造，延续大运河的千年神韵，通过创作大运河相关作品，向新时代中华儿女讲好中国故事。

在既有的物质和非物质文化遗产资源的基础上，深入挖掘"千年运河"的文化精髓，在保持原真性的前提下，按照新时代先进文化的价值导向和民众精神需求，推动大运河文化在新时代语境下创造性转化和创新性发展。构建大运河国家文化公园的文化意义系统可分为两大类。第一类是根据公共文化事业属性的建设要求，高质量开发大运河国家文化公园"物质文化遗产创意体系"。物质文化遗产重在保护，在保护的前提下，依托现代展示技术和体验技术，适当地开发高水平的文创项目，即以博物馆馆藏的优质的大运河文化遗产资源为内容基础，实施线上线下联动，线下开辟大运河国家文化公园博物馆文化旅游线路、研发博物馆文创纪念品、举办艺术品展览、提供艺术体验等，在保护的前提下深度挖掘大运河国家文化公园物质文化遗产的经济潜质；线上借助于数字文化创意、数字技术、融媒体技术等，实施博物馆数字化战略，将大运河国家文化公园博物馆馆藏资源数字化运作，实现文物遗产的数字化开发。第二类是遵循文化创意产业属性的建设要求，高质量开发大运河国家文化公园"非物质文化遗产创意体系"，高质量开发大运河文化遗产的演艺演出类、与相关产业融合类、文化遗产 IP 创意综合体类等文化创意体系。

此外，大运河国家文化公园对外应成为承载特色和表达共识的国家文化形象，充分展现大运河在世界文明史和人类文化史上的价值与地位，突出"千年运河"内蕴的人类命运共同价值和普遍意义，赋予其新的时代含义和文化价值，与时俱进、继承创新，促进中外文化交流与合作，提升中国文化的话语权，从而坚定中华民族的文化自信，增强国家文化软实力。建设大运河国家文化公园，就要鼓励创作各类面向国际受众的优秀作品，讲好运河故事，提升大运河文化的知名度、美誉度和影响力。

四、大运河国家文化公园文旅产业系统建设

大运河国家文化公园文旅产业系统侧重于国家文化公园的文化活力体系建设，主要包括：一是文化生产体系的建设，积极探索传统文化创新性转化和文化创意产业的生产模式，健全文化创意生产、制作技术应用、产业化制作等生产体系的建构；二是在社会效益和经济效益的双重目标下，联结消费者需求和大运河国家文化公园的核心价值，建设大运河国家文化公园文旅商品及其生产要素等市场体系。

大运河国家文化公园内容建设不能仅仅停留在资源层、创意（作品）层，更要推动其向大众消费转化，打造"文化产品层"和"文化产业层"，即文化意义的符号化、产品化，借此文化提供可实现可感知的产品或服务，令旅游者在追寻现场体验中可触摸、可感知、可消费。大运河国家文化公园作为旅游体验的重要形态，需要增强可参观性生产的能力，从而提升文化意义面向旅游观光者的展示水平，在此基础上推动文化产品的产业化，为旅游者提供文化体验消费及配套服务的产业形态和运行体系。大运河国家文化公

园作为统筹沿线区域社会经济发展的抓手，通过建立自治的市场体制和机制，推动国家文化公园场景的产业化生产和周边产品产业化生产，不断延伸其文旅融合的价值链、产业链，从而不断增强其溢出效应。基于国内循环就是要发挥优势，推动产业不断升级，在作为供给侧的文化生产体系中，应以进一步整合资源、提供更高质量的大运河文化产品为目标，做好大运河文化创意的服务配套、产品配套，提高相关符号产品的实际价值，获得更多认同。基于国内循环就是要充分发挥我国超大规模市场优势和内需潜力，切实关注文旅市场中主体对于文化旅游产品的需求，以大运河国家文化公园的游览功能带动文化产品的消费、体验和传播，在文化消费过程中获得更多的情感体验和价值认同。

基于当前中国国内国际双循环的新发展格局，从文化生产体系和文旅市场体系这两个维度来建设大运河国家文化公园文旅产业系统，顺应时代发展所需。"国际循环"格局下大运河国家文化公园文化生产体系的建设既要发挥大运河文化带的创意生产，也要推进大运河文化与国际视野相结合，打造中华民族特色与国际潮流相融合的大运河国家文化公园。推动大运河国家文化公园文化生产体系在"国际循环"格局下的创新发展，需要对如何进一步丰富和畅通运河文化对外交流和运河文化产品贸易渠道，在开放合作和国际竞争中提高自主创新能力，提高中华文化的国际影响力和传播力，为国家文化形象品牌的塑造和传播提供展示平台进行深入研究。在"国际循环"的发展格局下，我国大运河国家文化公园文旅市场体系建设与发展的关键是要将自身优势转化为参与国际合作和竞争的新优势，在借鉴国外运河文化带文旅产业开发的优秀经验的同时，推动以大运河国家文化公园物质和非物质文化遗产所形成的独特文化标识成为国际受众对中华文化产生认同感的基础，形成大运河国家文化公园走向国际文旅市场的独特优势。

五、大运河国家文化公园文化传播系统建设

文化基因是指内在于各种文化现象中,并且具有在时间和空间上得以传承和展开能力的基本理念或基本精神,以及具有这种能力的文化表达或表现形式的基本风格。[①] 大运河国家文化公园文化传播系统侧重于文化意义流通与实现共享过程中媒介符号表征、传播矩阵、传播效果等,以此传承"千年运河"的文化基因。

大运河国家文化公园需要强有力的媒介支持,在复杂的社会网络及社会层次中,大运河文化的传承通过有效的媒介传播,发挥媒介整合功能,扩大传播范围,增强传播效果,突破时空限制,形成传播张力。新一代信息技术能够为更好地挖掘、整理和研究大运河文化提供完善的技术平台,利用各种虚拟媒介技术搜集、整理、创作珍贵的大运河文化资料,并对其进行信息化、数字化、虚拟化处理,将大运河文化之展示价值和传播功能发挥至极致。在实践中探寻运河现存媒介(运河遗址)与虚拟媒介互动、融合的传播方式,将成为未来呈现运河整体文化风貌,保护、传承和传播大运河文化最有效的途径之一。

分析和判断大运河国家文化公园媒介符号表征与传播的效果,可以从四个方面着手。

第一,要有助于受众对蕴含传统文化基因的符号和行为进行感官识别。集体记忆的保存、强化依赖文化基因的符号表征系统,并在社会群体的发展和凝聚中扮演重要的角色;而文化符号能够唤醒人的文化记忆,让人一旦

[①] 参见毕文波《当代中国新文化基因若干问题思考提纲》,《南京政治学院学报》2001年第2期。

接触就能引发对母文化的追忆和认同，从而找到并确认自己的文化身份归属。① 大运河国家文化公园的集体记忆就是人们对大运河文化带沿线相关历史故事、物质和非物质文化遗产的认知，但这一认知并非完全一致。大运河国家文化公园作为集体记忆的实践表征，其所依托的物质和非物质文化遗产通过静态与动态的形式，以特定的符号标志，借助国家文化公园这一公共文化空间载体进行再现和流传。而再现和流传，一方面要在现有的文物、遗址等资源中提炼文化基因，另一方面要在集体记忆中寻找共同的文化基因。

第二，要有助于受众对蕴含传统文化基因的符号和行为产生情感共鸣。文化的意义在于了解其所属文化系统中的观念，进而能够形成文化认同。大运河国家文化公园的建设既要让前来游览与体验的公众对大运河沿线的文化产生认同，也要使其在文化认同的基础上逐步形成对国家的认同，进而能够推动大运河国家文化公园成为中华文化重要标志。当前已有的大运河国家文化公园建设项目正探索景观建设与受众情感需求密切结合的建设路径，景观营造、文化情景再现的建设手法逐渐成为当前大运河国家文化公园文化认同建构的主要方式，将隐性的文化用实物、媒介技术的方式予以呈现使其可感知、可体验，使得公众在游览大运河国家文化公园时更有代入感和沉浸感，从而在文化体验中增强对中华民族优秀历史文化的认同感。

第三，有助于受众认同并遵循符号与行为中蕴含的文化意义和价值观念，并分别从符号识别系统、情感体验系统、文化价值系统来建构受众心理空间。源自内心的认同是大运河国家文化公园成为中华文化重要标志的推动力，在心理空间的建设上，应注重认同植根于具体的环境和社会关系中，打

---

① 参见秦宗财《"千年运河"国家文旅品牌叙事论略》，《艺术百家》2020 年第 5 期。

造符合受众心理需求的、与中华民族具体文化特征有密切联系的环境。

第四，面向国际跨文化群体的传播，注重"求同存异"，即"求"人类共同价值这一"大同"，"存"民族特色这一"小异"。共同价值，是指对世界上所有的人或大多数人而言，能够为人们所普遍认同和共享的价值。中国大运河有着2500多年的悠久历史，是世界文化遗产的重要组成部分，长期以来我国始终坚持建设生态运河的理念，因此，大运河国家文化公园的建设能够具有人类命运共同价值，容易得到国际的认同。同时，也正是由于大运河国家文化公园与生俱来的共同价值，减少了其国际受众心理需求系统建设的阻碍。建设大运河国家文化公园的民族特色，就是要使得国际受众通过大运河国家文化公园这一国家文化形象对中华民族优秀文化文物遗产产生认同，以民族特色吸引、影响国际受众。面对不同国家、不同区域、不同群体，大运河国家文化公园需要构建多层次立体化国际交流平台，采取多元化、多层次化的传播策略和手段，统筹国内传播与国际传播，面向全球着力建设语种多、受众广、信息量大、覆盖全球的一流大运河国家文化公园宣介媒体，使大运河文化的图像、声音、文字、信息更广泛传播。

六、大运河国家文化公园制度规范系统建设

大运河国家文化公园制度规范系统侧重于维护国家文化公园各系统有序建设与运行的规范体系与保障体系，至少包含四个方面：载体保护与利用的制度与规范、文化意义的制度与规范、符号表征与传播的制度与规范、产品生产与市场体系的制度与规范。

国家文化公园治理是新时代实现国家文化治理现代化的重要着力点。大运河国家文化公园治理的本质是对大运河文化带的文化治理，建设社会主义

文化强国是其文化治理的远景目标。国家文化公园的治理意味着国家主体以新的方法进行的新规则化过程，是一种新的管理政策网络，具有较强的目的性、目标性和规则性，并且更适用于多主体的系统。根据大运河国家文化公园建设的四类主体功能区的主要任务，从国家行政体系、公共文化服务体系、文化产业体系、生态文明建设等方面构建大运河国家文化公园高效能治理的内容和实践向度，这是实现"构建现代公共文化服务体系，推进文化管理体制机制创新，健全现代文化市场体系"三大文化治理任务必须解决的关键问题。

围绕大运河国家文化公园重点建设"管控保护、主题展示、文旅融合、传承利用"这四个主体功能，从现代文化公共服务能力、文化管理体制机制创新能力、现代化市场体系主体协同能力三个方面，提升大运河国家文化公园建设、运营和管理等各项社会事务的能力，高效能地推动从单一的管理主体转向多元共治，实现政府监管、社会监督、市场调节、企业自治的共治格局；高效能地推动从以行政管理为主转向以依法管理为主，实现简政放权、放管结合、优化服务改革；高效能地推动从行业规制转向融合规制，在国家文化公园设立、建设、运行、管理、监督等各环节，以及生态保护、自然教育、科学研究等各领域，引导当地居民、专家学者、企业、社会组织等积极参与，完善社会参与机制；高效能地推动从政府主体转向社会多元主体参与实践，提高大运河国家文化公园建设的科学化、民主化和法制化水平。

七、结语

大运河国家文化公园作为公共文化空间载体，是新时代我国国家文化治理的重大探索。大运河国家文化公园的建设内容多、涉及领域广、辐射范围大，主要涵盖保护、传承和利用三大领域，涉及管控保护区、主题展示区、文旅融合区、传统利用区四类主体功能区。基于"双效合一"原则，研究大运河国家文化公园系统性建设，提升其建设效能，将其集中打造成中华文化重要标志，对增强人民群众获得感、幸福感具有重要的意义。从人文生态系统对大运河文化带沿线文物文化资源、文旅生态资源的保护建设，到文化意义系统对大运河文化带文化创意体系、媒介传播体系的创新建设，到文旅产业系统对大运河文化带文化生产体系、文旅市场体系的发展建设，再到制度规范系统对大运河国家文化公园的规范与保障建设，我国国家文化公园系统性建设的主体内容，有助于推动大运河国家文化公园的生态优先、文化引领、产业支撑、社会共享和制度保障的发展格局。推动大运河国家文化公园对内成为凝聚认同和向心力的文化标志，对外成为承载特色和表达共识的国家形象。此外，按照"科学保护、世代传承、合理利用"的思路，以实现"双效合一"为主要目标，还要充分考虑大运河国家文化公园地域广泛性和文化多样性、资源差异性，在大运河国家文化公园建设路径与高效能治理研究的基础上，围绕大运河国家文化公园建设的总体要求，紧扣"高质量建设"的目标定位，以"形成中华文化重要标志"为落脚点，研究大运河国家文化公园高质量建设效能问题。

（原载《南京社会科学》2022 年第 3 期）

铸牢中华民族共同体意识视域下的黄河国家文化公园建设

鄂崇荣

　　文化是民族的血脉和魂魄，是国家强盛的重要支撑。中华文化认同是铸牢中华民族共同体意识的精神家园。习近平总书记强调，要"树立和突出各民族共享的中华文化符号和中华民族形象，增强各族群众对中华文化的认同"[①]。国家文化公园代表着中华民族独特的精神标识和身份认同。建设国家文化公园，是以习近平同志为核心的党中央做出的重大决策部署，在实现中华民族伟大复兴进程中意义非凡、影响深远。中华民族共同体意识是国家层面最高的社会归属感、面向世界的文化归属感，是国家统一之基、民族团结之本、精神力量之魂。[②] 黄河是中华民族大家庭各成员共有、共享、共铸的代表性符号，黄河国家文化公园是彰显中华文明、促进民族团结进步、增强中华文化认同、铸牢中华民族共同体意识的重要空间和载体。在黄河国家文化公园建设中，如何阐释"国家标准""国家意识""国家精神"等理念，如

---

① 习近平：《习近平谈治国理政》第三卷，外文出版社 2020 年版，第 300—301 页。
② 参见《中共中央办公厅　国务院办公厅印发〈关于全面深入持久开展民族团结进步创建工作　铸牢中华民族共同体意识的意见〉》，《中国民族》2019 年第 11 期。

何在整合原有的地域认同、民族认同过程中构建好国家认同和中华文化认同，值得我们深入研究和思考。

一、相关概念阐释

（一）国家文化公园

国家文化公园，是新时代物质层面与精神层面的深度融合，是建设文化强国、提升国家文化软实力、推动各民族共同走向社会主义现代化的重要抓手。国家文化公园管理将实现区域化国家遗产的整体性保护，系统推进物质文化遗产保护利用与非物质文化遗产传承发展，突破以往单体遗产保护向线性遗产、区域遗产转变，既注重历史文化的保护利用，又重视注入传承发展活力，塑造历史记忆，增强中华文化共同体认同，使其在未来更具生命活力。2017年5月，《国家"十三五"时期文化发展改革规划纲要》指出，依托长城、大运河、黄帝陵、孔府、卢沟桥等重大历史文化遗产，规划建设一批国家文化公园，形成中华文化重要标识。[1]2019年12月，中共中央办公厅、国务院办公厅印发《长城、大运河、长征国家文化公园建设方案》，强调国家文化公园要整合具有突出意义、重要影响、重大主题的文物和文化资源，实施公园化管理运营，实现保护传承利用、文化教育、公共服务、旅游观光、休闲娱乐、科学研究功能，形成具有特定开放空间的公共文化载体，集中打造中华文化重要标志[2]，生动呈现中华文化的独特创造、价值理念和

---

[1] 参见《国家"十三五"时期文化发展改革规划纲要》，《人民日报》2017年5月8日。
[2] 参见《探索新时代文物和文化资源保护传承利用新路——中央有关部门负责人就〈长城、大运河、长征国家文化公园建设方案〉答记者问》，《人民日报》2019年12月6日。

鲜明特色①。2020年10月，《中共中央关于制定国民经济和社会发展第十四个五年规划和二〇三五年远景目标的建议》提出建设黄河国家文化公园。目前，我国已从顶层设计上谋划形成了长城、大运河、长征、黄河、长江五大国家文化公园的格局，未来国家文化公园将成为中华民族文化中最醒目的标识，彰显新时代中华民族的文化精神、文化胸怀和时代风采，不断坚定文化自信。应着力构建中国特色国家文化公园理论体系和话语体系，重点建设"管控保护、主题展示、文旅融合、传统利用4类主体功能区"②，推动中华优秀传统文化创造性转化、创新性发展，延续中华民族文化根脉，使其成为繁荣中华文化的重要标志。

（二）黄河国家文化公园

黄河被誉为中华民族的母亲河，它发源于青藏高原巴颜喀拉山北麓，流经青海、四川、甘肃、宁夏、内蒙古、山西、陕西、河南、山东九省、自治区，全长5464千米。③黄河横跨青藏高原、内蒙古高原、黄土高原、华北平原四大地貌单元和我国地势三大台阶，是我国重要的生态安全屏障。④黄河流域是汉族、藏族、蒙古族、撒拉族、东乡族等多民族聚居地区，其中少数民族占10%左右。⑤黄河串联起了沿黄九省区亿万人民的生机与活力，滋

---

① 参见《中共中央办公厅、国务院办公厅印发〈长城、大运河、长征国家文化公园建设方案〉》，《人民日报》2019年12月6日。
② 《中共中央办公厅、国务院办公厅印发〈长城、大运河、长征国家文化公园建设方案〉》，《人民日报》2019年12月6日。
③ 参见《中共中央 国务院印发〈黄河流域生态保护和高质量发展规划纲要〉》，《中华人民共和国国务院公报》2021年第30期。
④ 参见《中共中央 国务院印发〈黄河流域生态保护和高质量发展规划纲要〉》，《中华人民共和国国务院公报》2021年第30期。
⑤ 参见习近平《在黄河流域生态保护和高质量发展座谈会上的讲话》，《实践（思想理论版）》2019年第11期。

养了博大精深、丰富多样的黄河文化。黄河文化是以黄河流域为中心,是人们所创造的物质文化和精神文化的总和。黄河沿岸各地域和各民族文化遗产资源富集,伴随着中华民族多元一体发展的不同历史进程而孕育形成和发展。河湟文化、河套文化、关中文化、三晋文化、河洛文化、齐鲁文化等各具特色的地域文化形态,均被黄河哺育,黄河是传承中华文明的历史文化长廊。黄河国家文化公园是各民族同根共有的精神家园,应以黄河两岸孕育的不同特色、各具风格的地域文化为主题,以山水生态文化、文物古迹、历史古都、非物质文化遗产、各民族古籍文献、治水文化、红色文化、祖脉文化等为主轴,兼容黄河沿线其他相关自然遗产资源,构建黄河文化地标体系,形成黄河国家文化公园展示点、展示园和展示带。黄河流域生态保护的规划范围为黄河干支流流经的九省区相关县级行政区,国土面积约130万平方千米。[①] 黄河国家文化公园建设可结合黄河流域区域文化发展实际,规划辐射范围。黄河国家文化公园是推动新时代文化繁荣发展的重大工程,承载着塑造国家文化标识的功能,是我国向世界呈现绚烂多彩的中华文明的重要平台之一。通过黄河国家文化公园建设,可充分激活黄河流域丰富的历史文化资源,系统阐发黄河文化的精神内涵和时代价值,推动中华优秀传统文化创造性转化、创新性发展,铸牢沿岸各族人民的中华民族共同体意识。

(三)铸牢中华民族共同体意识

中华民族共同体意识是中华民族绵延不衰、永续发展的力量源泉。铸牢中华民族共同体意识是党中央着眼于维护中华民族大团结、实现中华民

[①] 参见《中共中央 国务院印发〈黄河流域生态保护和高质量发展规划纲要〉》,《中华人民共和国国务院公报》2021年第30期。

族伟大复兴中国梦做出的重大决策,也是深刻总结历史经验教训得出的重要结论。[①] 习近平总书记在党的十九大报告中提出"铸牢中华民族共同体意识",要求"全面贯彻党的民族政策,深化民族团结进步教育,铸牢中华民族共同体意识"。[②] "铸牢中华民族共同体意识"被写入新修订的《中国共产党章程》,成为新时代民族工作的主线,彰显出中国特色社会主义制度和国家治理体系的显著优势。2021年8月,"铸牢中华民族共同体意识"在中央民族工作会议上被提升到"新时代党的民族工作的'纲'"的高度。2022年3月,习近平总书记在参加十三届全国人大五次会议内蒙古代表团审议时强调:"要把铸牢中华民族共同体意识的工作要求贯彻落实到全区历史文化宣传教育、公共文化设施建设、城市标志性建筑建设、旅游景观陈列等相关方面,正确处理中华文化和本民族文化的关系,为铸牢中华民族共同体意识夯实思想文化基础。"[③] 这不仅是对内蒙古的要求,也是对包括黄河国家文化公园在内的文旅、规划等领域及全国的要求。在推动黄河国家文化公园建设中,需牢固树立休戚与共、荣辱与共、生死与共、命运与共的中华民族共同体理念,在相关工作中赋予铸牢中华民族共同体意识的意义。

[①] 参见《不断巩固中华民族共同体思想基础 共同建设伟大祖国 共同创造美好生活》,《人民日报》2022年3月6日。
[②] 习近平:《决胜全面建成小康社会 夺取新时代中国特色社会主义伟大胜利》,《人民日报》2017年10月28日。
[③]《不断巩固中华民族共同体思想基础 共同建设伟大祖国 共同创造美好生活》,《人民日报》2022年3月6日。

二、黄河国家文化公园与铸牢中华民族共同体意识之间的内在关系

黄河国家文化公园与铸牢中华民族共同体意识两者之间不仅有着内在的深层关联,还有相互交叠、相互渗透、互构互促、相融相通之处。建设好黄河国家文化公园,可为黄河流域生态保护和高质量发展注入精神文化动力,推动中华文化的丰富发展,从而铸牢中华民族共同体意识。

(一)黄河国家文化公园是承载各民族共同历史记忆的文化空间

黄河是中华民族的摇篮,"没有黄河,就没有我们这个民族"[1],黄河将沿岸各民族连为一体。黄河文化在中华文明发展史上有着根源性的地位和作用。黄河源头与万山之祖的昆仑山密不可分。"河源昆仑""河出昆仑"成为中华民族的千年文化乡愁和精神家园。《尚书·禹贡》曾记载"导河积石,至于龙门",即已开启对黄河源头的探索。[2] 唐太宗时期,名将侯君集和李道宗在追击吐谷浑之余,"北望积石山,观河源之所出"[3]。唐穆宗时期,刘元鼎出使吐蕃途中,曾考察黄河源头。元代忽必烈时期,招讨使都实奉诏从河州(今甘肃省临夏回族自治州)出发,沿着黄河西上探查河源。明代洪武年间,名僧宗泐也曾考察黄河源头。清代康熙、乾隆两位皇帝,曾分派拉锡、舒兰、楚儿沁藏布、兰木占巴、阿弥达等人,对黄河源头地区进行多次勘察和勘测。黄河凝结着中华民族的共同记忆,是各民族共同创造灿烂文化

---

[1] 《让黄河成为造福人民的幸福河》,《求是》2019 年第 20 期。
[2] 参见方辉、郭晓娜《大河上下 灵岳之间——上古时期黄河流域的文化联系与族群融合》,《民俗研究》2021 年第 6 期。
[3] (后晋)刘昫等撰:《旧唐书》,中华书局 1975 年版,第 5299 页。

和培育伟大精神的佐证与象征，是政治性和共享性强、内涵丰富、意蕴厚重、接受度高的中华文化标志性符号。黄河国家文化公园承载着各民族的共同情感和共同价值理念，是新时代构筑、彰显和弘扬中国精神、中国价值、中国力量的重要空间。

（二）黄河国家文化公园是各民族交往、交流、交融的重要空间

黄河流域自古以来就是多地域、多民族和多宗教文化交流的重要空间场域，黄河文化具有兼收并蓄的包容性。历史上，黄河流域各民族迁徙驻足，交往互动，你中有我，我中有你，守望相助，血脉相通，折射出黄河与中华民族多元一体格局孕育、形成和发展的内在深层关联。当前，黄河流域各民族交错杂居，民族间交往交流交融的深度和广度前所未有，各民族共居、共学、共事、共乐、共建、共享的氛围日益浓厚。藏族文化（玉树）、格萨尔文化（果洛）、羌族文化、热贡文化、陕北文化、晋中文化、河洛文化、齐鲁文化（潍坊）、黄河文化（东营）、泰山文化、河湟文化（海东）等国家级和省级生态保护（实验）区的建设实施，推动了黄河流域各民族在文化上的相互尊重、相互欣赏和相互借鉴。其中，各类非遗传承人特别是传统手工技艺类传承人，在与不同区域、不同行业传承人的相互交流、切磋互鉴中，不仅视野不断开阔，观念得到转变，而且各自技艺水平也逐步提高，发展空间不断拓展。比如，位于黄河源头的格萨尔文化（果洛）生态保护实验区，在各级文化和旅游部门及援青省市的支持下，先后在上海大学、南京旅游职业学院、青海民族大学等院校举办了非遗传承人群培训班，受到广泛欢迎。部分非遗传承人还与上海等地文化创意公司及经销商达成合作协议。各类非遗传承人在全面交流、深度交融中，不断铸牢了中华民族共同体意识。国家文化公园凝聚着强烈的认同感与归属感，是联结民族情感、维系国家统一的重

要纽带。黄河国家文化公园是建构与传承中华文化的重要标识，是促进各民族交往交流交融的重要文化空间，对各民族坚定对中华民族和中华文化的认同发挥着重要作用。

（三）黄河国家文化公园是聚合铸牢中华民族共同体意识文化动力的载体

黄河流域不同区域孕育了不同的地域文化，但都保留了"黄河"这一共有、共护和共享的文化基因符号，黄河流域不同区域和民族有着同源共生的内在深层联系，这是黄河国家文化公园建设的重要基础和起点。黄河文化是对黄河流域不同干流和支流孕育汇聚而整合形成的不同区域文化的高度概括与提炼升华。黄河文化是内含多层次和多重性的文化共同体，黄河流域在不同历史时期形成的各具特色、异彩纷呈的地域文化，统一于黄河文化之中。黄河国家文化公园兼具标志象征和文化多样性等多重意义，一体中包含着多元，多元又组成了一体，不同地域文化是黄河文化的重要组成部分，共同构成黄河文化多元一体格局。黄河国家文化公园建设将进一步整合宏大多样的黄河文化资源，促进黄河沿岸各族群众在思想观念、价值理念、精神情趣、生产技术和生活方式上向现代化迈进，不断推动各地域、各民族文化的交融创新，在尊重和包容差异中不断增进共同性。

（四）黄河国家文化公园是推动各民族共同富裕的重要平台

黄河沿岸各地发展不平衡、不充分的矛盾较为突出，通过黄河国家文化公园建设，可以利用好各地的文化资源禀赋，发挥比较优势，加快推动高质量发展，从而走向共同富裕。在黄河国家文化公园建设中赋予铸牢中华民族共同体意识的意义，有利于进一步助推黄河沿岸区域协调发展，助力不同区域板块发挥比较优势和良性互动，促进黄河沿岸各民族人心归聚、精神相依，推进中华文化根深干壮，各地域和各民族文化枝繁叶茂，共同构筑好中华民族大家庭共有的精神家园。未来建设完成的黄河国家公园将成为黄河沿岸各族群众的"致富园""团结园""幸福园"，是不断提高各族群众获得感、幸福感、安全感的重要平台。

三、铸牢中华民族共同体意识的路径思考

通过黄河国家文化公园建设铸牢中华民族共同体意识，不可能一蹴而就，需付出长期艰苦努力，必须持续发力，积小胜为大成。

（一）进一步加强系统性思维

推进黄河国家文化公园建设，需要牢固树立系统观念和整体思维，从宏观、辩证等视角把握其本质特征、内涵外延和发展规律，认识黄河国家文化公园建设与铸牢中华民族共同体意识之间的内在联系，使其相互促进、相得益彰。一是应不断完善顶层设计，突破"一叶障目，不见泰山"的窠臼与局限，通过"牵一发而动全身"的举措，推动整体性、全面性、前瞻性、战略性工作。二是通过黄河国家文化公园建设，不断挖掘黄河流域各民族共有共享的历史记忆与文化元素，归聚人心、激发活力，缩小黄河沿岸不同区域间的差距、黄河流域与长江流域等区域的发展差距，进一步夯实铸牢中华民族共同体意识的经济基础和文化基础。

（二）在增进一体性和包容多样性等方面找到平衡点

黄河国家文化公园建设需要整体性统筹协调、协同推进，需要从中华文

明整体和黄河文化中，正确把握共同性和差异性的关系，即中华文化和各地域文化、各民族文化，中华民族共同体意识和各地域意识、各民族意识等多重关系。在处理好尊重和包容文化多样性的同时，不断增进一体性，并找到推动平衡性、互动性的密码。黄河国家文化公园可实施纵向和横向相结合的公园化管理运营方式，形成具有特定开放空间的公共文化载体，整合黄河流域沿线具有突出意义、重要影响、重大主题的文物和文化资源，不断增强园区各族干部群众对中华文明和黄河文化的认同感、归属感与凝聚力，始终将中华民族共同体意识放在第一位，在促进一体性和多样性良性互动等方面找到平衡点。

通过规划设计和实施，推动各地文物保护利用、文化生态保护区建设、非遗传承工作等深度融入黄河国家文化公园建设中。各省区在建设黄河国家文化公园进程中，需更好地把握增进共同性、尊重和包容差异性的辩证统一，处理好不同特色文化带之间的承接与兼容，构筑好中华民族共有精神家园。将黄河流域相关的格萨尔文化（果洛）、热贡文化、羌族文化、河湟文化（海东）、陕北文化、河洛文化等生态保护（实验）区与黄河国家文化公园深度衔接和融合，凸显中华文化与地域性文化和各民族文化的内在关系，不断增强黄河流域各族人民对中华文化的认同。

（三）研究厘清地域文化在黄河文明中的重要地位

在黄河国家文化公园建设中，应积极引导树立"四个共同"的中华民族历史观，准确认识中华文明、中华民族、黄河文化的多元一体性和基本走向，深度解读阐释黄河沿岸各地域文化、各民族文化是中华文化不可分割的一部分，都对中华文化的丰富和发展做出了独特的贡献，从而切实增强沿岸各族人民对中华民族、中华文化的认同感和自豪感。一是深化对黄河国家文化公园不同园区溯源关系的考察与交流，促进黄河流域各区域要素和资源的融通互补与不同区域产业的融合协作，实现共同发展，增强民族文化自信和各族人民对黄河文化及其背后所代表的中华文明与中国精神的认同感，不断铸牢中华民族共同体意识。二是立足各地文化特色和资源禀赋，以学术研究为支撑，深入挖掘黄河文化的深厚内涵，进一步深化生态文化、山水文化、地域文化的系统阐释和展示传播。通过课题招标等形式，发挥高校和研究机构思想库、智囊团作用，系统梳理河湟文化、河洛文化、关中文化、齐鲁文化等地域性文化的内涵和外延，深入研究其相互之间以及与黄河文化、中华文明之间的深层联系，推出一批高质量研究成果。三是倡导沿黄九省区共同发起轮流举办"世界大河文明论坛""黄河文明国际论坛"等研讨会，深入探讨黄河文化与世界大河文明、河源文化与支津文化、区域文化与黄河文明等的内在联系，打造世界大河文明学术文化交流平台，推动黄河文化"走出去"，将世界著名河流文明"引进来"。四是建立区域保护协同机制，加强专题研究，举办品牌活动，适时适地举办祭祀黄河大典，邀请国内外文化名人和知名专家学者参加，准确定位和传播黄河文化。

（四）深度融入国家重大战略

一是加强国家文化公园服务和融入国家发展战略的能力，让黄河国家文化公园建设深度融入黄河沿岸新型城镇化建设、乡村振兴、共有精神家园建设、全域旅游和民族团结进步创建等方面，增强国家文化公园园区各族群众的获得感、幸福感、共享感。二是加强黄河国家文化公园与国家"一带一路"建设、长江国家文化公园、青藏高原国际生态文明高地建设、国际生态旅游目的地、黄河流域兰西城市群建设等战略和措施的互相衔接与紧密融合，开展多形式、多层次、多学科、多领域的学术文化交流与文旅产业项目合作，使自然与人文相融，长江与黄河互济，道路与河流互连，构建筑牢中华民族共有精神家园。三是推动黄河国家文化公园进入国家整体宣传推广计划，让黄河流域各省区走出中国、走向世界，使黄河国家文化公园成为"一带一路"共建国家和地区人民的重要旅游目的地，推动黄河文化和中华文明在新时代焕发生机、不断升华，绽放出璀璨光芒。

（五）不断提高黄河文化遗产保护水平

一是在坚持黄河流域生态和文化保护优先原则的基础上，挖掘一些价值突出、内涵丰富、影响深远的物质文化遗产和非遗项目。在以往文物普查和非遗普查数据基础上，进一步查漏补缺、分类梳理，做好黄河流域历史文化资源数字化转化工作，为黄河流域各省区共同建立权威性、动态性大数据库做好准备。二是根据黄河流域文化资源的整体布局、区域生态环境等情况，结合国土空间规划，聚焦文物保护、非遗传承、考古发掘、文献梳理、学术研究、文旅融合、文化传播等关键领域，通过科学保护自然文化遗产保护区，重点打造核心展示园，辐射带动集中展示带，精准建设特色展示点，聚力建设文旅融合发展示范区、生态旅游体验区等不同功能区，保护和展示一批主题明确、内涵清晰、影响突出的文物和文化资源，对沿黄地区文化遗址、博物馆和文化产业园等建设赋予铸牢中华民族共同体意识。三是推进数字再现工程。充分运用现代高科技手段，加强黄河文化数字基础设施建设，建设云上黄河国家文化公园。特别是对海拔较高、生态脆弱地区的黄河文化资源，可通过情景再现、虚拟成像等方式，开发多种形态的文化产品和服务。对黄河国家文化遗产、非遗文化、自然景观等进行系统化、数字化展示，立体式、整体式形塑和展现"中国黄河""云上黄河"形象。

（六）构筑中华民族共有精神家园

黄河是中华民族的母亲河，是呈现中华文明多元一体格局的重要展示带。黄河文化中包含着天人合一、同根同源、家国一体、百折不挠的心理结构，展现出中华民族独特的精神品质和民族性格。一是黄河流域是延安精神、南泥湾精神、太行精神、"两弹一星"精神、抗洪精神、抗震救灾精神、焦裕禄精神、红旗渠精神的发源地或重要承载地，这些精神在黄河流域生态保护与高质量发展中发挥着坚定信念、凝心铸魂、鼓舞斗志的作用。建议根据黄河沿岸各地红色精神、红色故事、红色基因和民族团结故事，分类分步建设与提升黄河国家文化公园园区内所涉及的各类博物馆、纪念馆、体验馆、展览馆等展示场所，进一步发挥好各场所归聚人心、振奋精神、保护传承、文化教育、公共服务、研学旅游、科学研究等功能，使各族群众心灵得到滋养净化，精神得到丰富升华。二是通过电视专题片、影视剧、演艺、文创产品等多种形式和手段，讲好黄河故事，使治水精神、水利文化、民族文化、民族团结、宗教和睦等内涵可视化、亲民化。因地制宜开展宣传教育活动，鼓励有条件的地方打造实景演出和"永不落幕"的云上宣讲，让黄河文化、黄河精神融入群众生活。三是拓展协同发展空间。打破传统的行政界限，发挥各地比较优势，互通有无，以铸牢中华民族共同体意识为主线，开展跨区域联合与协作，贯穿黄河主题文旅新业态培育计划，联合培育文化演艺、研学旅行等业态产品，促进各地旅游业的共生共融，进一步推动黄河流域文旅产业融合发展。

（原载《中国非物质文化遗产》2022 年第 4 期）

国家文化公园步道建设的意义、原则与策略
——以长城国家文化公园为例[*]

韩子勇 任 慧

2019年,以习近平同志为核心的党中央提出建设长城、大运河、长征国家文化公园,希望以长城、大运河、长征沿线一系列主题明确、内涵清晰、影响突出的文物和文化资源为主干,生动呈现中华文化的独特创造、价值理念和鲜明特色,促进科学保护、世代传承、合理利用,积极拓展思路、创新方法、完善机制,做大做强中华文化重要标志。[①]随后,黄河、长江相继加入,形成目前五个国家文化公园建设的局面。

建设国家文化公园作为习近平总书记亲自谋划的重大文化工程,"文化"的主体是人民,"公园"的主人是人民。国家文化公园设计和建设充分反映了以人民为中心的理念,体现了为民族谋复兴、为人民谋幸福的宗旨。在规划建设的五个国家文化公园中,长征包括中国工农红军从东南到西南、从西南到西北的艰难行进线路;黄河和长江都是自然河流,自古就有沿河而行之路;长城和大运河都被列入《世界遗产名录》,大运河是人工河道,亦可沿

---

[*] 本文系国家社会科学基金艺术学重点项目"黄河国家文化公园基础理论研究"(21AH017)成果。
[①] 参见中共中央办公厅、国务院办公厅印发《长城、大运河、长征国家文化公园建设方案》,2019年。

河而行，唯有长城，虽然是最为典型的巨型线性文化遗产，但尚缺一条可以沿之行进的路线。在已经公布的《长城国家文化公园建设保护规划》和以文化与旅游融合为代表的各专项规划中，明确提出建设复合廊道体系，以"主体化、网络状、快旅与慢游结合"为原则，从国家层面和省级层面打造集交通、文化、体验、旅游于一体的复合廊道。从现实来看，结合长城遗存实际情况，围绕以人民为中心的建设宗旨，优先推进修建长城国家文化公园步道系统更为迫切，意义重大。

一、长城文化遗产保护现状及开发问题

作为中华文明的脊梁，长城像一条巨龙蜿蜒于中国北方大地，横亘千载，成为中华民族重要的文化标识和中华文明的代表性象征。中国正式加入《保护世界文化和自然遗产公约》以后，从1986年至1987年首次申报，以长城为代表的六处项目成为我国首批入选的世界文化遗产。中国形象集中呈现的舞台，包括2008年北京奥运会和2022年北京冬奥会，长城都是最为重要的文化意象。根据北京市人民政府等单位联合拍摄制作的《外国领导人登长城》系列微视频显示，从1954年以来，有520位国家元首和政府首脑登临过北京八达岭长城，亲身体会"不到长城非好汉"，感受长城所凝聚的中华民族精神和文化基因。

人们印象中的长城是巍然耸立的，以北京市的八达岭、居庸关、慕田峪和司马台长城，河北省的金山岭长城，辽宁省的九门口长城，陕西省的镇北台长城，以及甘肃省的嘉峪关长城等为代表，也就是最广为人知的明代长城。但事实上，长城修筑的历史可以追溯到春秋战国时期。

现存最早关于"长城"的记载来自清华简《系年》："齐人焉始为长城

于济，自南山属之北海。"其描述了在晋敬公十一年（前441），晋、越两国联合伐齐之后，齐国率先修筑长城（墙）作为军事防御工事，开启了诸侯国在边界修筑连续性防御墙体的传统。但这时的"长城"还尚未形成固定的称谓，同期还有"方城"的说法："楚盛，周衰，控霸南土，欲争强中国，多筑列城于北方，以逼华夏，故号此城为万城，或作方字。"[①] 秦灭六国之后，对于遗留下来的战国长城，秦始皇一方面进行修缮，另一方面启动建筑，连接打通，形成更为坚固的防御体系，延续到汉代，形成长城修筑的集中时期（前3—3世纪）。此后，各朝各代几乎均有修筑防御工事的历程，尤以明代为盛，是另一次大规模的修建时期（14—17世纪）。整体而言，中国长城历史上累计修筑长度为40659.63千米[②]，形成人类历史上罕见的大型线性军事防御体系遗产，是当之无愧的"万里长城"。

从春秋战国时期（前7世纪）的修筑算起，包括齐、楚、魏、赵、中山、燕和秦、汉、北魏、北齐、北周、隋、唐、辽、金、明、清的先后参与，长城至今已有2000多年的历史。根据文物和测绘部门的全国性长城资源调查结果，长城现有遗存总长超过2.1万千米，但整体保存、保护、开发、利用状况不尽如人意。

（一）长城各类遗存保存状态堪忧

长城文物本体包括长城墙体、壕堑/界壕、单体建筑、关堡、相关设施

[①] （北魏）郦道元撰：《水经注》，远方出版社2007年版，第299页。
[②] 参见景爱《中国长城史》，上海人民出版社2006年版，第342—347页。其中作者经统计指出，中国历代长城长度为34107.93千米，古代主要边壕长度为6551.70千米。根据文化和旅游部、国家文物局联合制定的《长城保护总体规划》中对于长城文物本体的界定，壕堑/界壕亦为长城文物本体，故此处将上述两个数据合并表述。

等各类遗存，共计 43000 余处（座/段）。① 现有长城墙体遗存共计 10000 余段，根据经受自然侵蚀和社会变化的程度，可以分为五种情况：保存现状较好的长城点段，指墙体设施保存比例为 1/2 以上，墙基、墙体留存比例为 3/4 以上，约占总数的 12.3%；保存现状一般的长城点段，指墙体设施留存比例为 1/2 以下，墙基、墙体留存比例为 1/4—3/4，约占总数的 18.1%；剩余近 70%，属于保存现状较差和差及已经消失的点段。② 以明长城为例，除去利用天险作为墙体的 2000 多千米和壕堑部分的 359.7 千米，人工墙体长度为 6259.6 千米。参考国家文物局制定的《长城资源保存程度评价标准》，由墙基、墙体和墙体设施构成的人工墙体中保存较好的有 513.5 千米，保存一般的有 1104.4 千米，保存较差的有 1494.7 千米，保存差的有 1185.4 千米，已消失的有 1961.6 千米。所谓"较好"，仅指长城墙体还在，但也有不同程度的损坏，这一比例不足 10%，令人痛惜。③

（二）重点文保单位和重要点段占比较低

党中央和国务院历来高度重视长城保护，党的十八大以来，习近平总书记对长城保护做出重要指示，以坚持保护好、传承好、利用好为总体要求。依托于《中华人民共和国文物保护法》，先后公布了《长城保护条例》(2006 年)、《长城保护维修工作指导意见》(2014 年)、《长城保护总体规划》(2019 年)等文件。

事实上，从新中国成立就开始推进长城调查与保护工作，包括 1952 年

---

① 参见《文化和旅游部 国家文物局关于印发〈长城保护总体规划〉的通知》。
② 参见《文化和旅游部 国家文物局关于印发〈长城保护总体规划〉的通知》。
③ 参见刘修兵《不能让长城再"缩短"了》，《中国文化报》2009 年 4 月 29 日。

起对居庸关、八达岭、山海关等重要点段，1956年首次全国文物普查中对北京、河北、甘肃、宁夏等地的明长城，1979年至1984年第二次全国文物普查中对春秋战国长城、秦汉长城、明长城和金界壕等重要区域遗址进行调查，实施《长城保护工程（2005—2014年）》，2006年以来开展最全面和系统的长城资源调查工作，建立长城记录档案。

基于上述政策法规和各种工作，自1961年至2019年，国家文物局第一批至第八批累计公布的涉及长城的全国重点文物保护单位共计32家（第二批、第八批无）。2020年年底印发第一批国家级长城重要点段名单，共计83段/处，包括战国秦长城5段，战国燕长城2段，战国齐长城、楚长城、赵长城、魏长城各1段，秦汉长城12段/处，唐代戍堡及烽燧4处，明长城54段/处，金界壕遗址等具备长城特征的边墙、边壕、界壕2段。但相比43000余处（座/段）的长城遗存总量，占比仍然较低。

（三）现有参观游览区不足以呈现长城"线性"文化遗产特征

全国以长城展示或依托长城兴建的参观游览区92处，其中以长城展示为核心的专门景区有45处[①]，其余绝大多数长城遗存仍处于未开发、未开放状态。考察其中的27家A级景区，主要集中在华北地区，有20家，分别是河北省的山海关景区、金山岭长城、青山关旅游区、大境门旅游景区、角山景区、白羊峪长城旅游区、喜峰口景区、潘家口长城景区8家，北京市的八达岭—慕田峪长城旅游区、八达岭水关长城、居庸关长城、司马台长城、黄花城水长城、八达岭古长城景区（石峡关）和云蒙山长城遗址公园7家，

---

① 参见国家文物局《中国长城保护报告》。

山西省雁门关景区、固关长城、新平堡景区和娘子关景区4家，天津市黄崖关长城；东北地区是黑龙江省金长城遗址公园、辽宁省九门口水上长城及虎山长城景区；西北地区是甘肃省的嘉峪关文物景区、敦煌阳关—玉门关大景区，以及陕西省的镇北台景区。另有山东齐长城旅游区，累计涉及长城沿线9省（自治区、直辖市）。①

从建造年代和材质来看，多为以砖墙和石墙为主的明长城，以关隘为主要类型，以敌台和烽火台作为主要景观。从游览长度来看，除河北省金山岭长城略微超过10千米之外，其他长城基本都在1—9千米，以3—5千米为主。游览方式集中为登临和攀爬等直接接触型。如此少的游览区域、如此短的游览长度和如此简单的游览方式，都难以呈现长城作为巨型线性文化遗产的"线性"特征。

整体而言，重点文保单位和重要点段中的长城遗址开发为参观游览区的，才能成为广大人民群众感知长城的主要目标和途径；不适于开发为参观游览区的大多数长城遗存则日渐湮没，尤其是大多数明以前的长城，所处多为偏僻荒凉的地方，经受着自然损坏与人为毁坏，甚至很多地段的长城不复存在。也就是说，绝大部分长城遗迹不能近距离接触，甚至难以远观。国家文化公园以满足公众文化需求、打造提升人民生活品质的文化体验空间为目标，现有长城遗存开放数量和接触方式，都难以实现民众深入了解长城历史文化内涵、体会长城巨型线性文化遗产特征的美好愿望。

---

① 参见冯永宏等《长城A级旅游景区可持续发展模式初探》，载中国长城学会、八达岭特区办事处编《中国长城文化学术研讨会论文集》，中国书籍出版社2020年版，第225—229页。

二、长城国家文化公园步道建设依据及意义

2019年7月24日，中共中央总书记、国家主席、中央军委主席习近平主持召开中央全面深化改革委员会会议，审议通过《长城、大运河、长征国家文化公园建设方案》。建设长城国家文化公园就是为了能够更好地整合长城文化资源，通过公园化管理运营，形成具有特定开放空间的公共文化载体，做大做强长城这一中华文化重要标志。在国家文化公园建设过程中，应坚持"保护优先，强化传承""文化引领，彰显特色""总体设计，统筹规划""积极稳妥，改革创新""因地制宜，分类指导"，这些原则也适用于长城国家文化公园建设。[1] 基于《中华人民共和国文物保护法》《长城保护条例》和长城文化遗产保护现状及开发问题，如何在长城国家文化公园建设中更好地"突出活化传承和合理利用，与人民群众精神文化生活深度融合、开放共享"[2]，是一个非常重要且亟须解决的问题。

2016年11月，国家文物局发布了《中国长城保护报告》，将春秋战国至明等各时代修筑的长城墙体、敌楼、壕堑、关隘、城堡以及烽火台等相关历史遗存认定为长城资源，将其他具备长城特征的文化遗产纳入《长城保护条例》的保护范畴。根据认定结论，我国各时代长城资源分布于北京、天津、河北、山西、内蒙古、辽宁、吉林、黑龙江、山东、河南、陕西、甘肃、青海、宁夏、新疆15个省（自治区、直辖市）404个县（市、区）。[3] 在此基础上，2019年年底公布建设的长城国家文化公园范围包括战国、秦、

---

[1] 参见国家文物局《中国长城保护报告》。
[2] 《探索新时代文物和文化资源保护传承利用新路——中央有关部门负责人就〈长城、大运河、长征国家文化公园建设方案〉答记者问》，《人民日报》2019年12月6日。
[3] 参见国家文物局《中国长城保护报告》。

汉长城，北魏、北齐、隋、唐、五代、宋、西夏、辽具备长城特征的防御体系，金界壕，明长城，涉及上述 15 个省（自治区、直辖市）。①

国家文化公园是为充分展示中华文明标识而为人民建设的公共文化载体，现在规划建设的五个国家文化公园中，长征、大运河、黄河和长江都具有明显的线路特征，唯有长城，虽然是最为典型的巨型线性文化遗产，却尚缺一条可以沿其行进的路线。在尊重保护长城文化遗产的基础上，让人民群众可以近距离体会长城的万里蜿蜒，体会长城的修筑者、保护者在自然山川和历史长河中所经历的种种艰辛，以及所呈现的中华民族坚忍自强的精神价值，让更多的人民群众真正在国家文化公园的视域中融合共享长城文化资源，增强文化自信，是有"法"有据可依的。

首先，党和国家重视长城保护范围和建设控制地带。2014 年 2 月 25 日，国家文物局下发的《长城"四有"工作指导意见》中，对于长城保护范围和建设控制地带进行了清晰的指导界定：

原则上，长城墙体（含界壕/壕堑）保护范围应以长城墙体及依附于墙体的敌台、马面、关堡和相关遗存墙基外缘为基线向两侧各扩不少于 50 米作为边界；独立于长城墙体之外的敌台、关堡、烽火台和相关遗存等保护范围应以单体建筑基础外缘为基线，四周各外扩不少于 50 米作为边界。

长城建设控制地带应根据长城的周边环境风貌和景观视廊保护的实际需要划定。原则上，位于城市的长城建设控制地带应自长城保护范围边界外扩不少于 100 米作为边界；位于农村和郊野地区的长城建设控制地带应自长城保护范围边界外扩不少于 500 米作为边界。②

---

① 参见《探索新时代文物和文化资源保护传承利用新路——中央有关部门负责人就〈长城、大运河、长征国家文化公园建设方案〉答记者问》，《人民日报》2019 年 12 月 6 日。
② 参见国家文物局《关于印发〈长城"四有"工作指导意见〉和〈长城保护维修工作指导意见〉的通知》。

根据这一指导意见，长城所在部分省（自治区、直辖市）对保护范围和建设控制地带进行了划定，"其中保护范围由长城文物本体两侧外扩 10 米—500 米，建设控制地带自保护范围外扩 100 米—2500 米"[①]。结合长城国家文化公园管控保护区的总体要求和建设保护导向，也就为沿长城而行的线路划制了红线。

其次，党和国家不断探索和推进长城文化遗产的保护、开发、展示路径。2006 年 12 月 1 日起施行的《长城保护条例》是以《中华人民共和国文物保护法》为基本依据，针对长城本身的特点和长城保护工作的特殊性，专门制定的一部保护长城的行政法规。其中对于辟为参观游览区的长城段落规定了明确的条件和申报流程，对于禁止在长城上从事的活动以及惩罚措施进行了说明。[②]2016 年 11 月，国家文物局发布《中国长城保护报告》，在关于长城保护情况的章节中明确提出："如何秉持科学的文物保护理念，采取多种有效措施，确保长城历史、科学、艺术价值的延续……是一项需要各级政府和全社会共同关注并付诸努力的艰巨任务"，要"积极支持保护条件好的长城段落向公众开放，发挥长城的社会教育作用"。[③]

2019 年 1 月，文化和旅游部、国家文物局联合印发《长城保护总体规划》，将远期目标任务（2031—2035 年）明确为"建成一批长城国家遗产线路，使长城成为我国北部地区文化长廊、生态长廊、景观长廊和健康长廊"，并提出"真实、完整地保存长城承载的各类历史信息和沧桑古朴的历史风貌"的"预防为主，原状保护"原则，以及"探索、创新展示利用模式"的

---

① 《文化和旅游部　国家文物局关于印发〈长城保护总体规划〉的通知》。
② 参见《长城保护条例》。
③ 国家文物局：《中国长城保护报告》。

"适度开放、合理利用"原则。具体到工作任务中，展示工作的主要任务包括"探索建立长城国家遗产线路"；研究工作的主要任务包括"开展大型线性遗产保护、管理、监测、展示、开放等理论"研究。关于宣传教育工作，鼓励"积极开展各类研学活动"，特别是对于探索建立长城国家遗产线路做出任务分工，包括科研机构、高等院校和专家学者，长城所在地县级以上地方人民政府，以及国务院文物主管部门。[①]

在2021年8月下发的《长城国家文化公园建设保护规划》和2022年4月下发的以交通与文旅融合为代表的各专项规划中，明确提出建设复合廊道体系，以"主体化、网络状、快旅与慢游结合"为原则，从国家层面和省级层面打造融交通、文化、体验、旅游于一体的复合廊道，具体包括"万里长城"国家风景道和北京"京畿长城"、河北"燕赵长城"、山西"太行长城"、内蒙古"草原胡杨"金界壕长城、山东齐长城和甘肃—新疆"丝路长城"6条以地方为主的国家风景道。为了更好地推进文化和旅游的深度融合，以长城国家文化公园主题展示区为依托，打造跨区域长城沿线经典线路，完善提升沿线的交通基础设施，通过旅游公路、骑行道、步行道等串联长城文物和文化遗产。[②]

从步道、骑行道、公路到风景道、复合廊道及国家遗产线路，围绕长城和长城国家文化公园做出的各项条例、规划和指导意见，都体现了党和国家对于长城这一代表性文化遗产的高度重视，体现了服务于人民、为人民所享的理念宗旨。事实上，以机场、铁路和高速公路及国道省道为主要构成的长

---

① 参见《文化和旅游部 国家文物局关于印发〈长城保护总体规划〉的通知》。
② 参见《集中打造中华文化重要标志 科学绘制长城国家文化公园建设蓝图——国家文化公园建设工作领导小组办公室负责人就〈长城国家文化公园建设保护规划〉答记者问》，2021年10月27日，新华网（https://baijiahao.baidu.com/s?id=1714762928951735872&wfr=spider&for=pc）。

城沿线景点景区交通服务网络已经基本形成，公路基本可以延伸至长城沿线 10 千米范围内。[①] 但是，"最后一公里"的问题仍然突出存在，尤其是非 A 级景点景区。例如，在西北尤其是新疆地区广泛存在的反映长城边塞戍守历史的冰道、马道、关、隘、口等，都尚未能与交通道路充分衔接，也就意味着其基本消失在普通游客的视野之中。

从现实来看，建设"快旅+慢游"的交通网络已经成为大众旅游时代长城沿线文旅融合发展的迫切要求，而步道就是依托于基本形成的交通服务网络的最佳"慢游"方式。根据《中华人民共和国文物保护法》和《长城保护条例》的规定，结合长城保护和利用的实际现状，围绕长城遗存修建步道，广泛吸收国外建设经验和理念，制定科学、统一的建设标准、范围和使用规范，让游客能够通过步道"走近"长城，深入了解长城的历史和原貌，实地感知和体味长城所凝聚的中华民族勤劳智慧、爱好和平、众志成城、坚忍不屈的民族精神和文化基因，具有十分重要的现实意义和实操性。沿着长城建设步道，不仅是连接人民与长城本体的重要媒介，也是长城国家文化公园建设的重要载体和抓手。而厘清原则，统一认识，是国家文化公园步道建设亟待解决的首要问题。

三、长城国家文化公园步道建设原则

国家文化公园最鲜明的特质就是其"文化"属性，长城国家文化公园步道建设要以对历史文化遗产的保护、传承、弘扬和利用为宗旨。在坚守文化

---

① 参见《资源开发司推动出台两项长城国家文化公园专项规划》。

价值的宗旨下,长城国家文化公园步道建设重点在于连接人民与长城本体,成为游客与长城及周边自然和人文资源的重要通道;在自然质朴的美学原则下,做到最小干预,因地制宜,先易后难,使游客通过步道"走近"长城,深入理解长城在中华民族交流交往交融中的文化精神,挖掘新时代长城的文化价值。[①]

(一)自然美学原则

中国自古重视人与自然的关系,追求"天人合一"的美学境界。长城初期作为军事屏障,是人工铸就的世界奇迹。历经2000多年的沧桑岁月,长城本体早已褪去最初的功能色彩,已然和周围山川大漠、草原植被等自然环境交融相伴,浑然一体。步道系统作为人工行为,亦应"师法自然",坚持"思与境谐",尊重长城及其周边自然和人文环境的和谐统一,达到"忘其美之所在,复又与美同在"的无美至美朴素意境。

因此,步道建设要以"自然美学"为首要原则,把保护文物本体和自然环境放在突出位置,要充分尊重长城本体已经形成的文化景观和生态环境,在此基础上以朴素的乡间小路为主要形态,优选轻松闲适的自行车骑行和徒步等以人力为主的简单游览方式,避免城市中习以为常的通过机动车快速途经打卡式游览形式。长城沿线修建步道,不仅可以打造适度的距离感,还可以把"游"的理念从"游经"变为"游心",通过美学视觉元素的打造,使游客能通过长城国家文化公园步道体系亲近自然,"走近"长城历史,更深切地感受长城文化。

---

① 参见《关于建设长城国家文化公园步道的建议》。

（二）最小干预原则

"求木之长者，必固其根本"，保护好长城本体及其周围自然人文环境是传承好、利用好长城文化和文物资源的前提和基础。按照《长城保护条例》中提出的"坚持科学规划、原状保护"等有关规定，步道建设应坚持最小干预原则，最大限度地保护由长城文物本体、长城文化景观构成要素，以及其他与长城关联密切的景观风貌等共同构成的长城国家文化公园生态环境。

对于长城本体及周围的文物遗迹、自然景观，要采取绕、避、让的建设态度；对于天然的山岭、草原、森林、戈壁、沙漠、农田、绿洲等自然生态环境，也要注意保护，不能随意砍伐、侵占和毁坏。建设步道尤其需要尊重原始路段，尽量减少使用沥青、柏油等都市化材料，尽可能就地取材，使之与周围环境自然协调，并且应该根据长城本体周边的地貌特征，结合既有的宽窄、坡度等自然条件，调控步道建设强度。

整体而言，步道建设应以维护自然地理和人文历史原有样态为重，以科学的理念最小化改造和建设，最大化突出长城本体的历史价值、文化价值和社会价值。

（三）因地制宜原则

长城横跨我国北方广阔区域，包括战国等朝代修建的防御体系、金界壕及明长城，自东向西连接了大兴安岭、燕山、太行山、阴山、贺兰山、六盘山、祁连山和天山山脉，各区段长城因修筑历史时期和自然地理环境等因素，造成现有文物遗产状况存在很大差异。《长城保护总体规划》中规定："长城保护应根据保护需求和客观条件针对文物本体类型功能丰富性、形制材料多样性、保存状况差异性和地理—文化环境复杂性，实施分级、分类保护，因地制宜，制定个性化保护管理措施。"[①] 所以，步道建设亦需坚持因地制宜原则。

根据《长城保护总体规划》，国务院认定 32 处长城重点段作为全国重点文物保护单位，各省（自治区、直辖市）也分别划定公布了长城保护范围和建设控制地带。国家文化公园设定四类主题功能区，《长城国家文化公园建设保护规划》中明确提出"一带、十八段、二十六区、多点"的总体空间布局。长城国家文化公园步道建设以此为基础，必须认真考虑经济社会发展持续性，对当地自然生态环境、城乡建设发展、土地利用和人口密度等客观实际情况进行充分调查，统筹分析。尤其是选线、修建、文物维护、配套服务等环节，务必重点思考，以确保步道建设的合法性、安全性、可行性、环保性。对于近些年陆续建成的游览区内的小型步道，可以调整，无须重复建设。通过步道建设，可使更多区域的长城遗址得以近距离地展示出来，同时分流长城重点区段人满为患的游览压力，改变长城旅游资源分布不平衡的现状，解决文化旅游资源分配不均问题，使长城国家文化公园步道成为"慢游"交通系统，成为一条通往长城文化与精神之路。

（四）先易后难原则

长城国家文化公园将沿线 15 个省（自治区、直辖市）纳入其中，涵盖 404 个县（市、区），涉及范围相当广泛。客观而言，这些区域长城资源基础、经济发展水平各不相同，因此步道建设难易程度亦存在差异。同时，长城国家文化公园步道系统建设要参考《长城保护总体规划》中列出的保护对象，即"经过国务院文物主管部门认定公布的、具备长城认定编码的长城墙

---

① 《文化和旅游部 国家文物局关于印发〈长城保护总体规划〉的通知》。

体、壕堑／界壕、单体建筑、关堡、相关设施等文物本体，长城文化景观构成要素，以及其他与长城直接关联的景观风貌和生态环境"[1]，还要考虑长城保护范围和建设控制地带，以及长城周边村镇县市等区域。各区域所面临的建设困难不尽相同，因此长城国家文化公园步道建设要坚持先易后难的原则，稳步扎实推进建设步伐。

就地区来讲，北京、河北、甘肃、辽宁等长城资源丰富的地区可以率先建设步道系统，为其他地区积累经验。新疆、内蒙古等自治区的长城遗存大多不是人工墙体形式，很难直接看出线性遗产属性，更可以考虑通过修建步道的方式"复原"长城沿线。就功能区域而言，要遵守管控保护区、主题展示区、文旅融合区和传统利用区的边界，同时又要协调后三类区域的交叉关系。对于长城本体区域，步道设计需兼顾长城本体承载力和步道每千米容量，科学谋划、精心设计。总之，步道建设要坚持先易后难原则，分阶段、分区域、分步骤完善步道体系。

四、长城国家文化公园步道建设策略

（一）中央顶层设计，地方统筹协调

国家文化公园是以习近平同志为核心的党中央做出的重大决策部署，是推动新时代文化繁荣发展的重大文化工程。长城是中华民族重要的文化标识和中华文明的代表性象征，也是第一个国家文化公园，更是唯一不能与之并肩前行的巨型线性文化遗产，因此，长城国家文化公园的步道建设意义重

---

[1]《文化和旅游部 国家文物局关于印发〈长城保护总体规划〉的通知》。

大。要由中央制定建设目标，从宏观上把握步道的统一建设宗旨和方向。地方在遵照中央统一建设原则的基础上，可以根据各地长城遗址情况，主要考虑是天险、界壕还是人工墙体，开展调研和论证，进而推进设计施工。具体建设应有统有分、有主有次，分级管理，以地方为主，可由地方政府、行业协会、企业多方力量共同建设，最大限度调动各方积极性，但务必杜绝跑马圈地的建设乱象，从而保证长城国家文化公园的国家属性，保证长城国家文化公园为人民的宗旨。

特别需要指出的是，还应加强长城遗存保护和建设的跨区域合作。我国传统文化工作主要按行政区划分别推进，构筑了省市县乡村五级文化网。改革开放以来，社会现代性因素急剧增长的同时带来文化流动融合的日益增长。"国家文化公园，第一个关键词是'国家'——是从国家层面打造文化形象、推进文化建设、传承优秀文化、推动创造性转化和创新性发展，是站在国家、民族、文化的历史和未来来思考，这个大视野、大格局，超越一省一市一县一乡一村。"[1] 因此，各级政府在开展国家文化公园建设和管理工作时，要站在国家、民族、人民的立场上，要聚焦长城这一重大线性文化遗产的标志性特征，聚焦长城重要点段步道建设的连贯性，注重协同，加强合作。

（二）参考借鉴成熟经验，创新建设理念原则

世界范围内，美国、法国、英国等西方国家步道体系的建设时间较长，管理体制亦相对完善。美国国会于 1968 年通过了《国家步道体系法案》，将国家级步道分为三类——国家休闲步道（National Recreation Trails）、国家

---

[1] 张成：《新时代国家文化公园建设的理路与价值——专访中国艺术研究院院长、国家文化公园建设工作专家咨询委员会总协调人韩子勇》，《中国艺术报》2022 年 2 月 11 日。

风景步道（National Scenic Trails），以及连接与辅助步道（Connecting or Side Trails），1978 年又增加国家史迹步道（National Historic Trails），统称为"国家步道系统"（NTS，National Trails System）。英、法等国也建立了在国家支持下的协会、社团和企业等共同参与的步道系统建设。

我国步道建设起步较晚，从 20 世纪 90 年代开始，台湾和香港为满足民众休闲活动的需求，逐渐修建了森林、郊野公园等步道系统。国家林业和草原局负责建设和管理的国家森林步道初步建立了评价体系和标准模式，是国内现有步道建设中最为系统和最具规模的。自 2017 年开始陆续公布了三批 12 条步道名单，分别是秦岭、太行山、大兴安岭、武夷山、罗霄山、天目山、南岭、苗岭、横断山、小兴安岭、大别山、武陵山国家森林步道，沿线途经 20 个省份，全程超过 2.2 万千米。国家森林步道串起森林公园、自然保护区、湿地公园、国家公园、风景名胜区、地质公园等自然遗产地和古村、古镇文化遗产地。徒步者可沿自然小径、古驿道欣赏具有国家代表性的自然美景。

现在规划的五大国家文化公园，涵盖除海南省和港澳台以外的所有省区市，建设理念和规模都远超国家森林公园。所以，长城国家文化公园步道建设可以国家森林公园步道建设经验为基础，更要充分认识到国家文化公园"做大做强中华文化重要标志"的建设目标，紧紧聚焦其"文化"而非自然的属性。长城自古地处农业文明和游牧文明的广阔区域，并非森林植被密集区域，鲜少与国家森林步道重合。长城国家文化公园步道可以借鉴国内外步道建设经验，又要坚守文化属性，充分考虑四大功能区分布，尊重管控保护区划范围，重点依托主题展示、文旅融合及传统利用区域，结合长城文化遗产实际，创新建设理念原则。

（三）统一规范标准，指导推广实行

除国家森林公园步道外，国内也有一些地方基于旅游目的规划建设的步道，或是健身步道、探险步道等。这些步道或为地方政府行为，或由行业协会主导，整体来看建设和管理缺乏统一标准指导，良莠不齐，不适用于国家文化公园建设。《长城国家文化公园建设保护规划》中对于复合型文化遗产廊道的建设，明确提出要加强论证，统筹设置，有序推进，因此应以国家文化公园建设为契机，由国家文化公园建设工作领导小组指导国家文化公园专家咨询委员会，充分调动各领域各行业委员资源优势，尽快制定统一规范标准或指导意见。进而根据长城和大运河、长征、黄河、长江各自线性文化遗产的特征，分门别类推进实行，而长城作为唯一没有可沿其行走路径的国家文化公园，其步道系统的建设无疑是最为紧迫的。

五、结语

2019年8月20日，习近平总书记考察甘肃嘉峪关时指出："当今世界，人们提起中国，就会想起万里长城；提起中华文明，也会想起万里长城。长城、长江、黄河等都是中华民族的重要象征，是中华民族精神的重要标志。我们一定要重视历史文化保护传承，保护好中华民族精神生生不息的根脉。长城凝聚了中华民族自强不息的奋斗精神和众志成城、坚韧不屈的爱国情怀。"[①]

长城沿线涵盖15个省（自治区、直辖市）的404个县（区），是中国农耕文明和游牧文明，以及渔猎和游牧部落间交往交流交融的主要区域，是费

---

① 《集中打造中华文化重要标志　科学绘制长城国家文化公园建设蓝图——国家文化公园建设工作领导小组办公室负责人就〈长城国家文化公园建设保护规划〉答记者问》，2021年10月27日，新华网（https://baijiahao.baidu.com/s?id=1714762928951735872&wfr=spider&for=pc）。

孝通先生所说的多元一体的始发区域，加之抗日战争和长征期间发生的重要标志性事件，镌刻着深层的民族记忆。

建设国家文化公园，也是我国文化建设中的一大盛举。国家文化公园秉持以人民为中心的理念，对于长城等中华民族代表性符号和中华文明重要象征的阐释、传承、保护和塑造，无一不是为了弘扬民族精神，为中华民族伟大复兴的中国梦凝聚磅礴力量。

长城既无黄河、长江、大运河等河流河道特征，亦不同于长征作为重大历史事件，有跨越大半个中国的实地线路，但保留至今的长城遗存在事实上仍可以串联成线。同时，长城作为世界文化遗产，在世人心目中的意义无与伦比，无论中外，人们都希望能够感受长城。但现有代表性点段的开放，尚不足以展示长城所承载的中华民族坚忍自强的民族精神，以及长城的历史文化价值和建筑遗产价值，长城文化传播力不足也是影响长城文物保护和利用及经济社会发展的重要因素之一。总之，长城文化遗产在"为人民所享"方面仍不尽如人意。

《长城国家文化公园建设保护规划》明确写道："依托长城文物和文化资源建设主题鲜明、内涵明确、功能完善、文化标识性强的公共文化空间，创新线性文化遗产保护传承利用模式。"聚焦于此，我们建议优先考虑建设长城国家文化公园步道系统，希望通过这一连接人民与长城本体的重要媒介，帮助人民群众"走近"长城，更好地呈现长城所具有的"人与自然融合互动的文化景观价值"，更好地满足人民群众对于长城深入了解的文化需求，从而增强人民群众的精神力量和文化自信，为2035年建好长城、大运河、长征、黄河、长江等国家文化公园的宏伟目标和推进文化强国建设贡献力量。

［原载《西北师大学报（社会科学版）》2022年第5期］

"文化长江"超级 IP 的文化旅游建构逻辑
——基于长江国家文化公园的视角*

傅才武　程玉梅

　　2017 年，中共中央办公厅和国务院办公厅印发《建立国家公园体制总体方案》；2019 年，《长城、大运河、长征国家文化公园建设方案》出台。国家"十四五"规划建议确立的"建设长城、大运河、长征、黄河等国家文化公园"目标，将黄河国家文化公园建设也列入其中。2022 年 1 月，国家文化公园领导小组公布正式启动长江国家文化公园建设，自此形成了五大国家文化公园的基本布局。建设五大国家文化公园是一件新鲜事物，与过去实施的大遗址保护、文化生态保护区等文化工程项目均不相同，具有超级文化工程的内涵和特征。如何定义和管理、运营国家文化公园，目前仍处于探索过程中。学界对国家文化公园概念的理解也存在明显差异。有学者认为，国家文化公园是国家文化遗产公园的简称。[①]但也有学者认为，国家文化公园是"在中华文化和中华民族发展演变的宏大时空背景中，通过大范围、大跨

---

* 本文系国家社会科学基金艺术学重大项目"文化和旅游融合视野下长江文化保护传承弘扬研究"（21ZD04）成果。
① 参见孙华《国家文化公园初论——概念、类型、特征与建设》，《中国文化遗产》2021 年第 5 期。

度的时空纵横,集中体现了中华民族文化共同体的空间载体、价值载体和符号载体,是彰显共同体价值的国家文化空间体系"①。这个定位就比文化遗产公园的内涵要丰富得多。目前,有关研究成果尚未涉及国家文化公园的深层部分,如国家文化公园有着怎样的价值意蕴、伦理意蕴和时空意蕴,这些意蕴之间如何关联,国家文化公园的核心内涵和功能作用是什么,这些讨论仍然存在分歧。②

关于国家文化公园建设的理论探索和实践探索都还刚刚起步,世界上也没有成熟经验可供借鉴,因此讨论国家文化公园的若干基础理论问题就十分必要。本文提出"文化长江"IP 概念,并以之为基点和整体视域,探讨长江国家文化公园在融合文化遗产保护、文化旅游和生态环境保护利用上的实施平台和路径问题,以期为国家文化公园的管理研究提供方法论探索。

一、"文化长江"IP 的内涵特征与文化功能

从国家战略上说,国家文化公园的设立,既因应于全球化语境下民族文化共同体的认同问题,又因应于国际文化传播的有效性问题,而如何实现国家形象的有效传播,从而建构对内凝聚力和对外影响力,需要借用国家文化公园的 IP 概念。

---

① 钟晟:《文化共同体、文化认同与国家文化公园建设》,《江汉论坛》2022 年第 3 期。
② 参见李飞、邹统钎《论国家文化公园:逻辑、源流、意蕴》,《旅游学刊》2021 年第 1 期;王秀伟、白栎影《大运河国家文化公园建设的逻辑遵循与路径探索——文化记忆与空间生产的双重理论视角》,《浙江社会科学》2021 年第 10 期;张祝平《黄河国家文化公园建设:时代价值、基本原则与实现路径》,《南京社会科学》2022 年第 3 期;龚道德《国家文化公园概念的缘起与特质解读》,《中国园林》2021 年第 6 期;赵云、赵荣《中国国家文化公园价值研究:实现过程与评估框架》,《东南文化》2020 年第 4 期。

（一）文化 IP 的内涵与功能

"IP"（Intelligence Property）的本义为知识产权。在文化创意产业和内容产业的理论框架内，IP 被认定为"复合知识产权下的'内容矩阵'"[1]，有学者将其定义为"以特定社群基因为基础，以特定消费价值观为引领的一种商业权力"[2]。在我国文化创意产业领域，最早的 IP 开发可以追溯到将文学名著改编为影视剧作品的价值拓展行为，如翻拍文学名著的电视剧。伴随着网络游戏产业的兴起，"IP"一词被广泛应用于游戏产业中，依托著名影视剧或文学作品中的人物角色、剧情和场景等授权开发游戏项目，从而利用原影视剧或文学作品的知名度和号召力为游戏项目"引流"。但 20 世纪 90 年代以前，"IP"一词还未出现时，文学界和影视界普遍使用的是"版权"一词。进入 21 世纪，以 IP 为核心的文化创意产业发展和 IP 内涵的多产业链应用，产生了文学 IP、影视 IP、动漫 IP、游戏 IP 等专门概念。同时，随着"旅游+"的发展，业内也开始出现"旅游 IP"的提法。近年来，商业活动对"IP"一词的广泛使用，在使"IP"一词广为人知的同时，也导致 IP 概念的窄化，人们普遍认为，IP 只是围绕拥有知识产权的主体进行二次创作或内容生产而获得经济收益的溢价活动，甚至将 IP 视为与"网红"一样的互联网经济产物。有学者指出，旅游 IP 是一个"备受推崇、凡事必言却又语焉不详的概念"[3]，认为在互联网条件下，要对 IP 本身的概念进行范式转换。我们也看到，IP 作为特定文化符号，在社会多个方面具有的广泛影响力、号召力和多产业链应用潜力，以及由此所形成的"复合知识产权矩阵"的作用与效应。

---

[1] 谭舒：《"IP"的价值意涵及其人格道德化和道德人格化》，《宁波大学学报（人文科学版）》2021 年第 2 期。
[2] 洪清华：《旅游，得 IP 者得天下》，中国旅游出版社 2018 年版，第 5 页。
[3] 夏蜀：《旅游 IP 概念探微：范式转换与信息产品》，《人民论坛·学术前沿》2019 年第 11 期。

我们将产生于文化领域且作用于文化领域，具有综合开发价值的 IP 通称为"文化 IP"。"文化 IP"与品牌是不同的概念。一般认为，品牌是"用以识别一个或一群产品的名称、术语、记号、象征及其设计组合，以便于和竞争者的产品和劳务相区别"，品牌依托于具体的产品，体现为企业或者产品为消费者创造的"差别性价值"。[1] "文化 IP" 则不局限于产品本身，是高于品牌而存在的一种形式，包含了一种文化消费过程。消费者不仅仅体验产品的功能属性，也体验产品的价值属性，在消费过程中体现出特定的情感和文化认同，是具有鲜明的辨识度、强烈的表达与感染力的特殊文化符号消费过程。当然，品牌与文化 IP 之间也存在关联。美国西北大学舒尔茨教授认为："品牌是买卖双方识别并能够为双方带来价值的东西，品牌不仅仅是一个名称或是一个符号、一个图形，它是消费者创造的一种公共关系。"[2] 这里面就包含着文化 IP 所具有的维度，即基于公共关系的情感与认同内涵。相比较而言，文化 IP 特指"那些具有高专注度、大影响力并且可以被再生产、再创造的创意性知识产权"[3]。文化 IP 对所传播的特定内容进行包装与重塑，在保留文化价值内核不变的情况下，揭示或赋予其特殊的情感联结（族群、地区、宗教、国家等情感），从而提升受众忠诚度。文化 IP "被赋予各种丰富的内涵，不再是知识产权的单纯简写，而是在承载形象、表达故事和彰显情感的文化生产过程中，成为一种经过市场验证的情感载体，成为一种有故

---

[1] 何建民：《西方品牌理论述评——创建与管理品牌的方法》，《上海商业》2001 年第 12 期。
[2] Don E., Schultz Beth E., *Strategic Brand Communication Campaigns*, NTC Business Book, 1995, p.35.
[3] 尹鸿等：《IP 转换兴起的原因、现状及未来发展趋势》，《当代电影》2015 年第 9 期。

事内容的人格权"[①]。文化 IP 具有依据不同的消费场景进行持续改编和再创新的属性,具有借助于消费者的参与和大众传媒进行"形象建构"的能力,从而表现出与品牌不同的作用机制。

文化 IP 的"产权矩阵"有大有小,有的局限于某一领域,有的则已经超越其原初的、特定的内涵与功能,如迪士尼、故宫、长城、埃菲尔铁塔、尼罗河、多瑙河、黄河、长征、大运河及本文所讨论的长江等,此类 IP 已经突破了行业、地域和特定产业链的畛域,我们可以称为"超级 IP"。超级 IP 是加强社会共识的文化符号(符号价值)系统,是一个国家、一个民族的代表性符号或者标志性象征,承载着本民族和全体国民的精神家园。因此,超级 IP 本身就是综合性文化符号系统,具有历史价值、文化价值、审美价值、经济价值和象征价值。

(二)"文化长江"超级 IP 的内涵特征

长江是中华民族的母亲河,在中国人的心目中,物理存在的长江已经形成了具有特定内涵的民族想象和文化理念,具有符号性和象征性,有着有形的地理空间印象和无形的精神文化价值的号召力。"文化长江"作为国家代表性符号,由代表中华民族的长江符号(形式)、被符号指涉的对象即长江作为祖居地(指称)、对中华文化共同体的解释(意义)三个部分构成,是承载中华民族历史文化和国家形象的超级 IP,发挥着作为国家形象整体性标识、承载中华民族丰富情感和国家文化形象传播整合机制等多维的文化功能。

---

① 向勇、白晓晴:《新常态下文化产业 IP 开发的受众定位和价值演进》,《北京大学学报(哲学社会科学版)》2017 年第 1 期。

其一,"文化长江"超级IP成为国家形象的整体性标识。2017年,中共中央办公厅、国务院办公厅发布《关于实施中华优秀传统文化传承发展工程的意见》,提出"规划建设一批国家文化公园,成为中华文化重要标识"。这就规定了国家文化公园建设的目标和方向。一个国家的典型地形标识是国家的代表性符号,并拥有向外传播的独特功能作用。凯文·莱恩·凯勒《战略品牌管理》论及地理空间作为传播媒介的作用:"像产品和人一样,地理位置或空间区域也可以成为品牌……品牌的功能,就是让人们认识和了解这个地方,并对它产生一些好的联想,人和经济的流动性都增强了,旅游业也在蓬勃发展。诸如此类的原因,推动了一个地区的宣传营销活动的不断增多。城市、州、地区和国家,如今都在通过广告、邮件和其他方式积极地向外界推销自己。"[1]"文化长江"超级IP所展现出来的中华民族形象的主体内涵,符合法国符号学家罗兰·巴尔特所提出的"符号适切性"——针对某一内在性情境,按照某一观点来描述所搜集到的资料,在这些多种多样的资料中,突显那些最重要的特征,而排除所有其他特征。[2]

其二,"文化长江"超级IP承载了中华民族的丰富情感。"文化长江"超级IP不仅仅是知识产权的概念,而且具有民族情感和精神归属载体的内涵。民族情感与历史记忆、集体记忆相关。文化长江作为中华民族的历史空间,承载了族群的集体记忆。哈布瓦赫认为,集体记忆要以处在一定空间和时间内的群体为载体,地点和场所是族群集体记忆的"砖石"。扬·阿斯曼认为,"集体回忆注重时空关联性,正是因为空间在回忆文化中发挥着重要

---

[1] 凯文·莱恩·凯勒:《战略品牌管理》(第2版),李乃和等译,中国人民大学出版社2006年版,第11—23页。
[2] 参见[法]罗兰·巴尔特《符号学原理》,李幼蒸译,中国人民大学出版社2008年版,第74—75页。

作用，记忆之场的概念才应运而生"[①]。长江作为自然空间和历史文化空间，本身具有族群共同文化记忆的基础，正是共同的文化记忆使作为物理空间的长江具有了社会意义和象征价值。"文化长江"超级IP是对长江文化记忆和族群历史记忆的积淀与重构，是对族群历时性变迁与长江空间结构的整体性关联，是一个承载自然与历史人文意蕴的有机整体。

作为集体记忆的储存装置，"文化长江"超级IP支撑着族群成员的审美再生产过程。长江空间叙事框架下的集体记忆是延续族群文化的基础，也是重塑长江空间形态与特性的力量。在长江文化产业、长江旅游和长江设计产业等新的文化空间生产过程中，族群的集体记忆在当代的文化生活和消费过程中得以再现，推进了族群记忆和族群美学的再生产过程，而后者反过来又促进了长江文化空间的再生产。在这一意义上，"文化长江"超级IP不仅在时间维度上重塑了长江国家文化公园的历史记忆空间，改变了长江文化记忆的空间形态，而且在空间维度上促成了国家文化空间的再生产。

其三，"文化长江"超级IP提供了一种目标和传播整合机制。长江文化是中华民族在长江流域几千年的劳作与生活中积累、创造的物质文化和精神文化的总和，它包含长江流域13个省（自治区、直辖市）的所有文化创造，但这13个省（自治区、直辖市）的文化又是各具特色的，可分为滇藏文化区、巴蜀文化区、荆楚文化区、吴越文化区，每一个大的文化区还可以再细分，但无论以何种方式来划分，"长江"都是大家共同认同和遵循的文化符号。因此，"文化长江"超级IP具有深厚的号召力和影响力。在建设长江国家文化公园的契机下，以"文化长江"为IP有助于整合长江流域零散的

[①] [德] 扬·阿斯曼：《文化记忆：早期高级文化中的文字、回忆和政治身份》，金寿福、黄晓晨译，北京大学出版社2015年版，第55页。

文化资源、生态资源和生活场景，有利于打破地域、行政边界和实现统筹发展，有利于推进国家目标、地方目标和企业目标的协调联结。

综合来看，随着移动互联网、人工智能和大数据技术的普及应用，在真实世界之上，又形成了联通世界每一个角落的新型技术生活场景。长江、黄河、长城、大运河和长征等国家文化公园的建设，由于其提供旅游和文化生活的场景体验，提供共享的文化价值观、民族文化叙事和日常生活的体验感，从而具有强大的品牌感召力和消费吸引力，体现为一种文化场景（空间、人群和活动的组合等）原真性、艺术性和合理性上的文化"赋魅"。它能够为人们理解族群历史、当代生活与未来发展愿景之间的价值关联，提供重要的逻辑联系和解释框架。

二、"文化长江"超级 IP 的价值转换过程

长江文化旅游是长江文化空间的有机构成。长江旅游是以长江流域各种有形的或无形的文化资源为载体，以旅游为通达客源市场的桥梁，以体验文化差异为动机的空间运动。长江作为一个超级文化空间，是促进长江文化与长江旅游融合的有效载体。借助居民的生活场景和游客的旅游活动，长江文化空间的建构得到了源源不断的动力。

（一）作为超级文化空间的长江及其符号表征系统

作为一个超级文化空间的长江，具有独特的空间结构，形成了独特的符号表征系统。长江是天然的旅游吸引物，是独特的文化符号。千百年来，人类在一定地理环境中通过与特定地点的长期朝夕相处，形成了对特定地理空间和地理标志的热爱与依恋，逐渐滋生出一种"故土情感"——这种情感通

过典型地点承载着人们的精神意蕴和价值期许，构成了族群共享的文化地理符号。梁启超在《近代学风之地理的分布》中说："气候山川之特征，影响于住民之性质，性质累代之蓄积发挥，衍为遗传，此特征又影响于对外交通及其他一切物质上生活。物质上生活，还直接间接影响于习惯及思想。"[1] 这个意义上，旅游者的长江旅游体验是"领土认同"或"国家认同"的起始，也是旅游者自我身份认同的开端。有学者指出："领土认同是国家认同的基础，领土认同是民族认同和制度认同能够在国家认同层面发挥作用的必要前提。更具有普遍性和完备性的国家认同理论应该以领土认同为基础，以民族认同和制度认同为塑造或强化国家认同的重要途径"，因此，"塑造或强化国家认同应该首先在公民中形成国家的情境化意识"。[2] 长江文化旅游的体验实践，包括了"成像（如长江之地理印象）—识别（如认识长江与尼罗河、恒河等不同）—认同（长江是中华民族的母亲河）—自我意识觉醒（中华民族身份）"的意义建构过程，它作用于主体（旅游者），参与了主体（旅游者）的文化身份的建构过程，或者说，旅游者通过人文地理的体验获得了对于国家的文化同一性的体认，促成了国家身份意识的觉醒。

长江不仅仅是自然的长江，更是文化的长江——千百年来中华民族在长江流域的活动和智慧赋予了自然长江以特殊的人文内涵。"长江造就了从巴山蜀水到江南水乡的千年文脉，是中华民族的代表性符号和中华文明的标志性象征。"[3] 长江从地理空间向文化旅游空间的转换，使长江旅游具有了"审

---

[1] 梁启超：《近代学风之地理的分布》，《梁启超全集》第七册，北京出版社1999年版，第4259页。
[2] 周光辉、李虎：《领土认同：国家认同的基础——构建一种更完备的国家认同理论》，《中国社会科学》2016年第7期。
[3] 《贯彻新发展理念，推动长江经济带高质量发展》，《人民日报（海外版）》2020年11月17日。

美再造、文化身份唤醒、国家认同索引"三种重要的"文化操演功能"[1]，长江成为民众关于塑造民族国家认同的情境化意识通道。

"文化长江"是基于自然长江之上，千百年来中华民族积累形成的历史文化遗产和现代社会生活场景共同构成的超级文化空间。"文化长江"是一个承载了人类生存智慧、文化遗产、中华民族历史记忆、精神家园，以及现代生活方式、城市文化系统、乡村文化系统的复合的文化符号系统，也是一个兼具历史文化价值（长江流域历史文化）、艺术审美价值（长江流域民族艺术、非物质文化遗产等）、情感价值（民族认同与国家认同）的统一体。

索绪尔认为，符号是"能指"（signifier）和"所指"（signified）的统一，"能指"是符号的外在形式，"所指"是符号的内在意义，意义生成于符号系统内"能指"和"所指"之间的关联和互动。[2] 长江作为中华民族的代表性符号，其"能指"是长江作为河流的物理形态、长江流域的自然景观、人文景观，以及长江文化在时间与空间上的真实性；"所指"就是长江文化所蕴含的社会价值、精神归属及民族认同，它是人们在长期的长江流域经济、社会和文化实践中形成的，具有一定的稳定性和排他性，并被华夏族群成员认同和遵行的共同价值系统。长江作为代表性符号的巨大号召力，不仅在于它揭示出长江文化对于中华民族的独特意义，而且作为对象化和具象化的意义载体，由此形成了长江与中华民族演进与发展相关联的意义系统，极大拓展了中华文化的意蕴和内涵。自然地理意义上的长江经过人们的情感体验的转换，不再是纯粹的自然景物，而是发展成为人类情感的符号，长江作为超级文化 IP 的内涵于此产生，其内涵构成与符号体系如下表所示。

---

[1] 江宁康：《民族文化遗产的审美再造与国家认同》，《马克思主义美学研究》2018 年第 2 期。
[2] 参见〔瑞士〕费尔迪南·德·索绪尔《普通语言学教程》，高名凯译，商务印书馆 2009 年版，第 93 页。

"文化长江"符号意义体系的多重维度

名称	空间相关	符号相关
自然生态长江	发源于青藏高原唐古拉山脉，向东于崇明岛注入东海，全长6300千米，流域面积180万平方千米。干流流经青海、西藏、四川、云南、重庆、湖北、湖南、江西、安徽、江苏、上海等13个省（自治区、直辖市），支流涉及甘肃、贵州、陕西、河南等8省	北纬30°人类文明发生线；自然生态和地理空间经过人类理性的加工（宗教、艺术和文学等方式）转换为精神文化产品；地点（地理空间）构成人类文明历史记忆的有机组成部分；长江地理空间作为社会传播的媒介
经济长江	黄金水道与长江经济带，长江港口与城市，长江水热条件、生物资源与乡村，运河与南北经济交流，长江文化产业带等	长江流域早期文明遗址；乡村与农耕文化记忆；城市与民族现代化历史记忆；运河与水利工程遗址；长江流域生活方式与艺术表达；文化心态与行为方式
文化长江	羌藏文化、巴蜀文化、荆楚文化、湖湘文化、徽州文化、吴越文化等	长江流域族群及其文化特色；长江文化与黄河文化交流；长江文明与世界大河文明交流互鉴

（二）长江文化旅游开发过程也是长江作为文化符号的意义建构过程

"文化长江"是长江流域所蕴含的文化象征转换后生成的符号媒介，正如扬·阿斯曼所说，重要的是媒介"背后的象征性意义和符号系统"[①]。厄里（Urry）认为："旅游者看到的事物都是由符号组成的，他们都表示着其他的事物，在旅游者的目光凝视下，一切景观都会被赋予符号的意义，一切景

---

① [德]扬·阿斯曼：《文化记忆：早期高级文化中的文字、回忆和政治身份》，金寿福、黄晓晨译，北京大学出版社2015年版，第144—145页。

观都变成了文化景观。"[1]麦肯内尔（MacCannell）借鉴皮尔斯的符号三角理论，将旅游吸引物看作景观（客体）、标志和旅游者（解释项）之间的一种关系[2]，旅游体验就其本质而言是一种符号互动和产生特定意义的过程[3]。麦肯内尔认为，"全世界的旅游者都在阅读着城市和风景文化，把它们看作符号系统"，"旅游活动就是旅游者对旅游吸引物系统的符号意义进行解码的过程"。[4]因此，总体上说，文化旅游的消费过程也是一种符号互动的过程。

"文化长江"超级 IP 既是一套符号系统，又是一套符号使用规则，它控制着长江作为文化符号的使用——在长江作为客观审美对象与旅游者主体之间确立一套"编码—解码"规则。长江流域的自然景观和文化景观只有置于特定人群和特定历史文化的语境中，才具有了长江作为中华民族母亲河的意义蕴涵，长江文化也才成为中华民族智慧和族群特征的体现。长江文化旅游的开发，即对长江的符号价值和象征系统进行商业转换，这个过程中，借助旅游者的文化消费行为，长江文化符号所表征的价值意义将转换为个体的文化身份认同。

从自然地理意义上的长江，到附加了文化价值的长江，再到作为旅游吸引物的长江，这一转换过程包含生态、地理和文化多重的价值溢出和转移的过程。一方面，在中华民族的发展过程中，社会文化系统已经赋予了长江丰富的意义（如"母亲河"等），长江流域的山水、建筑、城市都携带着历史

---

[1] J. Urry, *The Tourist Gaze: Leisureand Travel in Contemporary Societies*, London: Sage Publications Ltd, 1990, pp.78 – 129.
[2] 参见［美］Dean MacCannell《旅游者：休闲阶层新论》，张晓萍等译，广西师范大学出版社 2008 年版，第 123 页。
[3] 参见谢彦君《旅游体验研究：一种现象学的视角》，南开大学出版社 2005 年版，第 188—230 页。
[4] ［美］Dean MacCannell:《旅游者：休闲阶层新论》，张晓萍等译，广西师范大学出版社 2008 年版，第 134—136 页。

文化的印记，造就了作为天然的文化旅游吸引物的长江。而另一方面，"另一个过程则是旅游吸引物的消费过程，这个过程是由旅游消费者完成的，在这一过程中，旅游者通过对旅游吸引物的朝拜仪式、凝视仪式、摄影仪式、购物仪式（如购买纪念品）等，将吸引物主观化、情感化，旅游者与旅游吸引物进行无言的对话与交流，并在旅游者内心产生移情（empathy）作用"①。也就是说，作为文化符号的长江，其价值意义是在文化旅游活动中通过旅客的旅游体验建构的。参观具有历史文化价值的景观，观看或参加相关文化活动、展演，购买旅游纪念品等，都成为连接旅游者和长江文化符号系统的中介，文化旅游消费就是旅游者和旅游吸引物所表征的符号之间的互动的过程。文化旅游中的消费行为既是经济行为，又是文化体验行为，"文化商品的消费不同于功能商品的消耗，文化消费包含着再创造与再传播的过程，文化的发酵力具有广泛长远的影响"，旅游者通过消费行为完成了"自我构建、个人经历叙述、成就表达、人际关系表征、文化价值表现、社会地位展现"的整个文化生产过程。②

（三）从"文化长江"到文化旅游吸引物的价值转换逻辑

首先，文化体验是文化资源转换为旅游资源的桥梁。从文化资源到文化旅游资源的转化，要经历一个长江文化旅游的消费过程。进入小康社会，人们对旅游的理念逐步从早期的猎奇观光转为注重文化体验和身份认同。约瑟夫·派恩和詹姆斯·吉尔摩认为，消费是一个过程，当消费过程结束后，体验的记忆将永恒存在。世界经济的发展模式应该是从产品经济到服务经济再

---

① 马凌：《社会学视角下的旅游吸引物及其建构》，《旅游学刊》2009年第3期。
② 张朝枝：《文化与旅游何以融合：基于身份认同的视角》，《南京社会科学》2018年第12期。

到体验经济,消费需求经历了从"量的满足时代"到"质的满足时代"再到"感性满足时代"。[1] 在"感性满足的时代",人们对文化、价值的追求超越了对数量的追求,甚至在一定程度上也超越了对质量的要求,转向追求一种情感上的共鸣或一种对"我"之存在的追问。

在《旅游体验的现象学》一书中,科恩将旅游体验模式划分为五种:娱乐模式(the recreational mode)、转移模式(the diversionary mode)、体验模式(the experiential mode)、实验模式(the experimental mode)和存在模式(the existential mode)。[2] 即在旅游体验的深层阶段,产品被符号化并被注入情感元素,进入一个"文化化"的过程,成为吸引和引导特定人群注意力继而满足其消费心理体验的载体。消费者的旅游体验是连接作为外在客体的长江与作为主体的人的精神世界的桥梁。通过对长江流域文化资源的梳理与整合,再通过旅游开发对多元的文化符号进行重新编码,例如遗址遗迹、节庆仪式、文化活动等,使消费者得以通过旅游这一渠道感知长江文化,并激发情感上的共鸣。旅游者的文化旅游消费行为,也是旅游者心灵体验和自我身份塑造的过程。

其次,文化资源的旅游商业开发是一个从文化符号价值延伸至经济价值和文化价值,再从经济价值、文化价值延伸至国家文化资本的过程。在文化旅游产业结构中,语言文字、舞蹈、音乐、图案与雕塑、装饰与服饰、图像与景观及历史遗迹,都可以转变为可消费的符号,生产消费价值。自然地理意义上的长江通过艺术、宗教、历史、文学或者经济活动等方式,形成一种

---

[1] [美]B. 约瑟夫·派恩、[美]詹姆斯·H. 吉尔摩:《体验经济》(原书更新版),毕崇毅译,机械工业出版社 2012 年版,第 13—17 页。

[2] E. Cohen, "Rethinking the Sociology of Tourism", *Annals of Tourism Research*, 1979, No.7.

经济价值符号、历史文化符号和可持续发展价值符号，并由此形成长江在经济、文化和旅游方面的价值内涵。长江所拥有的自然生态价值和经济价值、文化价值等构成了国家文化资源价值总量，形成了具有文化再生能力的文化资本，同时也建构了"文化长江"超级IP的价值基础。

在市场需求和文化再生产的双重激励下，将长江作为国家资本注入旅游产业和文化生产系统中，协调地方政府、文旅企业、投资机构和科研机构，进入长江文化和旅游产业开发过程。这个过程包括了完善文化长江品牌形象建构、提升旅游配套服务设施建设、实施产业激励机制等多方面的工作，完成了从文化符号价值延伸至经济价值和文化价值，再从经济价值、文化价值延伸至国家文化资本的循环，如下图所示。

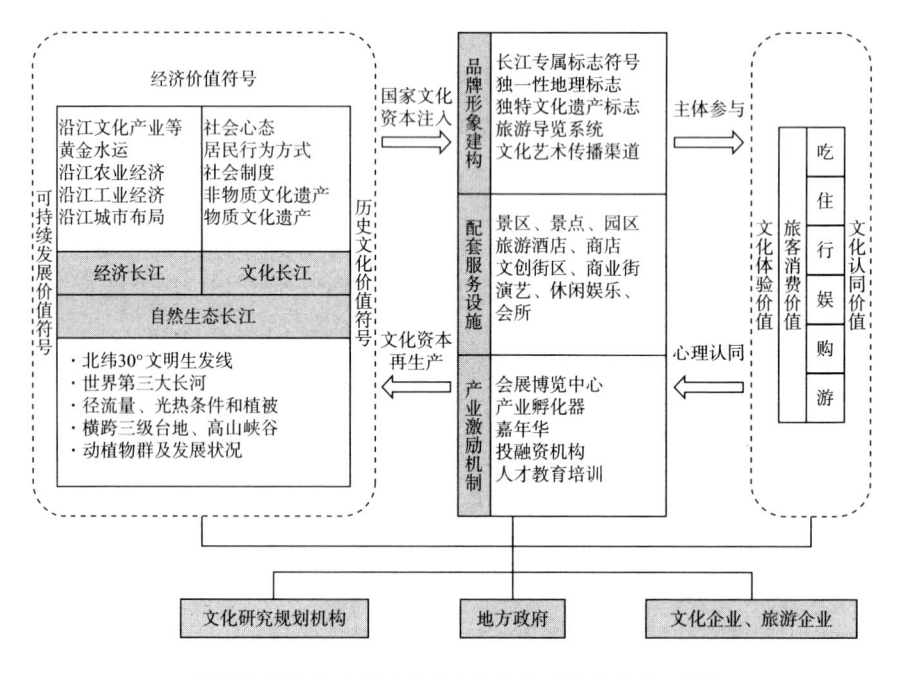

从符号价值转换为商业价值和文化认同价值的循环结构

梁启超曾提出："历史为人类心力所构成，人类惟常能运其心力以征服自然界，是以有历史。"[①]"人类之所以秀于万物，能以心力改造环境，而非偶然悉听环境所宰制。"[②] 自然地理意义上的长江之所以演变为"文化长江"，关键在于中华民族基于长江所创生的悠久历史，在时间维度上体现了中华民族的丰富主体性。

最后，长江国家文化公园建设催生了"文化长江"的价值共创。长江国家文化公园的确立使长江"IP化"，"IP是一种特殊的文化产品，因其受到著作权法保护，既具有文化资本客观化的形态，又兼具制度化的形态。文化产品通常具有两面性，就其物质性方面而言，它表现为经济资本；就其象征性方面而言，它则表现为文化资本"[③]。长江从原生时代进入国家战略（国家资本）时代，在民族国家的战略平台上，长江流域的经济、文化、社会和生态形成了巨大的关系网络，形成了具有时代特色和国家战略意义的场域结构和运行方式。文化长江"IP"的本质，是以布尔迪厄场域理论为基础的"文化资本"理论在现代技术环境下的拓宽和发展。在以数字信息技术为基础的国际市场下，国家文化的生产和国家影响力的生产已经由专业性生产场域向综合性规模生产场域转变。文学、电视剧、电影、游戏等专业性文化生产场域，借助于数字技术和国际市场一体化，通过共同的IP内核实现了"场域共享"。

在长江国家文化公园这一超级文化空间内，"国家文化公园"的形式将长江流域内散落的资源进行整合统一，这将更有效地对长江流域自然、文化

[①] 梁启超：《饮冰室合集·专集》第47册，中华书局1989年版，第2页。
[②] 梁启超：《饮冰室合集·专集》第41册，中华书局1989年版，第51页。
[③] 向勇、白晓晴：《场域共振：网络文学IP价值的跨界开发策略》，《现代传播（中国传媒大学学报）》2016年第8期。

资源进行集中的保护、展示，通过文化旅游、艺术创作等形式，旅游者可以更深刻地体验、感知长江的历史、文化。在对旅游吸引物的"凝视"过程中，文化主体的体验形成了新的审美和价值认同，并注入国家文化资本，促成国家文化资本总量的增长。1983年，中央电视台播出了关于长江流域的人文地理纪录片《话说长江》，该片播出后创造了40%的收视率，它所承载的意义已经远远超过了纪录片本身，深深地影响了一代人对长江、长江文明的认知和对中华民族的情感。长江在中华民族的集体记忆中不仅是自然意义上的大江，更是独特的符号。纪录片《话说长江》充分诠释了作为地理空间的长江与文化表征系统之间的关系，也揭示出长江的自然生态价值转换为国家文化资本的内在逻辑。

三、国家文化公园视角下"文化长江"超级IP的旅游开发价值

"文化长江"超级IP的"内容矩阵"所包含的精神价值和文化价值是宝贵的文化资源，也是重要的旅游资源，具有无限延展的生命力和多产业链裂变效应。

（一）"文化长江"超级IP对长江流域文化资源的整合与活化

2017年以来启动的国家文化公园建设，为"文化长江"超级IP的打造提供了历史契机。"国家文化公园的一个基本动因在于通过空间的综合划分，为国家重要的文化资源保护利用辟出专属领地，以保护一个或多个文化生态

系统的原真性、完整性。"①一方面，自然地理意义上的长江，从青藏高原的唐古拉山脉流经青海、西藏、四川、云南等13个省（自治区、直辖市），于崇明岛注入东海，是全球第三、亚洲第一长河。长江从西到东一路奔腾，创造了无数旖旎的自然风光和丰富的历史文化。另一方面，从元谋人的远古时代，到石器时代、青铜时代，再到今天的信息文明——可以说，"文化长江"在一定意义上集约了整个中华民族的文明历程。对于长江这样大跨度、大范围地涵盖了自然和人文的景观，需要一个具有普遍认同性的整体性"旗帜"进行统领。"国家文化公园作为国家性的象征，首要任务是通过大跨度、大范围、长线条的文化遗产讲好中华民族文化共同体的'元叙事'基础理论话语。"②同时，国家在《长城、大运河、长征国家文化公园建设方案》中确立了国家文化公园"文旅融合区"的建设安排，要求利用文物和文化资源的外溢辐射效应，建设文化和旅游深度融合发展示范区。国家文化公园的建立，有利于对特定区域内自然资源和文化资源的挖掘、保护、传承与利用；以国家文化公园的整体形式确立下来，也有利于形成文化遗产保护、旅游和文化产业联动开发的整体性规划和政策支撑。

（二）"文化长江"超级IP是旅游者建构文化身份的渠道

长江作为中华民族的历史记忆之地，具有民族认同建构的意义。基于自然地理意义上的文化长江，既是超级文化空间，又是承载了独特价值符号和象征意义的独特文化IP；既是旅游者个体文化身份认同建构的触发机制，也是连通旅游者身份认同和国家认同的渠道。

---

① 杨莽华：《国家文化公园历史空间的叙事结构》，《雕塑》2021年第2期。
② 钟晟：《文化共同体、文化认同与国家文化公园建设》，《江汉论坛》2022年第3期。

长期以来，华夏族群对长江与黄河就有着浓厚情愫，长江与黄河对华夏民族生产方式和生活方式的深刻影响，已经深入中国人民独特的文化心理结构中，并与中国人民的行为、观念和制度相连，造就了华夏族群独特的文化价值观念，也造就了长江、黄河作为中华民族标志性符号的地位。"文化旅游将一个国家的历史符号化为吸引物，对于民族认同与国家意识的建构具有重要意义。"[1] 以文化长江为 IP 的文化旅游系统构建，不仅实现了长江的旅游经济价值，还建构了一种促进游客文化体验的"装置"，游客借助对长江"母亲河"的切身体验，形成了个体与华夏族群的身份连接，增强了对中华民族的认同和对中华文化的自信。

文化具有吸引物属性，而这种属性之所以产生，是因为文化能够让旅游具备身份识别的意义。[2] 麦肯内尔认为，旅游消费的根本目的是寻求真，是一种获得对地方或世界的自我认识的方式。[3] 旅游者通过文化旅游消费行为来定义自己，例如选择什么样的旅游目的地，在旅游过程中更愿意为什么样的旅游体验买单、会购买哪种纪念品等。一方面，文化让旅游具备了身份标签的符号意义；另一方面，旅游又为旅游者建立个人的文化身份认同，形成个体与国家、族群的身份连接提供了平台和实践通道，旅游不仅使游客获得知识体验，还能激起游客的怀旧、想象、回忆和避世等情感体验。[4]

在当代全球化的语境下，长江所具有的恒久性和超越性特征，成为建构中华民族共同体的独特性资源。在传统社会中，人们往往以地域、场所、生

---

[1] C. Palmer, "Tourism and the Symbols of Identity", *Tourism Management*, 1999, No.3.
[2] 参见张朝枝《文化与旅游何以融合：基于身份认同的视角》，《南京社会科学》2018 年第 12 期。
[3] 参见［美］Dean MacCannell《旅游者：休闲阶层新论》，张晓萍等译，广西师范大学出版社 2008 年版，第 101—121 页。
[4] 参见傅才武《论文化和旅游融合的内在逻辑》，《武汉大学学报（哲学社会科学版）》2020 年第 2 期。

活方式、血缘等方式定义自己；在当代社会，数字信息技术和交通的快速发展模糊了大部分场所的界线，人们生活的社会从原本靠地域和血缘连接的社会变为自由流动、依靠公民身份连接的社会，多样化的生活方式及快速的生活节奏让人无法再依靠"场所"（地点）来定义自己。随着交通和信息传输的加速，社会的"麦当劳化"①和"迪士尼化"②趋势愈演愈烈，"'场所'或地方的意义之褪色成为当代生存焦虑之源"③。在一个身份诉求的时代，人们开始把自我意识视作可以积极形成并构造的东西，而不是某种固定继承的稳定家庭或工作角色。④信息化时代个体的身份诉求导致了个体消费方式的"极化"：一端是极端的个人主义色彩，在日常生活中选择什么样的生活方式、什么样的家居装潢、听哪一种音乐、选择什么样的娱乐活动等，都是人们在生活中自我身份的表达与彰显；一端则是个体与集体（族群）的身份连接与确证，即通过建立个体与族群的身份一致性认同来确认自己的文化身份。这一文化身份确认过程与民族（族群）"想象的共同体"相连接，与特定的地域空间——"历史记忆之地"——相通，实现文化共同体的确认。

长江是华夏族群的"历史记忆之地"，历史记忆自然转化为家园依恋，正如张元济先生所说："睹乔木而思故家，考文献而爱旧邦。"⑤历史学家西蒙·沙玛在《风景与记忆》中提出："我们总习惯于将自然和人类感知划归

---

① 参见［美］乔治·里茨尔《社会的麦当劳化——对变化中的当代社会生活特征的研究》，顾建光译，上海译文出版社1999年版。
② Alan Bryman, *The Disneyization of Society*, London: Sage Publications Ltd, 2004.
③ 胡大平：《生活在别处——地点的褪色与城市文化焦虑》，《华中科技大学学报（社会科学版）》2018年第1期。
④ Z. Bauman, *From Pilgrim to Tourist-or a Short History of Identity*, Hall, Stuart, Gay, Paul Du EDT., *Questions of Cultural Identity*, London: Sage Publications Ltd, 1996, p.83.
⑤ 张元济著，张人凤、宋丽荣选编：《张元济论出版》，商务印书馆2011年版，第34页。

两个领域，但事实上，它们不可分割。大脑总是在我们的感官知觉到风景以前就开始运行"，同时，"如果说我们整个的风景传统是共同文化的产物，那么同理，它也是在丰富的神话、记忆以及夙愿的沉淀中构建起来的传统"。[1]作为人类生存的立足点，地方不仅通过人与自然之间的关系为人类生存提供物质支持，也记录了人类世世代代的物质和精神投入，并因此成为认同（身份）的坚实依据。这些"坚实的依据"是由社会传承的核心构成。然而，"如果缺乏合理的选择、表述和重演价值"[2]，这些"坚实的依据"也会随着代际的更迭而衰减，甚至被遗忘和消失。文化旅游的过程就是通过旅游活动，对这些"依据"进行重温和强化，最终实现身份的认同和文化的传承。

"中国是一个典型的文化认同型国家，文化共同体在维护国家统一、民族团结的过程中发挥着灵魂和纽带作用。在建设社会主义文化强国背景下，国家文化公园的设立是一种集中体现国家性、文化性和公共性的宏大时空叙事表达，也是一次重要的体现中国道路话语体系的文化治理模式创新。"[3] 长江是中华民族的两大母亲河之一，自然生态长江通过族群的主体性创造（宗教、艺术和文学把握方式等）和历史的积淀而成为文化长江，长江的物理空间（地点）和经济结构（经济生活方式）转换成族群建构其精神世界的资源，赋予民族国家以精神力量，转变为当代民族国家建构中的文化软实力。

（三）作为文化符号的长江是世界认识中国的窗口

进入全球化时代，一国的文化和核心价值观系统成为国家的战略性资

---

[1] ［英］西蒙·沙玛:《风景与记忆》，胡淑陈、冯樨译，译林出版社2013年版，第5、14页。
[2] C. Winter, "Tourism, Social Memory and the Great War", *Annals of Tourism Research*, 2009, No.4.
[3] 钟晟:《文化共同体、文化认同与国家文化公园建设》，《江汉论坛》2022年第3期。

源。一国的隐形财富（intangible assets），即文化、历史、遗产、地缘、人文和知识资本等将参与到不断竞争演进中的国家实力的建构之中。[1] 当全球经济逐渐以服务、知识资本和虚拟产品为推动力时，一国的人文资本就成为其经济发展的核心要素。向域外展示一种带有民族内涵和特征的"国家地理"世界观，是展示民族和国家的文化形象的重要方式。[2] 在这个意义上，旅游业可以成为民族国家实现文化资本向国家实力转化的重要文化路径。

长江作为中国重要的国家文化资本之一，是构成国家形象的超级IP，也是中国面向世界的重要窗口。根据关于日本旅客对中国哪些旅游带感兴趣的调查，首先选择万里长城旅游带和丝绸之路旅游带的比例最高，均超过半数；其次就是京西沪桂广旅游带、黄河旅游带和长江旅游带，占比30%左右[3]，长江旅游在国外旅客中具有较高的知名度和影响力。对于国际旅游者而言，长江文化旅游增强了他们对长江地理和中华文化的认知，增进了对文化多样性的理解。[4] 有论者言："在国际舞台上，中国国家文化公园一方面传递'中国印象'，传播中国文化，向世人展示中华民族软实力，吸引国外潜在旅游者；另一方面为其他国家先行探索并适时输出一种全新的大型遗产发展模式，普惠于世，在中华国力与日俱增的时代履行'达则兼济天下'的大国使命。"[5] 长江旅游已成为境外游客认知长江自然地理和流域文明的新窗口，也成为展示中华文明传承发展历史的新平台。

---

[1] Simon Anholt, *Competitive Identity: The New Brand Management for Nations, Citiesand Regions*, New York: Mac-millan, 2007, p.113.
[2] 参见［英］贝拉·迪克斯《被展示的文化：当代"可参观性"的生产》，冯悦译，北京大学出版社2012年版，第44页。
[3] 参见《日本来华旅游舆情调查报告》，《中国旅游报》2014年10月17日。
[4] 参见孙九霞《旅游中的主客交往与文化传播》，《旅游学刊》2012年第12期。
[5] 李飞、邹统钎：《论国家文化公园：逻辑、源流、意蕴》，《旅游学刊》2021年第1期。

四、简要结论

长江既是自然生态的真实世界，又是与华夏民族的万年发展历史相关的对象化文化载体，是自然生态长江与文化长江的融合，体现出中华民族宏大叙事的建构能力。长江作为中华民族的栖居地、遗产地、城乡聚居地，是由民族历史文化遗产和现代生活场景组成的文化空间及其象征符号系统集合而成的特定文化场域，承载了中华民族的价值理念、历史记忆和生活方式。因而，"文化长江"IP是一种包含着历史文化遗产与现代生活场景的特定空间，形成了具有中华民族历史记忆、国家图腾表征和审美（文化）体验"三位一体"结构的超级文化IP。

在国家文化公园建设中，贯通"管控保护、主题展示、文旅融合、传统利用"四类主体功能区的技术路径，形成整体性的"文化长江"IP，是长江国家文化公园的底层逻辑。国家文化公园作为了解中国悠久的历史、独特的文化、伟大的创造以及民族发展历程的载体，具有国家代表性和全民公益性的基本属性，只有建立整体性和统一性的文化IP，才能回应国家文化公园如何将整个线路建成一个整体的、超大规模的国家文化空间的基本问题。

国家文化公园战略目标的实现，需要以文化IP为载体实现民族文化的表达和传递，唯有如此，国家文化公园才能体现国家战略所承担的整体性文化意义，凸显出"中华民族象征"和国家的代表性符号的基本特征，从而充分发挥传播"国家品位"和"国家意味"的功能。

［原载《福建论坛（人文社会科学版）》2022年第8期］

编后记

2021年年底，国家文化公园专家咨询委员会秘书处（以下简称"秘书处"）在中国艺术研究院挂牌成立。同年，中国艺术研究院策划庆祝建院70周年系列活动中，聚焦新时代重要文化战略、文化政策、文化工程等，推出《新时代文化艺术思想研究文库》丛书，其中包含《国家文化公园建设研究》单行本。作为聚焦国家文化公园建设的首部研究报告集，通过搜集梳理自2021年9月以前的百余篇研究论文，从国家文化公园的主题阐释、文化内涵、规划建设、管理体制机制四个方面对学界研究情况进行整体评述，并择优收录29篇文章，出版后受到社会各界广泛好评。

为了进一步落实秘书处的工作职能要求，定期呈现国家文化公园学术研究成果力作，引领学界更多关注国家文化公园建设工作，秘书处决定按年度出版《国家文化公园建设研究》，其中包括一篇研究报告及多篇优秀学术研究成果，为推动建立国家文化公园学科体系、学术体系、话语体系贡献智慧力量。

此次编辑出版《国家文化公园建设研究（2022年度）》，基本覆盖2021年9月至2022年年底的研究成果，主要来源是中国知网、《光明日报》（光明网）、《人民日报》（人民网），以及《中国社会科学报》《中国文化报》和《中国旅游报》等报刊。在上百篇学术文章中，精选16篇，包括国家文化公园主题7篇，长城主题2篇，大运河主题3篇，长征主题2篇，黄河主题1篇，长江主题1篇，按姓氏笔画排序收录。

本书的编辑出版得到中央宣传部、国家发展改革委、文化和旅游部等部委和各位专家学者的大力支持，中国艺术研究院申坤、高琰鑫和刘禹彤等师生做了大量资料收集整理工作，在此一并表示感谢。